U0801614

立法法理学丛书 | 主编 宋方青

本书承烟台大学哲学社会科学学术著作出版基金资助

Research on Evaluation Index System of Local Legislative Capacity

地方立法能力评估指标体系研究

苗壮 著

法律出版社
LAW PRESS · CHINA
北 京

图书在版编目(CIP)数据

地方立法能力评估指标体系研究 / 苗壮著. -- 北京：法律出版社, 2022
ISBN 978 - 7 - 5197 - 6830 - 0

Ⅰ. ①地… Ⅱ. ①苗… Ⅲ. ①地方法规—立法—研究—中国 Ⅳ. ①D927

中国版本图书馆 CIP 数据核字(2022)第 164967 号

地方立法能力评估指标体系研究
DIFANG LIFA NENGLI PINGGU ZHIBIAO TIXI YANJIU

著　　者 苗　壮
责任编辑 陈　慧
编辑统筹 法律教育出版分社
装帧设计 汪奇峰
责任校对 王　丰　李景美
责任印制 刘晓伟
出　　版 法律出版社/北京市丰台区莲花池西里 7 号(100073)
网　　址 www. lawpress. com. cn
总 发 行 中国法律图书有限公司/北京市丰台区莲花池西里 7 号(100073)
经　　销 新华书店
印　　刷 唐山玺诚印务有限公司
版　　本 2022 年 10 月第 1 版
印　　次 2022 年 10 月第 1 次印刷
字　　数 258 千
开　　本 710 毫米 ×1000 毫米　1/16
印　　张 17.5
定　　价 58.00 元
书　　号 ISBN 978 -7 -5197 -6830 -0
投稿邮箱 info@ lawpress. com. cn
维权邮箱 jbwq@ lawpress. com. cn
咨询电话 010 -63939796
销售电话 010 -83938349
客服电话 010 -83938350
凡购买本社图书,如有印装错误,我社负责退换。电话:010 - 83938349

总 序

立法法理学(Legisprudence),顾名思义即立法的法理学,它是一门用法律理论的方法及视角研究立法及其过程,并促进立法完善的学问,其学术旨趣在于探求理性的立法理论。

立法法理学肇始于20世纪50年代的欧美国家,它是随着对传统法律理论的批判以及对立法实践的反思而产生发展起来的。

在欧美国家,传统法律理论倾向于法制主义(Legalism)的研究视角。法制主义将规范性行为视为规则遵守问题,主要关注的是裁判问题,即法官对规则的适用,而不重视这些规则的来源,更不重视规则的创制,此外,法制主义认为,立法是前法律的(pre - legal)政治理论问题,应由政治家而非法学家去研究。由此,法律理论便逐步将研究重心聚焦司法,但是,由于研究对象的专业性质,政治家对立法问题的研究又显得力不从心,这便造成了立法这一重要问题域被忽视、被“边缘化”。总之,传统法律理论对于立法理论是忽视的,立法问题没有被认真对待。

20世纪欧美国家正处在一个“立法国”(legislation - state)的时代,面临着立法膨胀(legislative inflation)与立法紧缩(legislative deflation)共存的困境,这主要体现在,欧美国家成文立法的数量呈现指数性的增长,但立法的质量却越来越低,立法没有达到预期的目的。造成这种困境的直接原因是实践中立法的被贬低。在现实中,人们往往将立法问题视为政治问题,并且视政治为非理性、恣意的选择问题,因而立法具有诸多“坏名声”。例如,每每提到立法,人们经常将诸如决策交易、讨价还价、相互吹捧、利益迎合以及政治分肥等标签贴于其上。在当时,相对于司法、行政,立法被视为最不道德的(unprincipled)、最不连贯的(incoherent)、最无尊严的(undignified)的事业。

在这种背景下,立法法理学(legisprudence)作为研究立法问题的新进路应运而生,它试图构建一种理性的立法理论,以此恢复立法的尊严,并唤醒法律理论家对立法问题的严肃对待。最终,通过理论上的反思与重构为立法实践提供更好的智识支撑,实现提高立法质量的终极目的。

最早使用 Legisprudence 这个名词的学者是美国法学教授朱利叶斯·科恩(Julius Cohen)。1950 年,他在《耶鲁法律评论》上发表《迈向现实主义的立法法理学》(*Towards Realism in Legisprudence*)一文中使用了这一名词。1982 年,其在《霍夫斯特拉法律评论》上发表了《立法法理学:问题与方案》(*Legispredence: Problems and Adenda*)一文,比较详细地说明了这个概念,但在美国并未引起很大的反响。推进立法法理学研究并引向深入的则是欧陆国家的学者。在欧陆国家,比利时布鲁塞尔大学维特根斯(Luc J. Wintgens)教授 2012 年出版的《立法法理学:立法中的实践理性》一书是立法法理学领域的第一部专著,该书对立法法理学的概念、背景、理论基础及主要内容进行了较为系统的分析。目前,以布鲁塞尔大学法学院"立法·法例·立法法理学研究中心"、欧洲法律理论研究会等机构为基地,以《立法法理学》期刊(自 2007 年始,每年出版 1 期,维特根斯教授任主编)为载体,云集了一大批对立法法理学有浓厚兴趣的学者,从各个学科、各个领域、各个角度探讨立法的理论,成为立法法理学研究的重镇。

自 20 世纪 80 年代以来,我国的立法迅速发展,从中央到地方每年的立法都是以数以百计的规模产出。2011 年我国向全世界庄严宣告:"以宪法为统帅,以宪法相关法、民法商法等多个法律部门的法律为主干,由法律、行政法规、地方性法规等多个层次的法律规范构成的中国特色社会主义法律体系已经形成,国家经济建设、政治建设、文化建设、社会建设以及生态文明建设的各个方面实现有法可依,党的十五大提出到 2010 年形成中国特色社会主义法律体系的立法工作目标如期完成。"我国的立法可谓硕果累累。但我国立法的质量尚不尽如人意，加强“科学立法、民主立法”，完善中国特色社会主义法律体系，成为时代的强音，国内相关的研究成果也越来越丰硕。但从总体上来说，我国现有的立法学研究成果更多的是关于具体的立法制度和立法技术问题的研究，缺少对自身的理论反思及提升，因而，在创建中国特色社会主义法律体系的过程中以及在对立法制度的建构与完善方面，在整体上产出有限的知识贡献。

国内目前有关立法法理学的研究仅有极少量翻译资料及论文，无体系化的研究成果，研究基础比较薄弱。我与我的博士生姜孝贤合作发表的《立法法理学探析》一文，在国内算是最早的关于立法法理学的专门研究成果。为将立法法理学研究推向深入，并为完善中国立法提供决策参考和理论支撑，特组织一套“立法法理学丛书”。

厦门大学法学院法学理论教研室，尤其是以学院为依托的立法学研究中心，长期以来将立法学作为重点研究的方向，发表了一系列研究论文，研究成果为国家立法与地方立法提供理论支持。在我历年指导的硕士与博士学位论文中，以立法为选题的占大多数。立法是一门科学，要想真正为我国立法提供智力支持，我们的研究既需要有深厚的专业知识，还需要有丰富的实践经验，至少需要对中国立法的现状有充分的了解。为了使硕士与博士论文的写作不至于陷入空谈，我总是要求学生多了解我国立法的实际，并通过参与起草具体法案而直面立法，深切地感受立法，所写的论文能够理论联系实际，真正做到既有学术价值又有实践意义。

本丛书将由我自己的著作和历年指导通过答辩的立法法理学博士论文、博士后研究报告及立法学研究中心同仁相关的研究成果为基础构成。希望本丛书的出版能够为我国的立法提供理论支持，为完善我国的立法制度贡献绵薄之力。

宋方青

2014 年 6 月

目 录
Contents

导　论

一、选题的背景与意义

在成文法时代，立法是一切后续法律行为的先导，而立"良法"则是法治得以实现的前提条件。然而，立法或立"良法"与立法者的立法能力息息相关。"法律总要遭遇立法者的激情和偏见，有时与之擦肩而过，只是染上一点淡淡的色彩，有时则停下脚步，与之融为一体。"[1]在当下的中国，科学立法、民主立法与依法立法的实现，立法质量与效率的提高，人民群众立法需求的满足，无不要求立法者提高立法能力。

（一）选题的背景

加强地方立法能力建设是从整体上提升国家立法能力的新要求。地方立法能力是国家立法能力的重要组成部分。地方立法在保证宪法、法律和行政法规在本行政区域内的有效实施、弥补中央立法之不足以及解决本地方特殊问题等方面发挥着重要作用。自 2015 年修正的《立法法》第 72 条第 4 款首次对立法能力进行规定以来[2]，中央和地方通过不同方式强调了地方立法能力建设的重要性。从中央层面来看，自 2015 年后，全国人大常委会的历年立法工作计划都涉及地方立法能力的问题[3]；

---

[1] [法]孟德斯鸠：《论法的精神》（下卷），许明龙译，商务印书馆 2009 年版，第 626 页。

[2] 《立法法》第 72 条第 4 款规定："……其他设区的市开始制定地方性法规的具体步骤和时间，由省、自治区的人民代表大会常务委员会综合考虑本省、自治区所辖的设区的市的人口数量、地域面积、经济社会发展情况以及立法需求、立法能力等因素确定，并报全国人民代表大会常务委员会和国务院备案。"

[3] 《全国人大常委会 2016 年立法工作计划》提出，要"深入开展对地方立法的调查研究，扎实推进赋予设区的市地方立法权工作，推动加强设区的市立法能力建设"。《全国人大常委会 2017 年立法工作计划》强调："采取多种方式，加大对地方立法相关人员的培训力度，继续举办覆盖立项、起草、审议、备案审查等立法全过程的专题培训班，逐步建立常态化培训机制，着力提高设区的市立法能力和水平。"《全国人大常委会 2018 年立法工作计划》强调："加强地方立法能力建设，发挥地方立法在法治建设中的实施性、补充性、探索性作用。"《全国人大常委会 2020 年度立法工作计划》指出："加强地方立法理论研究和立法能力建设，提高运用党的理论指导立法实践、破解难题、推动工作的能力，发挥地方立法在法治建设中的实施性、补充性、探索性作用。"《全国人大常委会 2021 年度立法工作计划》强调："发挥中国人大制度理论研究会等平台作用，通过理论研究和交流，探讨问题、交流经验、展示成果，提升地方立法能力和水平，发挥其补充、先行、创制的作用，体现地方立法特色。"参见北大法宝网 2021 年 7 月 23 日，http://www.pkulaw.cn/cluster_call_form.aspx。

从地方层面来看,北京、广东、海南、江苏、辽宁、浙江、湖北等省市在其制定的地方性法规、立法工作计划、地方工作文件等规范性文件中强调了立法能力对地方立法的重要作用,并明确了加大立法工作人员的业务培训、完善立法项目的征集和论证、优化立法专家库的建设与管理、拓宽公众参与立法的渠道和程序、完善审查的指导方式和工作机制等加强地方立法能力建设的具体路径和方法。

地方立法能力评估是地方立法能力建设得以顺利展开的基础。不可否认的是,我国现阶段的地方立法能力仍不能适应快速变化发展的改革情势和满足人民群众不断增强的立法需求,二者之间的张力具体表现为立法质量欠佳、立法效率相对低下、立法数量相对不足等客观存在的问题。加强地方立法能力建设是当前立法工作的核心任务,虽然中央和地方通过不同方式强调了地方立法能力建设的重要意义,但其不应表现为口号式的宣传或纸面上的要求,而应以问题为导向、通过有针对性的方法措施加以有效展开。因此,通过地方立法能力专项评估,发现地方立法能力存在的不足以及产生不足的具体原因,便成为地方立法能力建设得以顺利展开的基础。

科学有效且具备可操作性的评估指标体系是开展地方立法能力评估的前提。从广义上来看,地方立法能力评估属于立法评估的内容,针对的是既有评估中尚未展开且难以量化的主体能力。如何运用评价工具实现地方立法能力的量化,使评估结果符合评估对象的客观情况以及地方立法能力建设的需要,既是地方立法能力评估的重点,也是其难点。地方立法能力的量化集中表现为评估指标体系,指标体系实际上可以理解为评估内容和目标的概念化、指标化、可操作化。因此,建构科学有效且具备可操作性的评估指标体系,就成为开展地方立法能力评估的前提。

(二)选题的意义

1. 理论意义

第一,推进学界关于立法能力的研究。本书立足于新时代立法工作的具体情况和实际需要,在批判性地吸收、借鉴国外立法能力评估指标体系理论研究成果的基础上,以我国地方立法能力建设的新发展、新问题、新要求为导向,聚焦地方立法能力评估指标体系这一基础性问题,丰富学界关于立法能力的研究成果。

第二,拓展立法学的研究领域。立法能力是判断新获立法权的地方能否行使以及能否行使好地方立法权的依据之一,但长期以来,立法学对立法能力的研究却滞后于实践的发展。本书根据立法能力的内在逻辑与关联,从可量化的角度对地方立法能力的内部结构和外在表现进行系统阐释,助力我国立法学知识体系向纵深发展,拓展学科的研究领域。

第三,厘清立法能力和立法质量的内在关联。立法能力的高低关乎立法质量的优劣。本书以科学立法、民主立法、依法立法的基本要求作为评估指标的设置依据,将地方立法能力的内容分解并量化为不同的指标群组,由群组内各单项指标及其要素来共同体现立"良法"所必需的地方立法能力,厘清立法能力与立法质量之间的内在关联。

2. 实践意义

地方立法能力建设是一项复杂的系统性工程,哪些因素能够影响其建设以及不同因素所能影响的方向和程度,都需要进行认真分析。本书旨在根据地方立法能力的内在逻辑与关联,通过分解与量化地方立法能力的外在表现和内在本质,选择其中能够直接或间接影响地方立法能力建设的主要因素,将这些因素设计为具体的评估指标并建构为系统的评估指标体系,以此来反映和评价地方立法能力的现状、发现并解释地方立法能力的不足、保障地方立法能力建设的有效展开。具体而言:

第一,反映和评价地方立法能力的现状。客观地反映和评价地方立法能力的现状,是地方立法能力建设有效展开的前提。地方立法能力评估指标体系中选取和设计的评估指标,是在概念化地方立法能力的基础上,对其内容进行的分解与量化。这也就意味着,以该体系进行的评估,能够准确把握地方立法能力的内在本质和外在表现,并通过测量和分析,获取评估对象的真实信息,对地方立法能力的现状进行客观地反映和评价。

第二,发现并解释地方立法能力的不足。科学地发现和解释地方立法能力中存在的不足,是地方立法能力建设有效展开的基础。地方立法能力评估指标体系中选取和设计的评估指标,是以科学立法、民主立法、依法立法的基本要求作为设置依据，对立“良法”所必需的地方立法能力进行的分解与量化。因此，地方立法能力评估指标体系不仅可以作为反映和评价地方立法能力现状的客观尺度，还可以作为承载目标追求与立法理念的价值平台，通过实然现状与应然要求之间的比较，科学地发现并解释地方立法能力的不足。

第三，保障地方立法能力建设的有效展开。地方立法能力评估指标体系作为一个综合的目标系统，其指标与数值都可视为地方立法能力建设的具体要求和努力方向，被评估主体的立法能力只有在达到或接近这一具体标准时，才能被认定为与制定“良法”所要求的立法能力相匹配。由此，地方立法主体便可结合各项指标所确定的具体要求和努力方向，通过评估去判断哪些因素能够影响地方立法能力建设以及不同因素所能影响的方向和程度，从而确定最适合本地方的优化路径以及最具有针对性的提升方案，保障地方立法能力建设的有效展开。

二、研究综述

（一）我国关于地方立法能力评估指标体系的研究

我国学界对地方立法能力评估指标体系的直接研究尚处于空白状态，只能从关于立法能力以及立法评估的间接研究中提取相关内容，为本书的展开提供基础。

其一，关于立法能力概念的研究。宋方青在《立法能力的内涵、构成与提升以人大立法为视角》（2021 年）一文中认为，立法能力是国家治理能力的重要组成部分，是立法者在立法过程中完成立法目的、满足立法需求所体现出来的本领和能量，表现为立法的生产力。李林在《当前我国立法的新要求》（2017 年）一文中指出，立法能力是立法主体根据社会的立法需求，按照立法程序行使立法权力，通过立、改、废、释等方式提供立法产品，及时满足经济社会文化发展对立法需要的一种能力。莫纪宏的《提升地方人大立法权利能力与行为能力的制度路径初探》（2016 年）一文，借鉴民事法律制度中主体权利能力与行为能力二分的理论，将立法能力区分为立法权利能力和立法行为能力；其中，立法权利能力指向立法机关的主体资格，立法行为能力指向立法机关的具体行为。

其二,关于立法能力建设的研究。李林在《全面深化改革应当加强立法能力建设》(2017 年)一文中强调,如何运用法治思维和法治方法,通过改变人大常委会的会期制度、加快推进人大常委的专职化专业化年轻化、推行立法助理制度、加强教学科研单位的立法专业智库建设等具体方式来加强立法机关的立法能力建设,提高立法能力,是当下立法研究与实践亟须解决的一个重要问题。李适时在《扎实推进设区的市地方立法工作,为"四个全面"战略布局提供坚实法治支撑》(2016 年)一文中认为,立法能力的建设需围绕审议机构和工作机构的统筹建设,专门机构与人大代表、常委会组成人员和社会力量立法能力的统筹建设,人大与政府立法能力的统筹建设等"五个统筹建设"展开。徐凤英在《设区的市地方立法能力建设探究》(2017 年)一文中指出,需要通过优化立法机关和人才资源的配置来完善立法能力建设的基础条件,通过提升立法主导能力、立法项目的选择能力、法规草案的起草能力、评估能力等方面来优化立法能力建设的实践内容。周敏在《地方立法能力提升的内省与前瞻——以陕西省设区的市立法现状为样本》(2017 年)一文中指出,立法能力建设可从立法体制机制建设、立法制度建设、立法需求状况及意见征集机制、立法专家库建设、委托第三方立法、立法培训情况等具体方面着手,实现立法能力在立法聚合、主题开合以及方法融合层面上的提升。在吕芳的《委托立法中的立法思维冲突及调和——基于第三方与立法机关的比较》(2018 年)、王子正和周静远的《委托第三方参与地方立法问题研究》(2017 年)、魏桃清的《人大委托"第三方"参与立法工作的实践与思考》(2013 年)、殷晓章和哲生的《立法中的第三方身影》(2006 年)等论文中指出,通过制度化、规范化第三方参与立法的实践来提升地方立法能力的专业化,如加强地方立法智库建设、拓宽第三方参与立法的途径、优化立法专家顾问制度等。在宋方青和宋尧玺的《论我国公众有序参与立法的模式与实现路径》(2012 年)、蔡定剑的《中国公众参与的问题与前景》(2010 年)、宋方青的《地方立法中公众参与的困境与出路》(2009 年)、朱景文的《关于立法的公众参与的几个问题》(2000 年)等论文中强调,通过优化公众参与立法的模式和路径来完善地方立法能力建设,如公众参与立法草案讨论的制度化与法律化,建立立法机关理性引导和公众自觉、自愿、自律参与相结合的有序协作模式等。

立法者作为立法职责的担负者与立法权的行使者，其自身立法能力的提升当然应为立法能力建设的核心与关键。宋方青和姜孝贤在《立法法理学探析》(2013 年)一文中强调，立法者立法能力的提升既需要重视实践理性在规范创制过程中的重要作用，还需要重视其自身德性的培养。姜孝贤和宋方青在《立法方法论探析》(2016 年)一文中指出，立法者立法能力的提升应当在立法的双维环境下进行，既需要提升其作为法律行动者的立法能力，又需要提升其作为政治行动者的立法能力。李适时在《始终坚持党对立法工作的领导，不断提高立法能力水平》(2016 年)一文中认为，合格的立法者需着力提高自身业务能力水平，注重明确思路、着力抓准问题、善于提出方案、紧跟时代潮流，注重理论与实践相结合，切实提升遵循规律、发扬民主、协调沟通、凝聚共识的能力，夯实做好立法工作的看家本领；同时着力提高自身的思想境界，培养奉献精神和严谨认真的态度，为做好立法工作提供认识基础和精神动力。

其三，关于立法评估的研究。通过著作形式对立法评估的目的、方法、程序、主体、指标等方面进行的整体性研究较为丰富。主要有汪全胜的《法律绩效评估机制论》(2010 年)、《立法成本效益评估研究》(2016 年)和《立法后评估研究》(2012 年)，李向东的《行政立法前评估制度研究》(2016 年)，俞荣根主编的《地方立法后评估研究》(2009 年)和《地方立法质量评价指标体系研究》(2013 年)，夏正林等的《地方立法评估制度研究》(2017 年)，孙晓东的《立法后评估的原理与应用》(2016 年)，史建三主编的《地方立法后评估的理论与实践》(2012 年)，任尔昕等的《地方立法质量跟踪评估制度研究》(2011 年)。通过分析可以发现，我国现阶段关于立法评估的研究主要集中于立法前评估和立法后评估。席涛在《立法评估：评估什么和如何评估(上)——以中国立法评估为例》(2012 年)一文中指出，立法前评估的重点在于论证立法预期对经济、社会和环境的影响，减少试错成本；而立法后评估的重点在于评估法律法规对经济、社会和环境的实际影响，检验制度的公正与效率，发现执法、司法和守法中存在的问题。评估重点的不同，决定了选择和设计评估指标(评估标准)的差异。对于立法前评估指标(标准)的选择和设计，俞荣根在《地方立法质量评价指标体系研究》(2013年)一文中认为应包括立法的必要性与可行性、合法性、立法的影响性以及效益和成本分析;李冰强等在《立法前评估指标体系的构建》(2017年)一文中认为应包括必要性、合法性、协调性、可操作性、影响性以及特色性;周怡萍在《立法前评估制度研究——以地方立法为视角》(2014年)一文中认为应包括相关基本情况(上位法及相关法的立法情况、本地相关工作情况、立法必要性、立法时机是否成熟)、立法成本分析、执法成本分析、守法成本分析、纠纷解决成本分析、立法的效益分析、法规实施情况预测。对于立法后评估指标(标准)的选择和设计,汪全胜在《立法后评估的标准探讨》(2008年)一文中认为应包括效率标准、效益标准、效能标准、公平标准以及回应性标准;史建三在《地方立法后评估的理论与实践》(2012年)一文中认为应包括合法性指标、合理性指标、协调性指标、操作性指标、规范性指标、实效性指标以及适应性指标;王亚平在《论地方性法规的质量评价标准及其指标体系》(2007年)一文中认为应包括法理标准、价值标准、实践标准以及技术标准。

综上,我国关于立法能力的研究能为地方立法能力评估指标体系的建构提供以下思路:

第一,提供地方立法能力评估指标体系建构的概念前提。地方立法能力评估指标体系的建构需对立法能力进行清晰地界定并实现其可操作化。既有研究对立法能力的界定虽然尚存争议,但能够为本书的写作提供思路,如明确了立法能力与立法需求、立法程序之间的关系,确定了立法能力的基本内容等。

第二,明确地方立法能力评估指标体系建构的功能定位。建构地方立法能力评估指标体系的目的在于为地方立法能力评估提供科学有效且具备可操作性的指标体系,而地方立法能力评估的目的在于为地方立法能力建设提供最适合的优化路径以及最具有针对性的提升方案。

第三,指明地方立法能力评估指标体系建构的核心内容。评估指标的选择和设计,是地方立法能力评估指标体系建构的核心内容。从关于立法能力建设与提升的讨论中,可以提取以下几个应重点关注的对象:立法规划(计划)的编制、立法的审议、立法的评估、立法的完善等。

第四,提供地方立法能力评估指标体系建构的理论基础与实践经验。

虽然现阶段我国尚未形成科学完备的地方立法能力评估指标体系,但与其有关联性和相似性的其他立法评估指标体系已经有了良好的理论研究和具体实践。这些已经进入实践阶段并取得良好效果的立法评估指标体系,可以为地方立法能力评估指标体系的建构提供相应的理论基础与实践经验。

虽然既有研究为地方立法能力评估指标体系的建构提供了诸多开创性、启发性的观点,但仍需指出的是,既有研究与立法实践的需求之间仍存在一定差距。这种差距主要表现为以下三个方面:一是研究主题不够全面,对立法能力的概念、理论基础、具体内容等缺乏系统的关注和探讨;二是科学的评估体系和评估标准尚未有专门的研究成果,缺乏完备的、成体系的、可操作的评估体系和提升方法;三是研究方法较为单一,既有成果多重于对现状的定性描述和规范分析,定量分析和交叉学科研究相对缺乏。

(二)域外关于地方立法能力评估指标体系的研究

域外对立法能力(Legislative Capacity)的研究肇始于20世纪70年代。当时,诸多学者对国家、议会和政府在何种制度条件和人员配备下能够成功实现特定目标的问题进行了研究。立法机关的立法能力便是其中重要主题之一。域外学界对立法能力的研究分为两个不同方向。部分学者侧重于采用规范分析的方法,对立法能力所依赖的制度和组织进行研究,如乔治·台布利斯(George Tsebelis)(2002年)指出,宪法规则(特别是选举制度的性质)、立法机关的结构(一院制或两院制)和颁布程序("议程控制"和少数派否决权规定的存在)共同塑造着立法系统并决定议会的立法能力。部分学者则侧重于采用实证分析的方法,着重关注立法的实际运作过程,如安东尼·金(Anthony King)(1976年)指出,立法机关在立法过程中与行政机关存在多样化的互动关系,米歇尔·拉弗(Michael Laver)(1999年)强调立法过程中政党对立法机关立法能力的影响。阿尔特·大卫(Arter David)(2006年)指出,现在越来越多的学者开始关注立法机关的实际表现,并运用实证分析的方法对立法机关的立法能力进行评估。

为了实现评估立法机关立法能力的目的,立法能力指标体系应运而生。围绕立法能力指标体系的理论建构和实践运用,学界产出了大量研究成果。佩弗里尔·斯奎尔(Peverill Squire)(2007 年)以立法人员的薪酬和福利、总会议天数以及立法专业人员的数量为评估指标,对美国各州立法机关的专业能力进行了评估。巴根霍姆·安德烈亚斯(Bagenholm Andreas)(2008 年)为测量欧盟立法在成员国得到落实的前提和基础,运用及时性指标(某一立法是否在限定的时间内得到通过)、迟延程度指标(未在限定时间内通过立法的被推迟程度)、文本质量指标(通过的立法是否与相应的欧盟指令相符)对部分欧盟成员国的政府立法能力进行了评估。阿贝尔·金扬多(Abel Kinyondo)和里卡德·佩洛佐(Riccard Pelozzo)(2013 年)对东帝汶、汤加、巴布亚新几内亚等五个国家的立法能力建设效果进行了评估,检视了现有立法培训中存在的不足,分析了问题产生的原因,并提出了进一步改进的方案。博尔顿·亚历山大(Bolton Alexander)和舍利切·恩罗尔(Sharece Thorwer)(2015 年)运用立法周期、立法经费、立法人员数量等指标参数对美国国会立法能力进行了研究,着重探讨了国会立法能力强弱对总统行政命令数量的影响。尹钟彬(Jong Bin Yoon)和郑海好(Hoi Ok Jeong)(2016 年)运用立法人员的薪金水平、立法工作的时长、立法人员的资源、地方政府一般资源等指标参数对韩国国会的立法专业能力进行了研究,指出对一国立法专业能力的评估应考虑到该国地方自治的历史、政治制度的形式等特殊情况。

其中,以关于立法专业能力的评估指标体系最具有代表性。克里斯托弗·Z. 穆尼(Christoper Z. Mooney)(1994 年)认为,专业化的立法机关可以要求其成员在立法的过程中尽到充分的注意,建立有利于立法的组织和程序,提供足够的资源,以使他们能够以与其他全职的政治行为者相媲美的方式完成工作。斯蒂芬妮·欧文斯(Stephanie Owings)和雷纳德·博克(Rainald Borck)(2000 年)认为,立法专业化涉及增加立法在政策制定过程中的资源投入,或增强作为决策者和领导人的立法者提高其能力的资源投入。乔尔·A. 汤普森(Joel A. Thompson)(1986 年)从对政府预算的依赖、对实质性政策信息的依赖、实质性政策建议的提出以及对执法活动的监督四个角度,对专业的立法机关与非专业的立法机关进行了实证研究,发现经专业化改革的立法机关比非专业的立法机关在自主行使立法权和立法能力方面存在很大优势:专业的立法机关更有能力独立作出决定,更有能力获得有关立法的信息并提出新的或替代的立法,也更有能力监督这些立法在执行过程中的实际情况。艾伦·罗森塔尔(Alan Rosenthal)(1996 年)指出,主张国家立法改革的学者长期以来一直认为,立法机关专业性的提高会产生各种积极的后果,包括增加成员的稳定性和多样性、提高决策能力、提高对公众利益诉求的反应能力等。切丽·梅斯塔斯(Cherie Maestas)(2000 年)指出,专业化的立法机关可以通过保持舆论与立法成果的一致性等措施,制定出更具响应性的政策。迈克尔·B. 伯克曼(Michael B. Berkman)(2001 年)认为,专业化可以使立法者具有更多的控制权和相较于其他决策者的独立性。

基于对专业化立法机关理想特征的描述,不同学者对其评估指标进行了具体的选择和设计(见表 0 - 1)。格鲁姆(Grumm)和州议会公民会议(Citizens Conference OnState Legislatures, CCSL)创建了第一个评估指标体系。CCSL(1971 年)根据对每个州议会的 8 ~ 20 名政治内部人士进行个人采访收集到的数据,归纳出与州立法能力有关的五类指标,即功能性、责任性、信息性、独立性和代表人数,并根据这些指标对各个州的立法专业能力进行了排名。格鲁姆(1971 年)则综合了立法者的薪酬、会期总长度、立法业务支出、立法工作人员服务和"两院"提出的法案数目来评估立法专业能力。莎拉·麦卡利·莫尔豪斯(Sarah Mccally Morehouse)(1983 年)运用不同时期的数据重新检验了格鲁姆的指标体系,不同的是她用众议院每个席位的平均人数指标代替了格鲁姆的法案数量指标。安·O. M. 鲍曼(Ann O. M. Bowman)和理查德·C. 科尔尼(Richard C. Kearney)(1988 年)在格鲁姆和莫尔豪斯设计的评估指标之外,加入了每个成员的委员会任务数量和立法机关的规模两个指标。佩弗里尔·斯奎尔(1992 年)则将指标进行了合并和缩减,以薪酬、工作人员配置和会期对立法专业能力进行评估。其后,Squire 提出的评估指标成为主流,学者多在此基础进行指标的选择和设计:加里·F. 蒙克里夫(Gary F. Moncrief)(1994 年)以薪酬、人员配置、会期、人员的更替率为评估指标;克里斯托弗·Z. 穆尼(1995 年)以薪酬、会期、工作人员配置、委员会的数目和结构为评估指标;詹姆斯·D. 金(James D. King)(2000 年)以工作人员支出、补偿、会期为评估指标;尹钟彬和郑海好(2016 年)以薪酬、立法服务所需时间、立法工作人员资源、地方政府的一般资源为评估指标。

表 0-1 不同学者对立法专业能力评估指标的选择

研究者	评估对象	指标内容
格鲁姆(1971 年)	美国各州的立法机关	薪酬、会期、立法业务支出、立法工作人员服务、"两院"提出的法案数目
CCSL(1971 年)	美国各州的立法机关	人员配置、薪酬、时间、委员会结构、设施、领导能力、规则和程序、规模和道德操守
莫尔豪斯(1983 年)	美国各州的立法机关	薪酬、会期、立法业务支出、立法工作人员服务、每个席位的平均人数
鲍曼和科尔尼(1988 年)	美国各州的立法机关	薪酬、会期、立法业务支出、立法工作人员服务、每个成员的委员会任务数量、立法机关规模
斯奎尔(1992 年)	美国各州的立法机关	薪酬、工作人员配置、会期
蒙克里夫(1994 年)	加拿大省议会	薪酬、工作人员配置、会期、人员的更替率
穆尼(1995 年)	美国各州的立法机关	薪酬、会期、工作人员配置、委员会的数目和结构
金(2000 年)	美国各州的立法机关	工作人员支出、补偿、会期
尹钟彬和郑海好(2016 年)	韩国国会	薪酬、立法服务所需时间、立法工作人员资源、地方政府的一般资源

与我国研究相比,域外研究较早对立法能力予以关注,并设计了一系列评估指标对立法能力展开了实证研究。在研究内容上,以专业性、自主性和效率性为评估的核心内容,并以客观数据为依托进行评估。在研究方法上,注重多学科理论和方法的融通,将政治学、法学、统计学、管理学等多种学科知识运用于评估指标体系的建构以及实践。但不可忽略的

是,立法能力评估与一国的政治体制和立法实践密切相关,域外的理论研究与评估实践建立在其议会自主与议员专职化的基础之上,与我国现行的立法体制机制存在较大差异。因此,对域外立法能力评估指标体系的借鉴,应结合本国的具体实践和实际需求,在批判的基础上加以整合吸收。

三、研究方法与研究思路

本书采用的研究方法主要有:第一,跨学科的研究方法。地方立法能力评估是对立法能力的评估,鉴于立法能力的综合性,对其评估指标的选择和设计不可避免地会涉及立法学、法理学、政治学、社会学等多学科知识,需要采用交叉学科的研究方法对立法能力的相关问题进行研究。第二,比较分析的研究方法。本书专门介绍了欧盟候选国家政府立法能力评估指标体系和美国州议会立法能力评估指标体系,通过非对称比较,分析其科学性与合理性,总结归纳出各自的优劣,作为建构我国地方立法能力评估指标体系的参考。第三,价值分析的研究方法。本书所建构的地方立法能力评估指标体系以评估目标为建构模型,为实现指标体系自身的合理性与内在逻辑的自洽,就需采用价值分析方法,识别、确立地方立法能力的应然状态,并在其应然状态的指引下,解决地方立法能力的价值取向、评估的功能定位、指标的设置依据等核心问题。

本书基于立法的本质和规律以及立法能力的基本理论,围绕地方立法能力、地方立法能力评估、地方立法能力评估指标体系三个核心概念,结合能够直接或间接影响地方立法能力的具体因素,借鉴国外同类评估指标体系以及国内其他评估指标体系的成功经验,探讨地方立法能力评估指标体系的基本原则、操作准则、设定基础、具体内容等问题,构建一套符合我国地方立法能力实际情况、满足我国地方立法能力建设具体需求、科学有效且具备可操作性的地方立法能力评估指标体系,实现地方立法能力评估理念与方法的创新。除导论和结论外,本书共分为六章,主要内容如下:第一章是对地方立法能力评估指标体系此一概念的三个组成部分(地方立法能力、地方立法能力评估、地方立法能力评估指标体系)进行的阐释和分析,以廓清本书三个核心概念的内涵,为之后论述的展开确定范围和对象。第二章是对两个有代表性的域外立法能力评估指标体系的考察(欧盟候选国家政府立法能力评估指标体系、美国州议会立法能力评估指标体系),并在比较分析的基础上发掘域外实践对建构我国地方立法能力评估指标体系的借鉴意义。第三章是以我国地方立法能力评估的具体问题和特殊要求为导向,对建构地方立法能力评估指标体系进行的整体设计。第四、五、六章是本书研究的重点章节,也是支撑地方立法能力评估指标体系建构的核心与关键。这三章分别从地方立法能力立法准备阶段、由法案到法阶段、立法完善阶段三个不同维度展开,在讨论各维度中一级指标的含义、内容、作用方法等问题的基础上,确定各自的二级指标和三级指标,并进行相应的量化赋值。

第一章

地方立法能力评估指标体系概述

明确的地方立法能力评估指标体系概念以及有效的地方立法能力评估指标，是地方立法能力评估指标体系得以建构的两个基本条件，而地方立法能力评估指标体系的概念则是确定地方立法能力评估指标的前提与基础，正如学者所言，"有效的指标需要一个清晰的概念基础"。[1] 从整体上来看，地方立法能力评估指标体系的概念由地方立法能力、地方立法能力评估、地方立法能力评估指标体系三个部分组成。由于对立法能力的研究有待深化，加之关于地方立法能力评估及其指标体系的讨论尚未全面展开，因此就十分有必要对地方立法能力、地方立法能力评估、地方立法能力评估指标体系三者的概念作进一步阐明，以廓清本书三个核心概念的内涵，为之后地方立法能力评估指标的选择和设计提供清晰的范围和对象。

第一节　地方立法能力的内涵

一、"能力"释义

根据《辞海》的解释，能力属于人的内在心理特征，即"成功地完成某种活动所必需的个性心理特征。"[2] 而《朗文当代英语辞典》则侧重从可测量的客观行为方式（具体的工作行为）这一角度对能力进行解释。[3]

---

〔1〕［美］克里福德·科布、克雷格·里克斯福德：《社会指标的历史教训》，宾建成译，载《经济社会体制比较》2011 年第 5 期。

〔2〕辞海编辑委员会编：《辞海》（上），上海辞书出版社 1989 年版，第 1270 页。

〔3〕参见英国培生教育出版有限公司编：《朗文当代英语辞典》（第 4 版），外语教学与研究出版社 2004 年版，第 2 页。

国内学界对能力的概念界定也进行了诸多尝试。[4] 简单来讲，能力是社会主体在具体行动中所体现出来并决定行动成效的心理特征和综合素质。据此，可以得出能力的三种基本内涵：

第一，社会主体的心理特征和综合素质是能力的内在基础。能力既是社会主体从事某项活动的心理特征，[5] 又是社会主体综合素质的外在表现。[6] 能力的内隐性表明，能力是社会主体内在固有的一种综合力量，对能力的认识既不能脱离主体自身的社会属性，又不能以偏概全地将社会主体某一方面的能力或能力某一方面的特性界定为能力本身。

第二，能力需通过社会主体的外在行为加以体现。能力是社会主体在具体行动中表现出来并能够被观察和测量的实际能量。[7] 能力的外显性表明，能力的内在属性和特质是可以透过对社会主体的外部行为进行观察和测量得出的，并可以根据科学的方法对其进行评估和分级，从而将能力转化为可直接确认和理解的客观事实。

第三，能力关乎社会主体行为的成效。能力是可以对特定的工作岗位上和组织环境中的绩效水平进行区分的个人特征。[8] 行为的成效与社会主体所具备的能力以及能力的发挥有直接关联。因此，如何使社会主体具备与其所从事活动相匹配的能力，以及保证能力在行动过程中得到充分合理的发挥，便成为能力研究的核心问题。

---

〔4〕 国内学界对能力的概念界定中，比较有代表性的有：能力总是和某种活动相联系并表现在活动中，只有从一个所从事的某种活动中，才能看出他是否具有某种能力。参见黄希庭：《心理学导论》（第2版），人民教育出版社2007年版，第526页。能力是人的综合素质在现实行动中表现出来的、正确驾驭某种活动的实际本领、能量和熟练水平，是实现人的价值的一种有效方式，也是左右社会发展和人生命运的一种积极力量，它包括体力、智力、道德力、审美能力、实践操作能力等一般能力，从事某种专业活动的特殊专业才能和为社会而奉献的创造能力。参见韩庆祥：《能力本位》，中国发展出版社1999年版，第81页。能力是系统、组织和个体的知识蕴含、素质结构和行为表征的综合体，表示达成行为目标的可能程度。参见陈志勇、卓越：《治理评估的三维坐标：体系、能力与现代化》，载《中国行政管理》2015年第4期。

〔5〕 参见彭聃龄主编：《普通心理学》（修订版），北京师范大学出版社2004年版，第404页。

〔6〕 参见韩庆祥：《能力本位》，中国发展出版社1999年版，第79页。

〔7〕 参见韩庆祥：《能力本位》，中国发展出版社1999年版，第80页。

〔8〕 See Mcclelland David C. , *Testing for Competence Rather Than for "Intelligence"*, American Psychologist, Vol. 28:1, p. 1 – 14(1973).

二、立法能力的内涵

(一)政治与法律:立法能力的功能面向

立法是一项兼具法律性与政治性的实践。[9] 政治要求法律成为其统治工具,但过度的政治化将使立法成为俾斯麦所讽刺的"做香肠的过程","我们不仅没有我们所需要的规范或理想的立法模式,而且我们的法理学充斥着各种意象,这些意象把传统的立法活动表现为交易、讨价还价、相互捧场、利益迎合和政治分肥——实际上,除了不是有原则的政治决策之外,立法活动可以什么都是。"[10]法律不能也不应该拒绝与政治的关联性,否则将会失去其本身存在的根基,使立法成为纯粹的规则演绎而失去其应承载的价值意义内涵。"立法为政策之合法化过程,其作用在确定大政方针,指定工作目标,对民众之权益影响至巨,故于制定决策时比较考虑政治因素,甚且经常考虑并设法反映社会团体与选民的利益和价值。"[11]因此,如何在立法过程中实现政治与法律的协调,便成为立法能力的功能面向。

政治与法律在立法中彼此协调的追求,需要面对两个有独立运作规则、功能、程序的社会子系统。根据卢曼(Niklas Luhmann)的社会系统理论,政治与法律在简化环境的复杂性上存在三个方面的差异:物质维度差异,即政治系统与法律系统在调整行动关系的机制与方式上的不同;时间维度差异,即政治系统与法律系统在处理过去、现在、未来关系上的不同;符号维度差异,即政治系统与法律系统在面对其他主体进行沟通时所选择的符号体系上的不同。[12] 有学者将这三种维度上的差异转变为政治与法律在功能、时间意识和决定机制上的具体差异:在功能上,政治系统着重于对行动的现实控制,着重于对当下行动中不同价值与利益之间的

---

〔9〕 参见宋方青、姜孝贤:《立法法理学探析》,载《法律科学(西北政法大学学报)》2013年第6期。

〔10〕 Jeremy Waldron, *The Dignity of Legislation*, Cambridge University Press, 1999, p. 1 – 2.

〔11〕 罗传贤:《立法程序与技术》,台北,五南图书出版股份有限公司2002年版,第11页。

〔12〕 参见[美]乔纳森·特纳:《社会学理论的结构》(上),邱泽奇等译,华夏出版社2001年版,第64~65页。

社会差异进行平衡；而法律系统则着重于对行动的期待加以保障，着重于对行动所指向的未来与过去之间的时间差异进行平衡。在时间意识上，政治系统是适时应变的，有其时间上的紧迫性，有时为了达成其目的甚至可以是投机的和短视的；而法律系统则相对稳定，可以也应当按照既定程序的时间进度达成其功能。在决定机制上，政治系统中的决策普遍存在权宜和妥协，这种权宜和妥协在一定程度上还可以被认为是可欲的；而法律系统中的决策是合法与非法的二元化判断，即使司法判决中存在某种必要的政治权衡，但也仍需在法律系统的结构性限制之下发生作用。〔13〕立法能力的功能面向，就是将政治与法律在功能、时间意识和决定机制上的差异内化于立法过程之中，并实现二者的彼此协调。

1. 从意志利益的分歧到采取一致行动的共识

"一部立法值得尊重，因为它是在政治环境中所反映的成就：面对分歧，采取一致行动。"〔14〕"政治环境"，即立法所处的真实背景；"一致行动"，即群体中的成员对某一问题需要一个共同的框架、决定或行动进程，以采取统一的行动；"面对分歧"，即群体成员对框架、决定或行动进程应当是什么存在的分歧。该论断有以下三层含义：其一，分歧的存在以及持续存在使无需政治的"乌托邦世界"不可能出现；其二，采取一致行动的需要使不可能产生法律的"强权世界"不会永久存续；其三，分歧的存在与采取一致行动的需要，使形式化的立法得以产生，这种形式化与立法集合体（议会）中的争论、法律制定和结果相联系。

在世界日趋复杂和流变的当下，有很多事情是只有当我们人数众多并在一个共同框架下采取行动时才会成功的。这些关乎整个共同体存在和发展的共同事业——如市场经济的可持续发展、科教文卫事业的良性运作、自然环境的有效保护等——除非大多数人能够建立制度、遵循规则、参与并采取一致行动，否则就会失败。"一致行动"就是在"政治环境"之下我们所欲构建世界的核心要点。但是，社会成员不仅在"一致行动"的目标指向上存在分歧，在如何达成"一致行动"以及如何采取"一致

〔13〕 参见伍德志：《欲拒还迎：政治与法律关系的社会系统论分析》，载《法律科学（西北政法大学学报）》2012 年第 2 期。

〔14〕 ［美］杰里米·沃尔德伦：《法律与分歧》，王柱国译，法律出版社 2009 年版，第 138 页。

行动”等方面也存在分歧。[15] 因此,立法之所以值得尊重,原因就在于其能够在正视并尊重普遍分歧的前提下,实现社会成员的一致行动。“采取一致行动”的需要与“面对分歧”的事实,要求政治的功能与法律的功能在立法中得以协调:

第一,立法需要政治功能的发挥,对当下行动中不同意志与利益之间的分歧进行平衡,从而使社会成员接受并自觉采取一致行动。促使社会成员接受并自觉采取一致行动是立法能够得到尊重的关键,然而采取一致行动并不容易,尤其是“一旦人们认识到自己是单个个体,以及认识到可能的冲突——与他人行动可能会与自己小型计划相冲突——方式。实际上,如果冲突实际发生了,协调一致行动就是人类生活中的一项了不起的成就”[16]。根据康德(Immanuel Kant)提出的权利普遍原则,只有一致行动的目标体现普遍的意志和利益时,社会成员才会对是否采取以及如何一致行动达成共识,从而按照普遍的意志和利益所设定的目标、方法、进程等采取一致行动。[17] 因此,如何使政治对意志和利益的平衡成为达成普遍意志和利益的正当方式,便成为社会成员接受并自觉采取一致行动的关键。

第二,立法需要法律功能的发挥,从而规训政治在平衡意志和利益分歧时存在的(或可能存在的)恣意,使立法成为普遍意志与利益的反映。意志和利益是立法所反映的本质内容,使统治者或执政集团的整体意志和利益上升为国家的意见和利益则是立法的核心主题。[18] 然而,政治对意志和利益的平衡总是有意或无意地忽略分歧存在的客观事实,以某一群体、党派甚至个人的意志和利益取代整体的意志和利益,通过立法的方式将此种意志和利益作为统一行动的目标或运用强制的力量迫使社会成员采取统一行动。因此,要使政治对意志和利益的平衡建立在正视并尊重分歧的基础之上,从而达至对普遍意志与利益的反映,就需要在立法中

---

〔15〕 参见[美]杰里米·沃尔德伦:《法律与分歧》,王柱国译,法律出版社 2009 年版,第 143 页。

〔16〕 [美]杰里米·沃尔德伦:《法律与分歧》,王柱国译,法律出版社 2009 年版,第 129 页。

〔17〕 参见[德]康德:《法的形而上学原理——权利的科学》,沈叔平译,商务印书馆 1991 年版,第 40 页。

〔18〕 参见邓世豹主编:《立法学:原理与技术》,中山大学出版社 2016 年版,第 43 页。

发挥法律对政治的约束功能。"政治必须通过法律来确定其运行原则、规则与程序,确保合乎人类的共同理性与价值,不应该是完全权力化和宗教(神)化的状态,更不能是由少数人意志掌握的状态。"[19]

2. 从紧迫的意志变动到稳定的规范期待

社会的复杂性和变动性决定了政治系统总是处于紧迫的时间压力之下,"在现代政治系统中政治总是处于紧迫的时间压力下,而且处在从内容上来说几乎是范围无限宽广的(但又是由它自己所决定的)一大堆议题之中"。[20] 而法律系统则是一种稳定的规范性存在,这种稳定的规范性使其得以成为社会普遍的行为标准,这也意味着法律在通过政治产生的同时就具有与政治分离并能够调控政治的内在机制与特性。[21] 时间性上的差异使政治系统与法律系统之间常常发生冲突,当法律成为政治任意使用的工具时,必然会破坏社会成员对其作为稳定行为规范的信任。这种冲突的实质是国家对公众行为作出快速反应、及时处理的紧迫需要与社会成员的个人行为对既定行为规范的稳定期待之间不可避免的内在张力,即政治与法律面临"如何才能限制联合行动的权利又不剥夺公民个人的权利、使其价值打折扣? 如何才能不限制联合的权利却不会摧毁公民个人的权利和政府的权利?"[22]问题。

法律和政治在时间上的不一致主要通过立法来协调。[23] 立法是一种"人造秩序","是刻意创造出来的,所以他们始终是(或一度是)服务于该秩序的创造者的目的的。"[24]前文已述,以公共的意志和利益去协调社会成员的一致行动,既是立法值得尊重的原因,又是值得尊重的立法所追求的目的。立法所追求的一致行动,是保证了个人自由权利的、社会成员自觉采取的一致行动,是建立在公共意志和利益基础上的一致行动,不但

---

〔19〕 周祖成:《法律与政治:共生中的超越和博弈》,载《现代法学》2012 年第 6 期。

〔20〕 [德]卢曼:《社会的法律》,郑伊倩译,人民出版社 2009 年版,第 224 页。

〔21〕 周祖成:《法律与政治:共生中的超越和博弈》,载《现代法学》2012 年第 6 期。

〔22〕 [英]戴雪:《公共舆论的力量:19 世纪英国的法律与公共舆论》,戴鹏飞译,上海人民出版社 2014 年版,第 347 页。

〔23〕 参见[德]卢曼:《社会的法律》,郑伊倩译,人民出版社 2009 年版,第 225 页。

〔24〕 [英]弗里德利希·冯·哈耶克:《法律、立法与自由》(第 1 卷),邓正来等译,中国大百科全书出版社 2000 年版,第 58 页。

强化了社会成员联合行动的权利，还保证了这种联合行动的有效性。因此，政治虽具有紧迫性，但立法中的政治却受到立法本身目的的约束，只能在公共意志和利益所限定的范围内进行活动，并将实现公共意志和利益作为行动的目标，从而确定法律的具体内容；此外，法律作为立法的结果，其一经制定完成便成为政治权力普遍化、有效性的媒介和工具，但政治权力的普遍化和有效性却只有在立法所确定的结构框架之内才能实现。[25] 值得尊重的立法本身就意味着规范政治的紧迫性以保持政治与社会的内在联系和一致性，并通过法律的稳定性来保证社会成员对行为规范的稳定期待。

3. 从无原则的政治妥协到制度化的理性商谈

"要做出有用的行动，行动的生活必定是妥协的生活。"[26] 立法是汇集、凝聚政治主张的主要途径和渠道，在立法过程中，各种政治意志充分表达、相互碰撞并最终转化为具有普遍约束力的法律意志。[27] 政治是立法的本质属性之一，而政治是妥协的艺术，不同政治意志的彼此妥协构成了立法过程中的主要内容和内在机制。若妥协不可避免，那么就必须保证立法中的妥协不是无原则或不是承载特定价值的妥协；毕竟，无原则的政治妥协，是使立法背上诸多坏名声的"罪魁祸首"。[28] 在立法实践中，无原则的妥协最需注意的便是无视分歧、个人和大众在立法中的存在和作用，"更危险的诱惑不是去假装一个相反的观点不存在，而是认为它是无知的或存有偏见的或者是建立在对道德实在无理蔑视之基础上，从而把其看作无须在可尊重的协商中获得注意"。[29] 尊重分歧、尊重个人、尊重大众三者之间存在逻辑上的包含与递进关系，且缺一不可：尊重分歧，就是要尊重每一个拥有不同经历、信仰、伦理和文化背景的个人，尊重由

---

〔25〕 参见伍德志：《欲拒还迎：政治与法律关系的社会系统论分析》，载《法律科学（西北政法大学学报）》2012 年第 2 期。

〔26〕 [美]阿林·弗莫雷斯科：《妥协——政治与哲学的历史》，启蒙编译所译，上海社会科学院出版社 2016 年版，第 2 页。

〔27〕 参见闻海：《论政治法与法政治学——从政治与法律关系的契入》，载《太平洋学报》2010 年第 9 期。

〔28〕 See Jeremy Waldron, *The Dignity of Legislation*, Cambridge University Press, 1999, p. 1 – 2.

〔29〕 [美]杰里米·沃尔德伦：《法律与分歧》，王柱国译，法律出版社 2009 年版，第 141 页。

这些个人所组成的大众;尊重个人,就是要尊重每一个个体对原则性问题以及非原则性问题存在并必将持续存在的分歧,尊重可以将这些分歧加以表达、辩论并达成协调一致行动的大众;尊重大众,就是要不因为达成共识的重要性而贬低或者掩盖每个人真诚的观点分歧,就是要通过程序来具体体现尊重个人的原则。由此,这就需要立法能力的充分发挥,以使尊重分歧、尊重个人与尊重公众内化于审慎协商的过程,从而将无原则的政治妥协转变为以公共意志和利益为指向的、经制度化的理性商谈而达成的政治妥协。

(二)科学与技艺:立法能力的职业要求

政治与法律在立法过程中的协调,不仅需要立法者具备事实层面的科学,还需要具备实践层面的技艺。[30] 这一对科学与技艺的需要,便构成了立法能力的职业要求。

1. 理性与意志在公众和个人之间的区分和张力

立法能力对科学与技艺的需求,根源于理性与意志在公众和个人之间的区分与张力。公众,自其作为一个整体成为立法主体之时,对其是否具备立法所需的理性就一直存在两种截然相反的认识:一种是将其视为“乌合之众”,需要用少数精英来限制大众以避免共同体落入“多数暴政”的绝境;[31] 另一种是将其视为“合众为一”的理性集合体,不同观点的汇聚可以达成一个比任何人单独作出的决定更好的决定。[32] 而个人意志是否薄弱,则是道德认知与道德行为关系中一个极为重要的问题[“意志薄弱”最初是古希腊哲学家苏格拉底(Socrates)提出的一个著名哲学争论,此一争论的焦点是:一个人知道什么好,同时有能力做到,然而却不愿

---

〔30〕 科学与技艺不同。科学是以陈述式表达的与事实有关的断言,而技艺则是以命令式表达的与实践相关的规则或训诫。在二者的关系中,技艺提出并界定值得想望的目的,并判断该目的是否得以实现;科学则将该目的当作现象或结果并对其原因和条件进行研究,提出一系列经归纳和演绎而得出的命题,从而为该目的的产生以及实现提供必要的手段(环境或环境组合的定理)。参见[英]约翰·斯图尔特·密尔:《精神科学的逻辑》,李涤非译,浙江大学出版社 2009 年版,第 136 ~ 138 页。

〔31〕 参见[美]汉密尔顿、杰伊、麦迪逊:《联邦党人文集》,程逢如、在汉、舒逊译,商务印书馆 1980 年版,第 151 页。

〔32〕 参见[古希腊]亚里士多德:《政治学》,吴寿彭译,商务印书馆 1965 年版,第 146 页。

做；知道什么是不好，同时有能力可以不做，但是却做了］：苏格拉底认为意志薄弱者并不存在，因为除非是因为无知，否则没有人会故意违背自己的最佳判断；[33]亚里士多德（Aristotle）则基于对灵魂理性部分和非理性部分的区分，认为意志薄弱的行为是存在的；[34]在卢梭（Jean - Jacques Rousseau）看来，这一意志薄弱问题在现代个体身上表现得尤为明显。[35]同时，根据慎思自我的结构特征，这种意志薄弱的现象本身在一定意义上也是理性的，即意志薄弱的人也可以是理性的人。[36]

公众无理性、个人无意志或公众无意志、个人无理性的区分和张力，是将自然法传统中理性与意志的区分和张力转换到了立法过程的内部。撇开两者之间的认识差异，两种观点有一个基本的共识，即公众或个人很难将理性与意志共融于一身，知道什么是真正美好生活的理性认知，与盼望并实现美好生活的行动意志总是处于分离的状态。[37]因此，这就需要具备相应立法能力的立法者介入，运用科学来确定什么样的生活是美好的、值得追求的，通过技艺去协调和说服公众和个人接受并实现对美好生活的愿景。

2. 立法能力的科学要求

法律不仅是一种规范体系，通过对地方性民族生活方式和特定人世生活规则的描摹和反映，展现源于社会本身的条理和人世生活的情理；法律还是一种意义体系，承载着公民与民族的理想，并为公共生活提供是非的判断观念以及价值的评价标准。法律作为规范体系和意义体系的统一

---

〔33〕参见［古希腊］柏拉图：《柏拉图全集》（增订版，第4册），王晓朝译，人民出版社2017年版，第56～57页。

〔34〕参见［古希腊］亚里士多德：《尼各马可伦理学》，廖申白译，商务印书馆2003年版，第231～233页。

〔35〕如同卢梭在《论科学与艺术》中所批判的那样，个体理性的发展在让人认识到善和好的同时却越发使意志力陷入泥潭，亦即明明知道什么是好，却无法用意志推动自己做出好的行动，反而要么无所行动，要么在欲望的骚动下走向恶。参见张国旺：《趣味、思虑与身体：卢梭论民情与现代个体的关系》，载《社会学研究》2014年第4期。

〔36〕参见吴童立：《理性的意志薄弱与慎思自我》，载《世界哲学》2015年第2期。

〔37〕个人知道什么是幸福，但往往把幸福轻易失去；公众希望幸福，但却看不到幸福在哪里。这两者都需要有人去指导：告诉前者如何使他们的意志服从他们的理性，告诉后者如何了解自己需要什么。参见［法］卢梭：《社会契约论》，李平沤译，商务印书馆2011年版，第44页。

体,其对立法能力有两种不同层面的科学要求:

首先,立法能力是关于政治权利的原理性科学。立法者的行动需以政治权利的原理为向导,而非政治权利本身,否则立法者就会像那些宁愿病人按规矩死亡而不是违抗规矩使其复原的医生一样成为准则的奴隶。[38] 立法最核心的政治权利原理性科学应当是立法的本质基础以及由此产生的一系列问题的原理。立法的本质基础是什么?是外在于人类生活的绝对真理(如神的意志、"洞穴"之外的理念),还是某种有关人类生活的客观规律(如民族精神、自生自发的社会秩序),抑或是人的意志(如君主的意志、少数精英的判断、多数人的意志)?现代民主政治将公意作为立法的本质基础,那么什么是公意?是卢梭式的绝对公意(私私得公),还是基于公共理性而产生的"重叠共识",或是根据"最大多数人的最大幸福"原则所作出的功利判断?若公意是立法的本质基础,那么立法所需的公意能够形成吗?按照社会选择理论的分析,事实上并不存在一个能从个体偏好推导出社会偏好的理想社会选择机制,即不存在从个意到公意的理想方式——阿罗不可能性定理(Arrow's Impossibility Theorem)。若立法所需的公意能够形成,那么又是如何形成的?按照公共选择理论和商议民主政治理论,公意的形成需要保障不同的意志在立法中得到充分的理性论证或争论,那么这些保证公意形成的条件和程序规则又是什么以及该如何实现?这些问题以及问题的答案便构成了立法能力所需要理解并掌握的政治权利的原理性科学。

其次,立法能力是关于社会本身的科学。"对立法者来说,真正困难的并不是掌握政治权利的原理性科学,而是在这些原理性科学的基础上把握到普遍存在的活生生的民情。"[39] 这种"活生生的民情"在立法中意味着立法所处的真实环境。立法的环境,源于罗尔斯(John Bordley Rawls)关于"正义的环境"以及沃尔德伦(Jeremy Waldron)关于"政治的环境"的假设。"正义的环境"——无知之幕(Veil of Ignorance),即人类

---

〔38〕 参见[英]约翰·斯图尔特·密尔:《精神科学的逻辑》,李涤非译,浙江大学出版社 2009 年版,第 137 页。

〔39〕 张国旺:《公意、公民宗教与民情——卢梭论立法者的科学与技艺》,载《政治思想史》2014 年第 4 期。

在“自然状态”这一一切人对一切人的战争中（这种战争不单纯是对生存物资的战争，更是对这个世界理解的战争），有限资源、有限理性、有限自利以及能力大体相等的条件限制，使人类个体能够成为一个“道德主体”（人类个体天生具有道德上的协商能力、从其他人的观点中明白事物的能力以及超越沉溺于自己个体或集团利益之上的能力），也使正义成为一项可能的、必要的美德和惯例。〔40〕“政治的环境”，即某一群体的成员认为某一问题需要一个共同的框架、决定或行动进程，即使他们对框架、决定或行动进程应当是什么存在分歧的环境；共同的框架、决定或行动进程的需要决定了尊重分歧在政治环境中的重要意义，而分歧客观存在的事实则意味着审慎协商是在政治环境中达成共同框架、决定或行动进程的必要条件。〔41〕因此，立法的环境涉及使个体成为道德主体，使正义成为美德与惯例以及使一致行动成为可能的诸多必要条件，这些必要条件共同构成了立法能力所需要认真对待的社会本身的科学。

3. 立法能力的技艺要求

法律作为知识系统和行动系统的统一体，其对立法能力有两种不同层面的技艺要求：

首先，关于塑造知识系统的技艺。行动主体接受外在规范的约束，意味着这一行动主体由道德主体向法律主体的转换，即外在约束的出现以及作用，使一个道德上（以及伦理上）有责任能力的人的自由意志转化为一个通过各种偏好来决定的法律主体的自由选择，以确定的法律判断取代行为主体基于自身自由选择能力所作出的不确定的道德判断，从而弥补仅凭道德主体的自我控制带来的风险难测的弱点。因此，如何保证法律的规范内容符合被其约束主体的道德洞见，实现法律对行动冲突的客观判断与行动主体的目的合理性决定相一致，平衡行为的外在约束与内在约束之间的张力，便成为立法能力塑造知识系统的技艺要求，同时也是“良法乃善治之始”的核心要义。

---

〔40〕参见［美］约翰·罗尔斯：《正义论》，谢延光译，上海译文出版社 1991 年版，第 150～156 页。

〔41〕参见［美］杰里米·沃尔德伦：《法律与分歧》，王柱国译，法律出版社 2009 年版，第 129～130 页。

其次,关于塑造行动系统的技艺。法律是对行为主体依凭自身自由意志采取行动的外在限制。行动系统的性质决定了法律本身需要人们的遵守,而遵守来自自觉地接受还是被动地强制,则是判断这一外在限制是否正当有效的重要标准。[42] 法治社会要求对法律的遵守来自人们的自觉接受,而非单纯的外在强制;而要实现人们的自觉接受,除了要保证符合所立之法本身是"良法"这一前提条件外,还要实现行为主体对此外在约束的内心服从。在现代民主政治的要求下,内心的服从不能凭借暴力的强制,也不能源于宗教的信仰,只能通过理性的说服加以实现。因此,如何通过理性的说服(辩论、沟通、论证、妥协等多种方式)实现行为主体对法律的自觉接受和内心服从,便成为立法能力塑造行动系统的技艺要求。

(三)理性与德性:立法能力的主体属性

1.立法者的回归

立法是政治与美德的首要之事,而有能力进行立法的,也必须是神一样的"王者",甚至就是神自身。[43] 从最广泛的意义上讲,无论法是发现之物还是创设之物,立法总是特定主体在一定程序之下所进行的政治/法律活动。然而在现代性叙事的祛魅过程之中,法律日益从艺术的"作品"变成了科学的"产品",立法程序成为为法律提供正当性基础的核心,甚至是唯一保证,立法者也就随之被剥去了智慧与美德的"神圣"外衣而成为程序之下的工作者。但是,法律的普遍性规范品格与特殊性价值追求以及立法的政治/法律双重属性,都决定了良法并非立法程序的必然逻辑结

---

〔42〕 国家制定的法律必须得到人们的接受,才能获得完全的持久的效力。"法的接受"(Acceptatio Legis)是法律的一个重要标准。如果大多数的人认为国家立法是非正义的而予以拒绝,也即如果大多数人拒绝接受(Akzeptanz),那么法就会与法律共同体的法律确信相对立。国家的法律规范和法律文化就会相互脱离。这样的规范只能通过国家的制裁权力予以实施,并强制人们遵守。但是,要承认这种规范为法,一直很成问题。对此,从专制制度中得出的普遍经验很适合:一个人有了刺刀可以做很多事情,但是要长久地依靠它却是不行的。参见[德]伯恩·魏德士:《法理学》,丁晓春、吴越译,法律出版社2013年版,第151页。

〔43〕 参见[古希腊]柏拉图:《法律篇》(第2版),张智仁、何勤华译,商务印书馆2016年版,第12~17页。

果。良法需要规范的程序,但规范的程序并不一定带来良法:美国建国初期的种族隔离立法、纳粹德国的种族灭绝立法、香港特别行政区的"奶粉限带令"立法、甘肃祁连山的"放水"立法等,无一不是程序之下的结果,但却将立法所可能具有的(抑或是潜在的)狭隘、专横和自利毫无保留地暴露于世人面前。那么,在法律实证神话破产、现代自然法不能自证其名的当下,如何保证所立之法为"良法"?

立法者事关法律的来源和品格:其一,法律不仅是记录、反映、描述客观世界的规范体系,同时还是承载、传达、建构特定价值的意义体系;正如尼采(Friedrich Wilhelm Nietzsche)所承认的那样,法律是社会结构的保证,因为在这个世界上没有什么自然的东西是不可逾越的,如果离开了法律是有意义的这个简单的假设和传统,这个世界可能实际上毫无意义。然而,程序本身并不能为法律带来意义,或者说程序所带来的形式正义价值不能满足社会对法律的意义要求,因此需要立法者发掘真实世界中的价值追求,并对憧憬中的可能且必需的社会生活作出应然描述,进而延续并开拓法律的意义体系。其二,法律的产生大致经历了如下过程:公意→法意→规则,其中无论是对公意的凝聚与体认,还是对法意的抽象和演绎,抑或是对规则的具体和归纳,都需立法者全程参与始得完成,而不是也不能仅凭程序来实现;而制定良法所需的立法者,不仅是尊重程序并在程序中履行自己职责的工作者,更是具有公民美德、政治艺术、法律智慧、职业伦理和实践理性的卓越个体。

作为一种实践的立法,我们既应当重视实践理性在规则创制过程中的重要作用,又应当重视立法者自身德性的培养。[44] 现代立法者虽然逐渐褪去了古典政治哲学意义上"立国者"的形象及意义,但其智者、强者、有德者、哲人的主体属性却永久性地属于现代"立法者"伟大灵魂的组成部分,并转化为立法过程中对专家与精英的强烈渴求和追逐。[45] 对立法知识精英的渴求与追逐,本质上可以归结为对立法者自身立法能力的渴

〔44〕 参见宋方青、姜孝贤:《立法法理学探析》,载《法律科学(西北政法大学学报)》2013 年第 6 期。

〔45〕 参见李雅琴:《谁是"立法者"——政治哲学和制度实践的诠释》,载《政法论丛》2009 年第 6 期。

求与追逐;立法者的回归,也就意味着对立法者自身理性与德性要求的回归。

2. 立法能力的理性属性

理性是立法者立法能力的必备属性。作为理性筛选与考量的过程,[46]法律的形成也必然要求进行筛选与考量的立法主体具备相应的理性;不具备理性或不具备相应理性的立法主体能够制定出理性的法律,是很难想象的。我们应当重视实践理性在立法中的重要作用,“实践理性是指人的从事和选择正当行为的机能和能力。将实践与理性联结考察,目的就是说明,人能够凭借自己的理智指导自己对正当行为的选择”。[47]实践理性关系着立法者在制定法律时如何采取行动以及如何进行选择,从而使所立之法达至“良法”标准这一核心问题。这一关联具体到立法的整个过程之中,就体现为以下三种不同的理性要求(或实践理性的三个不同层面):

第一,反思理性。反思理性是保持立法者立法活动自主性的前提。反思理性是从主体自身的理性出发,追求内心深处自己与真理的一致,而非将与真理的一致性建立在外部实证权威的支持、内心情感的权威或精神直接赞同的证言等现成的东西(非自由思维的东西)之上。[48] 基于立法者担负的立法职责以及自身的价值追求,立法中真实需求的发现、利益分歧的整合、公共意志的凝聚等都需建立在客观真实的具体情境以及科学审慎的判断选择之上;而客观真实的具体情境以及科学审慎的判断选择,都离不开立法者凭借自身的知识、经验和素养自主进行的发现和抉择。

第二,技术理性。技术理性是实现立法活动目的价值与工具价值统一的保证。立法活动虽然是一项技术活动,但却不能忽视该技术活动的内在价值和伦理含义。因此,立法者在运用立法技术的过程中,就不能不具备相应的技术理性。技术理性是按照某种方式对多种理性加以抽取与

[46] 参见周祖成:《法律与政治:共生中的超越和博弈》,载《现代法学》2012 年第 6 期。

[47] 葛洪义:《法与实践理性》,中国政法大学出版社 2002 年版,第 94 页。

[48] 参见龙卫球:《法律主体概念的基础性分析(下)——兼论法律的主体预定理论》,载《学术界》2000 年第 4 期。

组合,并以整合的形式贯穿于人类技术实践活动(人类改造自然、创造人工自然)中的特殊实践理性。[49] 立法者只有具备了相应的技术理性,才能避免在运用立法技术的过程中可能出现的只注重目的本身的合理性或仅考虑手段的有效性的错误认识,保持立法活动合规律性与合目的性、工具价值与目的价值的统一,从而实现此技术活动的内在价值和伦理含义。

第三,交往理性。交往理性是促成立法活动中立法主体相互理解与达成共识的条件。虽然技术理性和反思理性能够保证立法活动目的价值与工具价值的统一和立法者的自主性,但却不能直接实现活动过程与结果的有效性和民主性。原因在于,实现立法行动中主体间(个人与个人、个人与公共、公共与公共之间)的理解和共识,才是实现立法程序有效性和立法结果民主性的关键。按学者对交往行为的界定,立法活动在本质上也是一种主体间的交往行为,是相互理解及协调行动的过程;而有效的相互理解和行动协调不是建立在个体行为计划的目的理性之上,而是建立在交往行动的理性力量之上的。[50] 此一交往行动中的理性力量即交往理性,交往理性概念的内涵最终可以还原为论证话语在不受强制的前提下达成共识这样一种核心经验。交往理性作为一种能力或资质,保证了立法者在立法活动中能够以理性辩论的方式进行相互交流、沟通与协调,进而促成彼此之间的理解和共识。

3. 立法能力的德性属性

立法者作为从事立法工作的专业人士,立法能力中的德性属性是保证其工作及工作效果的必要条件。其一,“只有立法者的伟大的灵魂才能证明他的使命的真正奇迹。”[51] 立法者自身崇高的灵魂和伟大的德性不但能够激发公众对立法的情感,从而保证所立之法得到公民的同意并自

---

〔49〕 技术理性是一种追求合理性、规范性、有效性、功能性、理想性和条件性的人类智慧和能力,是一种扎根于人类物质需求及人对自然界永恒依赖的实践理性和技术精神。技术理性具有以下典型特征:第一,从技术的本质上看,技术活动是合目的性与合规律性的统一、价值主体尺度与客体尺度的统一,也就是工具理性和价值理性的统一。第二,从技术活动上看,技术理性是价值与工具两种属性的统一。第三,从技术形态上看,技术理性应该是主体需要与客体效应的统一。参见赵建军:《超越“技术理性批判”》,载《哲学研究》2006 年第 5 期。

〔50〕 参见姜孝贤:《立法的概念》,厦门大学 2014 年博士学位论文,第 146 ~ 183 页。

〔51〕 [法]卢梭:《社会契约论》,李平沤译,商务印书馆 2011 年版,第 48 页。

觉遵守,还能成为公众模仿的“典范”,使他们变成善良正直的公民。[52] 其二,立法者有限理性的客观限制,使作为正义的制度性安排的立法程序难免存在缺陷,这就需要立法者自身的道德洞见加以控制,避免因立法造成的社会危险。[53] 其三,即使立法程序符合立良法的要求,也仍需要立法者自身的良知加以保障,毕竟若离开了美德(正义、勇敢、诚实等)的保障,立法的实践就很难抵御其他社会制度机构的腐蚀。[54] 立法者自身德性的培养是立法职业伦理的核心议题,其既包括一般公民德性的培养,还包括立法者特有德性的培养。[55] 因此,立法能力的德性属性应当包括以下两个方面的内容:

第一,立法者作为公民或公民的代表参与立法,理应具备公民的基本德性。依据盖尔斯敦(William Galston)对公民德性的分类,立法者在立法中应具备的公民德性是一种政治德性。[56] 这种政治德性既包括罗尔斯(John Bordley Rawls)笔下能够作为原初状态代表的合格公民应具备的正义感和善的观念,又包括被汉娜·阿伦特称为“政治德性的前政治条件”的对未来行动作出承诺并信守该承诺的意愿。具体包括积极参与公

---

〔52〕 See Christopher Kelly, “*To Persuade without Convicing*”: *The Language of Rousseas's Legislator*, American Journal of Political Science, Vol. 31:2, p. 235 – 321(1987).

〔53〕 尼布尔指出,最高的道德洞见与个人良心的造诣两者与社会生活不仅是相关的而且是必要的。如果个人的道德想象力不寻求理解他的同代人的需要和利益,就不可能建立起最完美的公正。而且,如果任何实现公正的非理性手段不用道德良知加以控制,则它的运用就不可能不对社会造成巨大的危害;仅仅作为公正的任何公正,不久都会变质而失去公正性。公正必须被高于公正的事物来保证。政治家现实的智慧即使不受道德预言家愚蠢的影响也会流于愚蠢;而后者的理想主义如果不进行社会交往,不与人类集体生活的现实进行沟通,那么它也只能流于政治上的夸夸其谈,并且有时要陷入道德上的混乱。参见[美]R. 尼布尔:《道德的人与不道德的社会》(第2版),蒋庆等译,贵州人民出版社2009年版,第151~152页。

〔54〕 参见[美]A. 麦金太尔:《追寻美德:伦理理论研究》,宋继杰译,译林出版社2003年版,第246页。

〔55〕 参见宋方青、姜孝贤:《立法法理学探析》,载《法律科学(西北政法大学学报)》2013年第6期。

〔56〕 盖尔斯敦把公民的德性概括为四种:第一,一般德性,包括勇气、遵纪守法、忠诚。第二,社会德性,包括独立性、开放精神。第三,经济德性,包括职业伦理、暂缓自我满足的能力、对经济与技术变革的适应性。第四,政治德性,包括辩明并尊重他人权利的能力、愿意只满足于支付得起的东西、评价公职人员表现的能力、从事公共讨论的意愿。参见许纪霖主编:《共和、社群与公民》,江苏人民出版社2003年版,第256页。

共讨论的美德、尊重并理性对待分歧和他人意见的美德、以公共利益为先的美德、独立进行思考和判断的美德等。

第二，立法者作为以立法为业的职业者，还应具备其特有的德性。立法者这种特有的德性可称为“立法者的职业伦理”。具体而言，立法者特有的德性（或职业伦理）应包括以下几个方面：其一，立法者的技术伦理。由于技术客观上具有的既可为“善”又可为“恶”的双刃剑性质，立法者在行使立法权制定法律的过程中就需遵循立法技术固有的内在伦理（法律的内在道德），积极地发现和创制具有伦理正当性的立法技术并合乎道德地加以应用。[57] 其二，立法者的责任伦理。根据马克斯·韦伯（Max Weber）对责任伦理的界定以及学者对其的分类，[58] 立法者的责任伦理既包括因立法的职责、立法的基本结构和制度安排而产生的规范论意义上的责任伦理，如依法定的权限和程序行使立法权（依法立法），尊重和遵循社会关系的客观规律以及法律体系的内在规律（科学立法），反映和实现最广大人民的共同意愿、民主权利和根本利益（民主立法）等；还包括因立法者自身的信念和良知而产生的美德论意义上的责任伦理，如为了社会的整体秩序而正视或包容其他促进非正式合作的社会条件（节制），承认自身理性的有限性而在立法中保持必要的审慎（审慎），权利义务的设置以及权力责任的分配应以实现公平正义为目标（公正）等。

三、立法能力与地方立法能力

（一）立法能力

自 2015 年修正的《立法法》第 72 条第 4 款首次对立法能力进行规定

---

〔57〕 参见刘爱龙：《“法律的内在道德”抑或“立法技术的伦理正当性”——从“富勒困境”谈起》，载《江海学刊》2010 年第 2 期。

〔58〕 马克斯·韦伯认为，一切有伦理取向的行为都受到两种深刻对立的准则的支配：一个是“信念伦理”，即行为准则只执着于行为信念本身而不计虑行为后果；另一个是“责任伦理”，即行为准则必须顾及行为的可能后果。参见［德］马克斯·韦伯：《学术与政治：韦伯的两篇演说》（第 2 版），冯克利译，三联书店 2005 年版，第 107 页。有学者按责任伦理的来源不同，将其分为规范论的责任伦理和美德论的责任伦理。规范论的责任伦理是以职责规范要求作为义务的规定；美德论的责任伦理则是主体基于某种信念、良知，出于成为一个优秀高尚的人的美德动机而自觉担当的责任义务。参见高兆明：《道德责任：规范维度与美德维度》，载《南京师大学报（社会科学版）》2009 年第 1 期。

以来,理论界和实务界对立法能力予以了较为广泛的关注:立法能力是立法工作队伍做好立法工作的看家本领;[59]立法能力是设区的市行使立法权的前提,也是做好立法工作的核心和关键;[60]地方立法能力的适度释放,是完善地方立法和有效实施地方治理的关键。[61] 值得注意的是,既有讨论大多集中于立法能力的功能和意义,缺少关于立法能力本质和内涵的研究,似乎立法能力是一个不言自明的概念。笔者经过梳理发现,在关于立法能力的理论研究中,对其进行明确界定的是宋方青教授、李林教授所提出的概念。[62] 然而,这一概念仍是从功能作用这一角度对立法能力本身进行的解释,未能触及立法能力的内涵。从概念构成来讲,首先,立法能力是一种具体的能力,应当体现能力的一般属性;其次,立法能力是立法主体在立法行动中所必备的能力,其应当承载和反映立法能力的本质属性。因此,可从能力的一般属性以及立法能力的本质属性这两个角度对立法能力的概念进行界定。上文已述,能力是通过社会主体的外在行为加以体现并关乎行为成效的心理特征和综合素质,而立法能力的本质属性包括功能面向(政治与法律)、职业要求(科学与技艺)和主体属性(理性与德性)三个层面的内容。

综合以上内容,可以将立法能力的概念界定为:立法主体在立法行为中体现的,为履行其立法职能而应具备的职业本领和内在素质。

从概念的内涵上来看:首先,立法能力作为立法主体在立法行动中必备的能力,其职能在于将政治与法律在功能、时间意识和决定机制上的差异内化于立法过程之中并实现二者的彼此协调;其次,要实现这种职能,

---

〔59〕 参见李适时:《扎实推进设区的市地方立法工作,为"四个全面"战略布局提供坚实法治支撑》,载《地方立法研究》2016 年第 1 期。

〔60〕 参见徐凤英:《设区的市地方立法能力建设探究》,载《政法论丛》2017 年第 4 期。

〔61〕 参见余凌云:《地方立法能力的适度释放——兼论"行政三法"的相关修改》,载《清华法学》2019 年第 2 期。

〔62〕 立法能力是国家治理能力的重要组成部分,是立法者在立法过程中完成立法目的、满足立法需求所体现出来的本领和能量,表现为立法的生产力。参见宋方青:《立法能力的内涵、构成与提升以人大立法为视角》,载《中外法学》2021 年第 1 期。立法能力是立法主体根据社会的立法需求,按照立法程序行使立法权力,通过立、改、废、释等方式提供立法产品,及时满足经济社会文化发展对立法需要的一种能力。参见李林:《全面深化改革应当加强立法能力建设》,载《探索与争鸣》2017 年第 8 期。

不仅要求立法主体具备相应的职业本领(运用科学来确定什么样的生活是美好的、值得追求的,通过技艺去协调和说服公众和个人接受并实现对美好生活的愿景),还要求立法主体完善自身的内在素质(既需要重视包括反思理性、技术理性、交往理性在内的实践理性在规范创制过程中的重要作用,还需要重视包括公民基本德性以及职业伦理在内的立法者自身德性的培养)。

从概念的外延上来看:首先,立法能力是立法主体在具体的立法行为中加以表现的能力,这也就意味着立法能力是一个范围的概念,立法行为的领域有多宽,就会有多大层面的立法能力需求;其次,立法能力是立法主体实现其立法职能所必需的能力,这也就意味着为满足职能实现的需要,立法能力应当包括价值理念、组织架构、体系制度等多种元素。

立法能力具备以下几个特征:第一,立法能力是立法主体的能力。此立法主体是对有权参与或实际参与立法活动的机关、组织和个人的总称,而非仅指具有立法权的主体。〔63〕 第二,立法能力是立法主体实现其立法职能必备的能力。立法是科学性、专业性和技术性要求非常高的工作,只有具备了相应职业能力的立法主体才能实现其应当实现的职能。〔64〕 第三,立法能力是对立法主体的综合要求。立法能力的内容既包括客观层面上的职业本领,又包括主观层面上的内在素质,是主观要求和客观要求的统一。第四,立法能力与立法主体的立法行为存在直接关联。立法主体的职业本领和内在素质,只有通过立法活动中的具体行为才能加以表现;此外,只有通过对具体立法行为的观察和测量,才能将立法能力转化为可以直接确认和理解的客观事实。

(二)地方立法能力

地方立法能力是根据立法主体的中央与地方之分而作出的区别,即

---

〔63〕 仅注意法的形式上的立法主体,不符合一直以来的立法实践,也不利于充分发挥各方面立法主体的作用,特别是不利于对那些实际上的立法主体予以制约,因而对走向法治的中国立法亦有弊病。参见周旺生:《立法学》(第2版),法律出版社2009年版,第165页。

〔64〕 立法权行使的基本条件之一是有业务过硬的专门立法机关和立法人员去完成艰辛的立法任务,使立法事务有机构承担,立法工作有人员落实。参见徐凤英:《设区的市地方立法能力建设探究》,载《政法论丛》2017年第4期。

立法能力因立法主体的不同,可分为中央立法能力与地方立法能力。从立法能力的角度来看,中央立法与地方立法在立法权限、立法形式、立法范围等方面的不同,并不能造成地方立法能力与中央立法能力之间存在实质性的区别,二者的差异仅存在于不同立法主体运用立法能力的过程中。因此,地方立法能力,就是指地方立法主体在立法行为中体现的,为履行其立法职能而应具备的职业本领和内在素质。

地方立法主体的多元性决定了地方立法能力的多样性,但本书无意对所有种类的地方立法能力进行评估并建构相应的评估指标体系。因此,笔者在区分地方立法能力这一概念外延的前提下,对本书所讨论的地方立法能力加以明确。借鉴宋方青教授对地方立法权外延所作的区分,〔65〕将地方立法能力的概念外延作极广义、广义、狭义和最狭义的区分。在极广义上,地方立法能力是指一切地方立法主体制定具有普遍效力的法规范和法规则的能力。在广义上,地方立法能力包括一般地方立法能力和特别地方立法能力,一般地方立法能力包括省、自治区、直辖市、设区的市、自治州人大及其常委会制定地方性法规的能力,省、自治区、直辖市、设区的市、自治州政府制定地方政府规章的能力;特别地方立法能力包括民族自治地方人大制定自治条例与单行条例的能力,经济特区所在地的市人大及其常委会制定经济特区法规的能力,特别行政区立法机关制定特区法规的能力。在狭义上,地方立法能力仅指一般地方立法能力,不包括特别地方立法能力。在最狭义上,地方立法能力仅指省、自治区、直辖市、设区的市、自治州人大及其常委会制定地方性法规的能力。

---

〔65〕 在我国语境中,对"地方立法权"这一概念的外延可作极广义、广义、狭义和最狭义的区分。在极广义上,地方立法权是指一切地方立法主体确立具有普遍效力的法规范和法规则的权力。在广义上,地方立法权包括一般地方立法权和特别地方立法权,即各省、自治区、直辖市的人大及其常委会,设区的市、自治州人大及其常委会制定地方性法规的权力;省、自治区、直辖市政府,设区的市、自治州的政府制定地方政府规章的权力;民族自治地方人大制定自治条例与单行条例的权力;经济特区所在地的市人大及其常委会制定经济特区法规的权力;以及特别行政区立法机关制定特区法规的权力。在狭义上,地方立法权仅指一般地方立法权而不包括特别立法权。在最狭义上,地方立法权仅指省、自治区、直市人大及其常委会,设区的市、自治州人大及其常委会制定地方性法规的权力。参见宋方青、姜孝贤、程庆栋:《我国地方立法权配置的理论与实践研究》,法律出版社 2018 年版,第 10 页。

本书在最狭义上使用地方立法能力的概念,以省、自治区、直辖市、设区的市、自治州人大及其常委会制定地方性法规的能力为评估对象并建构相应的评估指标体系。

第二节　地方立法能力评估

一、地方立法能力评估的界定

(一)评估的基本属性

评估也称为"评价","通常是根据一定的标准去判断某一特定系统的整体,或系统内部诸要素和环节的结构与功能的状态,以及判断系统产出的数量和质量水平及与预定目标差距等基本情况,从而得到特定信息的过程"。[66] 评估包含以下三个主要特征:

第一,评估是针对特定对象进行的活动。评估对象的确定是评估活动展开的前提,评估对象的属性、特质、范畴等因素决定了评估的目的以及所依据的评估标准。以对法律进行评估为例,该评估会因"法律评估"是采用广义解释还是狭义解释的不同而对评估的展开产生重大影响。[67] 因此,在进行评估之前,要对评估对象进行准确界定,这是评估活动得以顺利展开的首要工作。

第二,评估是以获得被评估对象的特定信息为目的的活动。评估是通过对特定对象的整体或内部构成要素进行评价和判断,从而获取其在现实中的运行情况以及现状与预定目标是否相符的特定信息。评估作为一种获取信息的过程,其"在于确定重要的决策范围,选择适当的资讯,搜集与分析这些资讯并形成有用的资料,作为决策者抉择适当政策方案的

〔66〕 贠杰、杨诚虎:《公共政策评估:理论与方法》,中国社会科学出版社2006年版,第21页。

〔67〕 广义的法律评估是对法律规范、法律制度、法律活动、法律作用等进行事实与价值的判断;而狭义的法律评估则只是针对法律的绩效进行评估,是对法律法规实施成就与效果所作的事实与价值判断。参见汪全胜:《法律绩效评估机制论》,北京大学出版社2010年版,第10~11页。

基础”。[68] 不同的评估目的会导致不同的评估标准,以立法后评估中合法性评估为例,如果以“形式合法性”作为评估的目的,那么该评估就应以立法的主体是否具有法定权限、立法的内容是否与上位法相抵触、立法的过程是否符合法定程序等为评估标准加以展开;而若以“实质合法性”作为评估的目的,那么该评估就应以立法的内容是否符合立法目的、对权利义务和权力责任的分配是否符合正义的要求、该立法本身是否能够促进社会的全面进步等为评估标准加以展开。因此,评估目的是对特定对象进行评估的重要指引,并影响着评估标准的选择与设计。

第三,评估是根据指标加以展开的活动。要实现评估活动本身的科学性,就必须保证评估指标能够客观、真实地反映评估对象的现状。评估是在特定的指标下进行的活动,评估对象运行情况的展现以及现状与预定目标是否相符的判断,都是通过特定的指标加以完成的。因此,选择和设计科学、有效且具备可操作性的评估指标是评估的核心要义。

(二)地方立法能力评估的特征

地方立法能力评估,是指为了得出地方立法能力高低以及是否存在不足的客观评价,根据地方立法能力本身的性质以及评估的目的,严格依照既定的程序规范,通过具体的、科学的评估指标与方法,对地方立法能力的现状所进行的全面反映和系统判断。从地方立法能力评估的实践要求出发,地方立法能力评估应满足以下两种基本属性:

首先,地方立法能力评估应当是一个评估性活动。这就要求地方立法能力评估要满足评估活动的基本要求:一是准确界定地方立法能力的内涵和外延,以廓清评估活动的范围及内容;二是明确进行地方立法能力评估的目的,以保证评估活动的方向;三是选择和设计科学、有效且具备可操作性的地方立法能力评估指标,以保障评估活动的有效展开。

其次,地方立法能力评估应当属于立法评估的范畴。这就要求地方立法能力评估要满足立法评估活动的基本要求:一是评估主体的多元性,即立法机关、专家学者、社会团体以及公众都能够成为地方立法能力评估

---

〔68〕 M. C. Alkin, *Evaluation Theory Development*, *in C. H. Weiss*, *ed.*, *Evaluating Action Programs*, Allyn and Bacon Inc, 1972, p. 107.

的主体,在保障评估有效进行的前提下,鼓励并保障多方主体参与到评估活动之中;二是评估程序的规范性,即评估主体开展评估时需遵循既定的步骤、方法、时限等规则;三是评估方法的科学性,即评估活动是根据评估对象的实际情况,统合定性分析与定量分析,有针对性地从多个角度对地方立法能力进行评估;四是评估结果的确定性,即评估结果应当是对地方立法能力现状和不足的客观反映,并能够成为判断立法能力高低的可靠依据。综上,地方立法能力评估主要有以下几个特征:

第一,评估对象的特定性。地方立法能力评估是对地方立法能力现状进行的系统、全面的判断。对立法能力进行的评估,与传统上对立法文本及其实施效果的评估不同:立法文本及其实施效果虽然在一定程度上能反映立法能力的高低,但也只是反映立法能力的一个侧面,无法反映其全貌或无法对其进行准确的判断。因此,应当摆脱将立法质量优劣等同于立法能力高低的传统思维,将立法能力视为一个独立于立法文本质量的整体,即将立法能力作为保障立法质量的基本方法而非表征立法质量的外在形式,并对其进行专项评估。

第二,评估内容的系统性。地方立法能力评估既是对静态立法能力的评估,又是对动态立法能力的评估,涉及立法准备阶段、由法案到法阶段、立法完善阶段三个阶段中的多种能力,是一项全面、系统的工作。

第三,评估指标的体系性。评估指标是地方立法能力评估得以有效展开的前提和基础。在地方立法能力评估的实践中,当且仅当多种指标共同组成一个相互关联但彼此独立的指标体系时,才能够全面反映地方立法能力的现状并对其进行科学准确的判断。

第四,评估结果的实效性。对地方立法能力进行评估,其目的在于全面系统地反映其现状,发现其存在的问题,为地方立法能力建设提供方向和指引。因此,评估的结果既可以作为判断地方立法能力高低的客观依据,又可以作为加强地方立法能力建设的科学方案。

第五,评估时间的不确定性。对地方立法能力进行的评估,与立法的程序或立法的实施无关,何时开展评估全由评估主体自主选择。因此,相较于立法前评估(文本审议通过之前)和立法后评估(文本颁布实施之后)在评估时间上的相对确定性,地方立法能力评估在评估时间上有很大的不确定性。

二、进行地方立法能力评估的直接动因与深层缘由

(一)进行地方立法能力评估的直接动因

第一,判断新获立法权的地方能否行使以及能否行使好地方立法权。立法能力是被新赋予立法权的地方(设区的市和自治州)得以开始制定地方性法规的条件之一。[69] 地方立法需要在处理好立法需求和立法能力关系的前提下量力而行,“一部法律的制定是否具备成熟的条件,可以从两个方面予以考察:第一,现实的需要程度;第二,是否具备立法能力”。[70] 可见,制定法律的条件是否成熟与立法能力的高低有直接相关性,因为从立法能力的角度来看,判断社会对立法的需要程度也是立法主体的能力内容。但由于立法能力本身的抽象性和内容的广泛性,对其高低的判断需要进行专项评估方能实现:首先,地方立法能力高低的判断并非以是否有制定地方性法规的经验为依据,即使是已经开始制定甚至制定了多部地方性法规的立法机关,仍不能断言其具备了与立良法的需求相适应的立法能力。其次,立法文本质量的优劣与立法能力的高低并非正相关的关系。虽然立法评估越来越受到重视并有了丰富的地方实践,但无论是立法前评估还是立法后评估,其针对的都是将要制定的规范文本草案或已制定完成并进入实施阶段的规范文本;立法文本质量优劣的判断标准与立法能力高低的判断标准并非一致,虽然立法能力高的地方立法主体制定的文本质量一般较优,但质量较优的文本并非意味着该立法主体当然具备了较高的立法能力。由此可见,只有通过可视化、可操作

---

〔69〕《立法法》第 72 条第 4 款、第 5 款规定:“除省、自治区的人民政府所在地的市,经济特区所在地的市和国务院已经批准的较大的市以外,其他设区的市开始制定地方性法规的具体步骤和时间,由省、自治区的人民代表大会常务委员会综合考虑本省、自治区所辖的设区的市的人口数量、地域面积、经济社会发展情况以及立法需求、立法能力等因素确定,并报全国人民代表大会常务委员会和国务院备案。自治州的人民代表大会及其常务委员会可以依照本条第二款规定行使设区的市制定地方性法规的职权。自治州开始制定地方性法规的具体步骤和时间,依照前款规定确定。”

〔70〕王万华:《论我国尽早制定行政程序法典的必要性与可行性》,载《中国法学》2005 年第 3 期。

化的专项评估,客观地反映和评价地方立法能力的高低现状,才能对新获立法权的地方能否行使以及能否行使好地方立法权作出科学判断。

第二,发现地方立法能力存在的不足。立法能力是推进国家治理体系和治理能力现代化的重要体现和根本保障,是实现全面推进依法治国总目标的核心命题和实践基础,也是关乎全面深化改革成败的关键性因素之一。与对立法能力的高要求和高期待相比,各地方立法主体立法能力的实际情况却不甚理想。有学者指出,现阶段地方立法实践中所表现出的诸多问题,大多与地方立法主体的立法能力不高有关,如立法衔接能力不高而导致“立法抄袭”、立法能力分布不均衡而导致“部门利益法制化”、公众参与立法的调动能力不强而导致“立法冷漠”等。〔71〕 可见,地方立法主体立法能力相对不足的客观现实已经制约了地方立法的发展,并影响了国家立法的整体布局和社会的快速发展。然而,理论研究与实践发展之间的逻辑差异,特别是存在于现实情况的一般归纳与不同地方的具体情境之间的普遍冲突,使仅凭理论对地方立法能力的诊断,不足以准确地判断地方立法实践中真实存在的问题。因此,为了满足国家对地方立法能力的要求与预期,有效地提高地方立法能力,就必须准确地发现不同地方在立法能力方面存在的具体不足。立法能力评估制度的确立及展开,无疑是一种发现地方立法能力不足的有效途径。

第三,保障地方立法能力建设的有效开展。立法能力相对低下的现实,需要立法机关不断加强立法能力建设。从既有的地方立法能力建设实践来看,有的地方从立法主体对立法工作的主观认识、地方立法机关的部门设置、确定地方立法的实际需求、委托第三方立法等方面存在的问题出发,以发挥人大在立法中的主导功能、优化第三方参与立法的路径、完善立法能力提升培训以及立法制度为具体方法来加强地方立法能力建设;〔72〕有的地方则从立法主体的素质能力、立法主体的行为能力、立法的民主性、立法评估机制等方面存在的问题出发,以提升“立良法”的能力、提升立法反映“党心”“民心”的能力、提升人大主导立法以及政府参与立

〔71〕 参见李涛:《地方立法高质量发展问题研究》,载《理论月刊》2018 年第 9 期。

〔72〕 参见周敏:《地方立法能力提升的内省与前瞻——以陕西省设区的市立法现状为样本》,载《地方立法研究》2017 年第 3 期。

法的能力、提升立法协调的能力、提升地方立法评估的能力等为具体思路来加强地方立法能力建设。[73] 各个地方的实践充分表明地方立法能力建设是一项复杂的系统性工程，不同地方的不同现状以及遇到的不同问题，都决定了其他地方的建设实践不能当然地作为建设本地方立法能力的最优路径，地方立法能力的建设需围绕各自的具体需求并采取差异化的建设方案。因此，确定适合本地方立法能力建设的最优方案和路径，就成为该建设能否取得成功的关键。地方立法能力评估无疑为此提供了一条有效渠道，通过评估去判断哪些因素能够影响其建设以及不同因素所能影响的方向和程度，并提供有针对性的提升方案，从而保证地方立法能力建设的有效展开。

第四，促进立法工作的开展。随着“后立法”时代的到来，作为立法工作内容及制度要求的立法评估，越来越受到立法机关的重视。首先，从规范的角度看。2015 年修正的《立法法》正式增加了立法评估的要求，第 39 条和第 63 条分别对立法前评估和立法后评估进行了规定。[74] 虽然《立法法》并未对地方立法评估进行明确规定，但多个地方通过制定地方性法规或地方政府规章的形式对本地方的立法评估作出了具体规定。[75] 此外，学者还建议制定“地方立法评估法”为地方立法评估提供顶层设计。[76] 其次，从实践的角度看。虽然在 2015 年《立法法》修正前没有对立法评估进行规定，但一些中央部委以及地方出于提高立法质量的目的已经展开

---

〔73〕 参见沈建军、王京星、李雯瑶：《提升地方立法机关立法能力的思考——以乐山市为视角》，载《法治论坛》2018 年第 5 期。

〔74〕《立法法》第 39 条规定：“拟提请常务委员会会议审议通过的法律案，在法律委员会提出审议结果报告前，常务委员会工作机构可以对法律草案中主要制度规范的可行性、法律出台时机、法律实施的社会效果和可能出现的问题等进行评估。评估情况由法律委员会在审议结果报告中予以说明。”第 63 条规定：“全国人民代表大会有关的专门委员会、常务委员会工作机构可以组织对有关法律或者法律中有关规定进行立法后评估。评估情况应当向常务委员会报告。”

〔75〕 如《贵州省政府立法第三方起草和评估办法》(2017 年)、《兰州市人民代表大会常务委员会立法后评估办法》(2015 年)、《广东省人民代表大会常务委员会立法评估工作规定》(2013 年)、《南京市人大常委会立法后评估办法》(2013 年)、《陕西省地方立法评估工作规定》(2012 年)、《广州市人大常委会立法后评估办法》(2012 年)等。

〔76〕 参见付子堂、张善根：《地方法治建设及其评估机制探析》，载《中国社会科学》2014 年第 11 期；陈伟斌：《地方立法评估的立法模式与制度构建》，载《法学杂志》2016 年第 6 期。

了立法评估工作。在中央层面，如 2012 年原全国人大内务司法委员会、全国人大常委会法制工作委员会（以下简称全国人大常委会法工委）、中国残疾人联合会等部门对《残疾人保障法》进行的立法后评估等。〔77〕在地方层面，自 2000 年伊始，山东、甘肃、云南、重庆、上海等省（市）的人大常委会便陆续开始对本地方的地方性法规进行评估。〔78〕立法评估的兴起，对立法工作的有效开展和不断完善具有重要的理论意义和实践意义。立法能力是立法主体行使立法权的基本能力，也是立法工作顺利展开的根本保障，对其进行评估理应成为立法评估的组成部分。应该说，随着立法评估理论与实践的发展，立法能力评估的出现也是一种必然。

（二）进行地方立法能力评估的深层缘由

第一，新时代对立法能力的需求。中国特色社会主义进入了新时代，这是我国发展的新方位。新的时代进程对立法有新的要求，其中对立法能力的需求尤为突出。这种突出性主要表现在以下三方面：

一是国家治理体系和治理能力现代化建设对立法能力的需求。国家治理体系和治理能力现代化离不开法治化这一必由之路，作为国家治理法治化的两个基本面向，治理体系法制化和治理能力法治化共同保障着国家治理体系和治理能力现代化的实现。〔79〕从立法的角度来看，无论是治理体系的法制化还是治理能力的法治化，都需以“良法”为基本前提；而与立法息息相关的立法能力是否能够满足立“良法”的要求，便成为国家治理法治化能否实现的关键。由此，立法能力的提升和完善不仅是推进国家治理体系和治理能力现代化的重要体现，也是推进国家治理体系和治理能力现代化的根本保障。

---

〔77〕除此之外，还包括 2014 年全国人大常委会法工委对《安全生产法》（修正案草案）出台前进行的立法前评估；2013 年全国人大常委会法工委对《旅游法》进行的立法前评估；2013 年原农业部关于《动物防疫法》进行的立法后评估；2013 年原国家安全监管总局对《矿山安全法》进行的立法后评估；2012 年全国人大常务委员会法工委、全国人大财政经济委员会、工业和信息化部等部门对《中小企业促进法》进行的立法后评估等。

〔78〕如 2000 年山东省人大常委会对《私营企业和个体工商户权益保护条例》、2004 年重庆市人大常委会对《林业行政处罚条例》、2005 年上海市人大常委会对《上海市历史文化风貌区和优秀历史建筑保护条例》等进行的立法后评估。

〔79〕参见张文显：《法治与国家治理现代化》，载《中国法学》2014 年第 4 期。

二是全面推进依法治国对立法能力的需求。“法律是治国之重器，良法是善治之前提。”[80]同时，“不是什么法都能治国，不是什么法都能治好国；越是强调法治，越是要提高立法质量”。[81] 良法并非立法程序的必然逻辑结果，具备与立“良法”相适应的立法能力才是提高立法质量的关键，对立法能力加以提升和完善也就成为全面推进依法治国的当然之选。

三是全面深化改革对立法能力的需求。“改革越深入，越要强调法治，通过立法来引领改革方向、推动改革进程、保障改革成果，让全体人民共享改革红利、法治红利。”[82]不容忽视的是，我国现阶段的立法能力在一定程度上仍不能适应快速变化发展的改革情势和满足不断增强的立法需求，二者之间的张力具体表现为立法质量欠佳、立法效率相对低下、立法数量相对不足等客观存在的问题。因此，提升和完善立法能力，实现立法的质量、效率、数量与改革实际需求之间的平衡，便成为关乎全面深化改革成败的关键性因素之一。

第二，立法工作重心的转移。2011 年 3 月 10 日，时任全国人大常委会委员长吴邦国同志宣布，中国特色社会主义法律体系已经形成。在承认并肯定立法高速发展之卓越功绩的前提下，却也不得不冷静下来对其带来的“量高质低”的负面效果进行反思。这种负面效果在地方立法实践中表现得尤为明显，地方利益法律化（地方利益、政府部门利益、地方保护主义等通过地方立法予以法律化）、[83]立法抵触（下位法的规定与上位法的具体条文规定或立法目的、精神实质、基本原则相冲突）[84]、立法抄袭（地方立法对上位法、同位法和下位法的“抄袭”）、[85]立法重复（地方立

[80] 《中共中央关于全面推进依法治国若干重大问题的决定》，载新华社，http://www.gov.cn/zhengce/2014-10/28/content_2771946.htm。

[81] 中共中央文献研究室编：《习近平关于全面依法治国论述摘编》，中央文献出版社 2015 年版，第 43 页。

[82] 李适时：《充分发挥立法在国家治理现代化中的引领和推动作用》，载《求是》2014 年第 6 期。

[83] 参见黄兰松、汪全胜：《立法中的地方利益本位问题及应对之策》，载《北方法学》2017 年第 6 期。

[84] 参见程庆栋：《执行性立法“抵触”的判定标准及其应用方法》，载《华东政法大学学报》2017 年第 5 期。

[85] 参见孙波：《试论地方立法“抄袭”》，载《法商研究》2007 年第 5 期。

法中普遍存在的不必要重复)[86]等与高质量立法要求相冲突的现象时有发生。中国特色社会主义法律体系宣告形成,意味着立法由过去"建构式"的立法转变为"完善式"的立法、由追求立法的"数量"转变为追求立法的"质量"。[87] 特别是2015年修正的《立法法》第1条,明确将"提高立法质量"作为立法的一项基本要求之后,[88]这一工作重心转移的变化在具体的立法工作中就更为明显。因此,着力提升立法质量,特别是地方立法的质量,仍然是当下以及今后一个时期立法工作的重中之重;立法的质量与立法主体的立法能力息息相关,如何在立法能力的层面上保证所立之法的质量,便成为有效展开立法工作的关键。

三、地方立法能力评估与其他立法评估的辨析

从地方立法能力评估的性质来看,其在评估主体、评估方法、评估依据等方面与立法前评估和立法后评估有很大的相似性,加之地方立法能力评估对地方立法工作有效开展和不断完善所起到的重要理论意义和实践意义,地方立法能力评估理应属于立法评估的组成部分。同时,虽然地方立法能力评估属于立法评估的一部分,但其与立法前评估、立法后评估还是有以下几点比较明显的区别:

首先,评估的对象不同。地方立法能力评估、立法前评估、立法后评估主要是以评估所针对的不同对象作出的区分。地方立法能力评估是对地方立法主体在立法过程中所展现出的具体能力进行的评估,立法前评估是对准备制定或修改的草案进行的评估,立法后评估是对已经制定完成并公布实施了一段时间之后的法进行的评估。

---

〔86〕 参见汤善鹏、严海良:《地方立法不必要重复的认定与应对——以七个地方固废法规文本为例》,载《法制与社会发展》2014年第4期。

〔87〕 参见王柏荣:《地方立法评估标准探微——功能、路径与框架》,载《中国社会科学院研究生院学报》2015年第6期。

〔88〕 《立法法》(2000年)第1条规定:"为了规范立法活动,健全国家立法制度,建立和完善有中国特色社会主义法律体系,保障和发展社会主义民主,推进依法治国,建设社会主义法治国家,根据宪法,制定本法。"2015年修正后的《立法法》第1条规定:"为了规范立法活动,健全国家立法制度,提高立法质量,完善中国特色社会主义法律体系,发挥立法的引领和推动作用,保障和发展社会主义民主,全面推进依法治国,建设社会主义法治国家,根据宪法,制定本法。"

其次，评估的阶段不同。地方立法能力评估是在立法程序之外或之前进行的评估，立法前评估是在被评估对象审议通过之前进行的评估，立法后评估是在被评估对象公布实施之后进行的评估。

再次，评估的目的不同。地方立法能力评估的目的在于判断特定立法主体立法能力的实际情况，发现存在的不足，并为立法能力的建设提供方向和指引；立法前评估的目的在于判断评估对象是否应该出台、能否出台、何时出台，并预测其可能带来的经济、社会、环境影响以及社会的可接受程度，为立法决策提供依据；立法后评估的目的在于判断评估对象的实际实施效果以及实践中是否存在问题，为其后的修改、废除、解释等活动提供依据。

最后，评估的内容不同。地方立法能力评估的内容为立法主体在立法过程中所展现的不同能力，如统筹安排的能力、法案起草的能力、凝聚共识的能力等；立法前评估的内容为被评估对象的合法性、必要性、可行性、社会接受度以及可能带来的影响等；立法后评估的内容为被评估对象的质量以及在实施过程中对经济、社会和环境的实际影响等。

第三节　地方立法能力评估指标与指标体系

一、指标与指标体系

要对地方立法能力评估指标体系进行概念阐释，就必须从最基本的概念——指标以及指标体系的含义出发，才能理解和把握地方立法能力评估指标体系的内容和意义。指标，“是表征和传达研究对象某方面信息的概念载体，实质上也是人们认识事物或现象的切入角度的载体”。[89]体系，则是指一定范围内相互作用或相互依赖的事物按照一定的秩序和内部联系组合而成的整体。因此，指标体系可被视为由相互作用或相互依赖的指标组成的、能够表征和认识事物或现象信息的有机整体。指标

〔89〕 伍业锋：《统计指标的概念、角色及其抽象》，载《暨南学报（哲学社会科学版）》2011 年第 5 期。

以及指标体系多应用于统计学和社会学的理论与实践之中,并取得了良好的效果。分析并借鉴指标以及指标体系在上述两个领域中的理论成果与实践经验,可以为地方立法能力评估指标的设计与评估指标体系的建构提供参考。

(一)统计指标与统计指标体系

1. 统计指标

统计指标,是客观存在的、反映和说明总体综合数量特征的科学概念和具体数值。一个比较完整的统计指标,应由定性范围、定量方法和指标数值三个部分构成。[90] 从事统计指标理论设计主要是制定和规范定性范围和定量方法,而从事统计调查和数据收集工作则是准确核算指标指数。

2. 统计指标体系

社会经济现象是错综复杂的,客观存在多种特征与关联。然而单个的统计指标只能反映总体现象的某一个侧面,因此就需要设计一系列的统计指标,来全面完整地说明客观现象和发展过程的数量特征,反映内存于社会经济现象之间的因果关系、依存关系、平衡关系等。[91] 统计指标体系,就是根据社会经济现象本身的特征与联系所设计的、反映同一总体多个方面数量特征的,由一系列相互联系、层次分明的统计指标所组成的具有特定功能的有机整体。"通过指标体系,不仅可以使我们认识现象的角度更多、视野更广、看问题更全面,而且还可以从指标的相互联系中再现客观现象之间的内在联系以获取更多的信息。"[92]

统计指标体系应当具有以下特性:第一,协调整体性。统计指标体系不是孤立指标的简单组合,而是由一系列相互联系、相互制约的统计指标

---

〔90〕 定性范围包括指标名称和指标含义,其中指标含义要明确总体现象的质的规定性,包括时间标准和空间标准;定量方法包括计量单位和计量方法,是指标含义的量化规范;指标数值主要是根据定性范围和定量方法,经过实际调查和数据处理所取得的具体时间、具体空间上的统计数值。参见王称心主编:《依法治理评价理论与实践研究》,中国法制出版社 2006 年版,第 162 页。

〔91〕 参见李洁明、祁新娥:《统计学原理》(第 5 版),复旦大学出版社 2010 年版,第 14 页。

〔92〕 李金昌、苏为华编著:《统计学》(第 3 版),机械工业出版社 2012 年版,第 20 页。

所构成的有机整体,以各种指标不同性质的数量特征来共同反映现象总体的综合数量特征。第二,系统层次性。复杂的社会经济现象客观上存在多个子系统,每个子系统还可以有更多个更小的子系统,环环相扣,层次明显。因此,统计指标体系也需要相应建立总体系—子体系—门类—大类—小类—指标等多层次的指标体系系统,才能更有效地研究各系统的内部结构以及系统之间的关系。第三,动态开放性。统计指标体系是社会经济现象之数量特征和基本关系的客观反映,指标体系的框架和内容取决于社会经济的大环境和设置指标体系的研究目的。虽然统计指标体系在一定时期内具有相对的稳定性,但其并不是一成不变的,随着外部大环境的变化,统计指标体系也应作出相应的改变和调整。[93]

(二)社会指标与社会指标体系

1. 社会指标

一般认为,对社会指标问题进行全面系统地研究始于 1966 年鲍尔(Raymond A. Bauer)等学者在《社会指标》中的讨论。在该书中,作者将社会指标界定为:"关于社会重要状况的量化数据。社会指标的设计和使用是一种有组织的社会活动,对整个社会生活有潜在的、广泛的影响。"[94] 此外,他认为,社会指标的运用能够"让我们根据自己的价值观和目标来评估自己的立场和方向,并对具体项目进行评估、确定其影响"。[95] 英国学者迈克尔·卡利(Michael Carley)认为,社会指标"既是代用指标,又是度量指标。作为代用指标,社会指标并不是独立存在的,而是将抽象的或无法衡量的社会概念,如'安全的街道',转化为可以考虑和分析这一概念的操作性术语,如'无犯罪天数'。社会指标必须始终与它所代表的不可测量的概念相联系。作为度量指标,社会指标涉及的是概念上可量化的信息,因此必须避免那些无法以某种有序尺度加以表达的信息"。[96] 总体而言,社会指标是指反映社会现象的质量、数量、类别、

---

[93] 参见黄良文主编:《统计学》(修订第 3 版),四川人民出版社 2006 年版,第 17 页。

[94] Raymond A. Bauer, *Social Indicators*, The M. I. T. Press, 1966, p. 69.

[95] Raymond A. Bauer, *Social Indicators*, The M. I. T. Press, 1966, p. 1.

[96] Michael Carley, *Social Measurement and Social Indicators: Issues of Policy and Theory*, George Allen & Unwin LTD., 1981, p. 2.

状态、等级、程度等客观特征和社会成员的感受、愿望、倾向、态度、评价等主观状态的项目。[97]

2. 社会指标体系

单一的或数个社会指标难以满足对复杂社会现象进行全面研究的需求,因而需要建立适应不同研究目的和用途的社会指标体系。社会指标体系,即“依据不同研究目的的要求和不同研究对象所具有的特征,把客观上存在联系的、说明社会现象性质的若干个指标,科学地加以分类和组合而形成的一种社会指标体系”。[98]

根据迈克尔·卡利的研究,社会指标体系的建立有四种主要方式:[99] (1)规划性社会指标体系。此指标体系通常是根据政府组织化的社会制度安排而建立起来的,如与住房、健康服务、宗教、法律、交通、教育等相应分类而建立的指标体系。由于政府机构之间的组织分工是这些指标的划分依据,加之指标所涉及的数据大多源于政府的数据库,因此规划性社会指标体系能够满足政府对信息的需求。(2)根据社会目标建立的社会指标体系。此指标体系是运用一般到特殊的方法而建立起来的指标体系,即确定社会目标,细化社会目标并生成子目标,最终得出能够实现该社会目标的指标。(3)根据个体的生命周期建立的社会指标体系。此指标体系是利用个体的生命周期,或从出生到死亡的各个阶段为基础而建立的指标体系。这些指标跨越了规划的分类,体现了个体在这个生命周期中与机构的互动以及在社会规范和自我实现方面的成就。(4)从理论基础发展而来的指标体系。此指标体系建立于存在严格因果关系且具备相互联系变量的社会模型范围之内,从而能够使用其他的变量来解释体系内的变量。这种由理论基础建构而来的指标体系将社会事件序列与数据联系起来,并通过定量的方法来评估由理论指定的各种变量之间的关系。

按照上述四种方式所建构的社会指标体系是可以有不同层次的。在

---

〔97〕 参见水延凯等编著:《社会调查教程》(第3版),中国人民大学出版社2003年版,第93页。

〔98〕 朱庆芳、吴寒光:《社会指标体系》,中国社会科学出版社2001年版,第17页。

〔99〕 See Michael Carley, *Social Measurement and Social Indicators: Issues of Policy and Theory*, George Allen & Unwin LTD., 1981, p. 47 - 66.

进行实际研究和具体操作的过程中,应根据研究的范围和目的去选择比较合适的层次。具体而言:第一层次,是对客观指标与主观指标的选取。这些单项指标(如失业率、离婚率、犯罪率等)不仅是对政策的进程有重大意义或对生活质量有相当大的感知以及明显影响的具体指标,还是建立任何社会指标体系的基础。第二层次,是在对某个领域内的单独维度进行研究之后,通过群体或集合的社会指标来反映该领域内的其他维度,从而建立一组相互联系的社会指标。该层次通常试图通过评估一个或一组指标的价值来衡量特定领域的社会现实。第三层次,是对跨有限领域的多指标研究,即针对同属于一个专题内的多个社会领域而建立的指标体系。该体系是通过其他领域中变量的变化来解释另一个领域中的变量,以说明这一类专题内部的多个社会领域之间的关系。第四层次,是社会指标体系中最高的一个层次,该体系包含社会生活的各个领域,是对总体的社会现象或对人类生活有重要影响的问题进行总体判断的指标体系。[100]

社会指标体系的设计和制定,必须要具备科学性和目的性,同时还要注重指标与指标之间的联系性、统一性和可比性。[101] 具体来说:(1)科学性。社会指标体系的建构,在理论上需有合理的根据,在实践上必须可行和有效,并对社会现象进行科学的定性认识和定量认识。(2)目的性。指标体系中的每一个单项指标以及由单项指标构成的子体系,都应反映研究对象的性质和特征,并指向整个指标体系。(3)联系性。为了综合全面地认识并反映社会现象之间的数量关系、内在联系及其规律性,指标体系中的各个具体指标都必须是相互衔接并彼此联系的。(4)统一性。社会指标体系的统一性包括两个方面的内容:一方面是指标体系内部的统一性,即同一社会指标的含义、口径范围、计量方法等应当是统一的;另一方面是指标体系与外部关系的统一性,即指标体系应当与相应的国家整体规划、社会发展目标等外部关系相统一。(5)可比性。构成指标体系的具体指标应在不同的时间或空间范围之间具有可比性,因为只有可以进行

---

〔100〕 See Michael Carley, *Social Measurement and Social Indicators: Issues of Policy and Theory*, George Allen & Unwin LTD., 1981, p. 82 - 85.

〔101〕 参见朱庆芳、吴寒光:《社会指标体系》,中国社会科学出版社 2001 年版,第 20 ~ 21 页。

对比的社会指标,才能提供准确的信息资料。

二、地方立法能力评估指标与评估指标体系

(一)地方立法能力评估指标

评估指标,是指依据评估目的,由评估对象分解出来并能够反映其某方面本质特征的具体化、行为化的主要因素,是对评估对象价值进行评估的依据,也是进行调节、控制、评价对象行为的准则和参照。[102] 综合统计指标与社会指标中的指标概念,评估指标既可以是对评估对象的客观判断,用来反映和说明其在质量、数量、状态、程度等方面的总体特征;又可以是对评估对象的主观评价,用来表征和解释社会成员对其的感受、愿望、倾向和态度。因此,地方立法能力评估指标是根据地方立法能力评估的目的对地方立法能力内容进行的分解和量化,其既能够反映地方立法能力的本质特征,又能够作为判断和评价地方立法能力现状的科学依据。一个完整的地方立法能力评估指标应由指标名称、指标内容和指标数值三个部分组成,从而体现地方立法能力质的规定性和量的规定性两个方面的内容。指标名称和指标内容是指标质的规定,是关于评估对象的本质和内容的科学概念,它反映着地方立法能力的范畴。指标数值是指标量的规定,是对评估对象的具体数值加以综合的结果,是地方立法能力在一定时间、地点、条件下的具体表现;同一指标名称,因具体的评估时间、地点、条件的不同而有不同的指标数值。因此,地方立法能力评估指标是地方立法能力的质与量的统一,具有定性认识和定量认识的双重作用。

地方立法能力评估指标除具备客观性、定量性、综合性等评估指标的一般属性之外,还具有以下五种较为特殊的属性:

第一,具体性。地方立法能力评估指标在分解和量化地方立法能力的本质时,不能是抽象的、原则化的表述,而必须对其进行具体的、明确的界定,使地方立法能力的本质转变为易于说明和操作的具体概念。

第二,可比性。地方立法能力评估是对同一地区在不同的时间阶段

---

〔102〕 参见李进才主编:《高等教育教学评估词语释义》,武汉大学出版社 2016 年版,第 207 页。

或不同地区在同一时间阶段内立法能力的评估,从而判断该地区立法能力的动态变化或不同地区立法能力高低的现状。因此,地方立法能力评估指标需要在不同的时间或空间范围之间具有可比性,只有可以进行对比的评估指标,才能提供准确的信息资料。

第三,扩展性。地方立法能力评估指标是对地方立法能力进行客观判断和主观评价的科学依据,而地方立法能力是随着立法的理念、技术、体制等的发展变化而不断扩展的能力。因此,地方立法能力评估指标中与地方立法能力相互关联的定性范围、量化标准、指标数值等具体内容,也会随之不断加以扩展,使评估指标不断充实、系统和完整。

第四,理论与实践的统一性。一方面,地方立法能力评估指标虽然不是理论,但它是根据地方立法能力的本质和规律设计出来的,并将地方立法能力的本质和规律通过概念化的方式包含于自身之中。另一方面,地方立法能力评估指标虽不等于地方立法能力实践本身,但它是对地方立法能力的实践要求最直接的反映。

第五,价值与制度的结合性。一方面,地方立法能力评估指标承载着立法能力的价值内涵和价值追求,并以具体指标的形式实现其价值内涵与价值追求的可操作化、可评估化。另一方面,地方立法能力评估指标反映着地方立法的制度实践,重点关注的是立法实践中已经确立并运行的各项立法制度的实践情况。

(二)地方立法能力评估指标体系

地方立法能力的内容是错综复杂的,客观上存在多种表现与关联。单一的或数个评估指标只能反映总体现象的某一个或某几个侧面,难以满足对地方立法能力进行全面评估的需要,因此就需要设计一系列能够适应不同评估目的的评估指标,来全面完整地反映和评价地方立法能力的现状,即地方立法能力评估需要建立一套相应的评估指标体系。所谓地方立法能力评估指标体系,是根据地方立法能力的内在逻辑与关联,将地方立法能力的内容分解并量化为不同的指标群组,由群组内各单项评估指标及其要素共同排列组成的既自成一体又相互联系的,用来反映和评价地方立法能力现状并作用于地方立法能力建设的指标综合体和统一体。地方立法能力评估指标体系不是单个评估指标的简单加总,它比单个指标所反映的问题更多也更全面,而且还可以再现地方立法能力之间的联系,并获取因这种相互联系和相互影响而产生的诸多信息。从地方立法能力评估指标体系的性质出发,其具备以下三种特征:

第一,协调统一性。地方立法能力评估指标体系不是孤立指标的简单组合,而是由一系列相互联系、相互独立的评估指标所构成的协调统一整体,以各种指标的不同性质来共同反映地方立法能力总体的综合特征。地方立法能力评估指标体系的协调统一性包括两个方面的内容:一方面是指标体系内部的协调统一,即同一评估指标的含义、设定标准、口径范围、计量方法等应当是统一的;另一方面是指标体系与外部关系的协调统一,即评估指标体系应当与相应的国家立法整体规划、立法能力建设目标等外部关系协调统一。

第二,层级规齐性与结构完整性。地方立法能力客观上存在多个层级,每个层次还可以有更多个更小的层级,环环相扣,层次明显。因此,地方立法能力评估指标体系也需建立多层级的指标体系,并保证各个层级之间的规齐与整体结构的完整,进而更有效地反映和评价各层级的内部结构以及层级之间的关系。

第三,动态开放性。地方立法能力评估指标体系是地方立法能力的本质与内容的客观反映,评估指标体系的框架设计和指标选择,取决于地方立法的整体环境和地方立法能力的评估目的。虽然地方立法能力评估指标体系在一定时期内具有相对稳定性,但其并不是一成不变的,随着立法环境与评估目的的变化,地方立法能力评估指标体系也应作出相应的改变和调整。

科学有效且具备可操作性的地方立法能力评估指标体系能够正确地反映和评价地方立法能力的现状、问题以及发展趋势,引导地方立法能力建设的良性发展。但地方立法能力评估指标体系的建构和应用也应注意以下两个问题:一是评估指标体系的建构既要设计一般性指标,也要设计特殊性指标。一般性评估指标,是指具有广泛适用范围和适用对象的评估指标,这些指标主要用于反映和评价地方立法能力的普遍特性;特殊性指标,是指具有特殊适用范围和适用对象的指标,这些指标主要用于反映和评价地方立法能力的特殊属性。在评估指标体系的建构过程中,应当主要设计一般性指标,从而全面地反映和评价地方立法能力的各种属性;同时也要根据地方立法能力的特殊性和地方立法能力评估的特殊性,对一般性指标进行取舍、修正和补充,设计特殊性指标。二是评估指标体系的应用既有优势,也有局限。评估指标体系的优势在于明确性与客观性,评估指标是对地方立法能力的不同侧面的客观反映,并通过其科学具体的形式为评估活动提供明确的方向,进而降低主观偏见对评估活动的不利影响。但是,评估指标体系的应用也有其局限性。一般情况下,评估指标比较适合反映和评价地方立法能力的客观属性,但地方立法能力的某些特性并不能简单地用评估指标来表现,这就决定了评估指标在某些领域中使用的局限性。因此,在评估指标体系的应用过程中,要对其应用范围进行充分考虑。

三、建构地方立法能力评估指标体系的价值及可行性

(一)建构地方立法能力评估指标体系的价值

第一,地方立法能力评估指标体系具有描述功能,能够客观反映地方立法能力的现状。科学的地方立法能力评估指标体系能够对地方立法能力的现状进行客观地描述和如实地反映,以说明地方立法能力"是什么"。说明地方立法能力是什么和不是什么,是判明其性质和特征的关键所在,也是地方立法能力评估指标体系其他功能得以发挥的基础。

第二,地方立法能力评估指标体系具有解释功能,能够有效说明地方立法能力问题产生的原因。建构地方立法能力评估指标体系就是要提供一个有效的平台,对地方立法能力进行全方位考察,及时发现问题并对问题进行深入、细致地分析,从而寻找问题产生的直接原因和深层缘由。

第三,地方立法能力评估指标体系具有评价功能,能够科学评定地方立法能力的现状。地方立法能力评估指标体系作为一种全面综合的测量尺度,能够对地方立法能力的现状进行科学的测量分析和比较研究,获取评估对象的真实信息,从而对地方立法能力的高低以及建设状况作出与客观实践相符合的判断和评价。

第四,地方立法能力评估指标体系具有指引功能,能够明确地方立法

能力评估的工作要点。从宏观上看,地方立法能力评估指标体系构成了一个综合的目标系统,评估主体只有在兼顾地方立法能力的各个方面时,才能保证评估结果的全面性;从微观上看,体系内的指标及其分值可视为地方立法能力的具体要求,评估主体只有在对每个指标都进行分析和判断的前提下,才能保证评估结果的科学性。正是通过这种宏观与微观的结合,将地方立法能力的内容与要求转化为易判断、可操作的具体指标,从而明确地方立法能力评估的工作要点。

第五,地方立法能力评估指标体系具有预测功能,能够提前对地方立法能力的发展变化趋势以及可能出现的问题作出判断。根据地方立法能力评估指标体系,获取并分析被评估主体的立法能力在过去和现在的基本情况,探索其中存在的规律,从而能够对未来可能的发展变化趋势以及可能出现的问题进行预测。

第六,地方立法能力评估指标体系具有引导功能,能够影响被评估主体的行为。在绩效评估中,评估指标体系影响并决定着评估的结果,被评估的主体会依评估指标来调整自己的行为,以便取得良好的评估结果。[103] 同理,地方立法能力评估指标体系是地方立法能力评估内容的具体表现,评估指标的选择和设计也会对被评估主体的行为产生实际影响。

(二)建构地方立法能力评估指标体系的可行性分析

地方立法能力评估指标体系虽然是地方立法能力评估的核心内容,对评估的制度化、程序化、规范化和实效化运作发挥着重要作用,但对其是否可行还存在争议和疑问。不可否认,与立法文本的质量及其实施效果的评估相比,人们通常将立法能力的评估视为一个纯粹对立法主体主观状态进行的评估,属于价值层面的要求,很难进行定量分析,数据获取也十分困难;即使可以获取相关数据,也很难从这些数据中推断出地方立

[103] 美国组织行为专家曾发现,在一个社区中,警察上班时就是开着警车在横穿该城的高速公路上来回穿梭。这种快速巡逻的方式对警察的工作没有什么实质作用,但该地区的警察却乐此不疲。究其原因,在于这个社区的城委会将警察行驶的里程数作为评估其工作绩效的标准。为了绩效的达标而迎合评估的标准,这就解释了该地区的警察为何会采取对实现其本职工作不相匹配的行为。参见汪全胜等:《立法后评估研究》,人民出版社 2012 年版,第 320 页。

法能力的真实情况。这些质疑虽然有一定道理,但也只是表明了建构地方立法能力评估指标体系存在的或可能存在的困难,并不能否定其现实可行性。

首先,立法能力虽然属于立法主体的主观状态,具有一定的抽象性和不确定性,但这绝不意味着立法能力能够脱离立法本质和规律对立法活动的约束。相反,立法是人类的实践活动,立法的本质和规律要在立法中得到贯彻实施,就必须转化为具体的要求,通过立法主体的立法行为体现于人类的实践活动之中,成为人们日常生活的组成部分。[104] 作为反映立法本质和规律的客观存在,立法能力的外在表现与内在实质当然可以通过立法主体的具体行为加以反映,也就可以运用科学的方式对其加以观察和研究。

其次,地方立法能力的内容虽然较为复杂和抽象,但可以通过定性分析和定量分析实现其可操作化和指标化,从而建构地方立法能力评估指标体系。一方面通过理论研究的深入,可将关于立法能力的定性分析建立在立法的本质与规律的基础之上;另一方面通过实证研究的强化,可将关于立法能力的定量分析建立在客观、完备的信息基础之上。

再次,国外关于立法能力评估指标体系的研究与实践已经取得了相当的成果。围绕立法机关的专业性、自主性和效率性这三个立法能力的核心要素,学界产出了大量的研究成果,立法能力评估指标体系也随着研究方法的实证化而逐渐产生并不断完善。虽然受限于国家立法体制的不同,他国的指标体系很难应用于我国的评估实践,但国外的研究与实践至少在客观上证明了建构立法能力评估指标体系的可行性。我国地方立法能力评估指标体系的建构,可以在适应本国具体实践和实际需求的基础上对其加以批判地借鉴与吸收。

最后,虽然现阶段我国尚未形成科学有效且具备可操作性的地方立法能力评估指标体系,但与其有关联性和相似性的其他立法评估指标体系已经有了良好的理论研究和具体实践。事实上,目前行之有效的立法评估指标体系,如立法后评估指标体系,一开始也不是完备的、系统的,而

---

〔104〕 参见袁曙宏:《关于构建我国法治政府指标体系的设想》,载《国家行政学院学报》2006年第4期。

是在人们充分意识到立法后评估的理论及实践意义之后,才有意识地加以重视,并逐渐形成了当下科学完备的评估指标体系。这些已经进入实践阶段并取得良好效果的立法评估指标体系,可以为地方立法能力评估指标体系的建构提供相应的理论基础与实践经验。

第二章

域外立法能力评估指标体系的比较分析

关于立法能力评估及其指标体系建构的理论和制度,在域外已经有了相对成熟的研究和实践。其中,尤以欧洲联盟(European Union,以下简称欧盟)候选国家政府立法能力评估指标体系以及美国州议会立法能力评估指标体系最具代表性。虽然二者的评估对象并非地方立法主体,但在我国关于地方立法能力评估指标体系的理论研究和制度实践相对缺乏的当下,通过非对称研究,考察和反思这两种指标体系在具体评估中的优势与不足,对科学建构我国地方立法能力评估指标体系而言,仍然有十分重要的借鉴意义。

第一节 欧盟候选国家政府立法能力评估指标体系

一、政府立法能力评估制度的确立

(一)政府立法能力与政府立法能力评估

关于政府立法能力的讨论似乎是用词不当,因为立法通常是议会的职权,立法能力一般也就被认为是议会的能力,而非政府的能力。然而,实际上在大多数国家,通常高达80% ~90%的立法提案都来自政府;在初级立法的情况下,虽然议会拥有最终的决定权,但政府对其内容也有最大的影响力。[1] 加之,低效和立法僵局是弱势政府的典型特征,从长远来看,立法能力的低下自然会削弱它们的生存能力。[2] 因此,考虑到政府在实际立法过程中的重要地位与作用(这可能是政府最为重要的管理职能),在关于立法能力的研究中,应当加入政府的立法能力,即政府使其提案在议会获得通过的能力。[3]

---

〔1〕 See David Arter, *Introduction: Comparing the Legislative Performances of Legislatures*, The Journal of Legislative Studies, Vol. 12:3 -4, p. 245 -257(2006).

〔2〕 See R. Kent Weaver & Bert. A Rockman, *Assessing the Effects of Institutions*, *in Do Institutions Matter? Government Capabilities in the United States and Abroad*, The Brookings Institution, 1993, p. 1.

〔3〕 See Bagenholm Andreas, *Understanding Governmental Legislative Capacity*, Livréna AB, Göteborg, 2008, p. 24 -25.

政府立法能力,是指政府能够使其计划中的法律按时通过,并且内容符合相应指令的能力,即政府在预定的时间框架和内容范围之内,使其提案能够不受拖延的在议会获得通过的能力。[4] 立法能力是任何希望实现预定目标的政府必须具备的一项关键能力。政府缺乏立法能力,不仅是一个基本的民主问题,而且还会对政治制度的合法性产生消极影响。[5]

对政府的各种政治表现进行实证分析一直是学界关注的重点,对政府立法能力的评估也属于此一研究的范围。但相较于其他研究而言,由于难以确定衡量能力最适当的指标,对政府立法能力的实证研究仍处于相对滞后的状态;即使那些已经开展的研究,也因为缺少明确、非任意和可衡量的评估指标而受到了诸多批评。[6] 因此,确定评估立法能力的适当指标,是对政府立法能力进行实证研究的关键和难点。

(二)欧盟候选国家的法律置换过程

欧盟候选国家政府立法能力评估基于中欧和东欧的法律置换进程。返回欧洲的强烈愿望促使非欧盟国家中新当选的民主政府立即采取行动,从而维持或增进与欧盟之间的密切合作,以保证其将来能够成为欧盟的成员国家。由于加入欧盟的条件非常苛刻,此一行动的展开以及行动计划的实现并非易事,特别是对于那些民主、法治和市场经济经验相对匮乏的国家。根据欧洲理事会(The European Council)1993 年通过的"哥本哈根标准"(Copenhagen Criteria),申请国在加入欧盟之前必须建立起稳定的民主法治体制和一个运作正常的市场经济体制,同时还必须有能力执行共同体法的规定;这一约 8 万页的共同体法律总汇(Acquis Communautaire),包含了约 9000 项法律措施,涵盖了从技术性问题到基本法律的

〔4〕 See Bagenholm Andreas, *Understanding Governmental Legislative Capacity*, Livréna AB, Göteborg, 2008, p. 13.

〔5〕 See Bruce Gilley, *The Determinants of State Legitimacy: Results for 72 Countries*, International Political Science Review, Vol. 27:1, p. 57(2006).

〔6〕 See L. Stan, *Comparing Post – Communist Governance: A Case Study*, Journal of Communist Studies and Transition Politics, Vol. 18:3, p. 80(2002).

方方面面,如少数民族权利、破产程序和刑法等。[7]

在这一法律置换或法律协调的过程中,候选国家的政府、议会和相关机构承受着巨大的考验,其必须具备强大的能力从而采取快速有效的措施,制定或修改本国的相关法律,以满足欧盟关于成员资格的要求。其中,候选国家的政府既是这一行动中最核心的参与者,也是这一行动的最大责任者:在外部,他们领导同欧盟的谈判;在国内,他们起草、认可、执行和监测那些载有必要措施的规划文件,以便与国际法委员会(International Law Commission of the United Nations)协调一致。[8] 而在政府必须具备的诸多能力中,立法能力是其最为优先也是最为需要的能力:候选国家政府必须完全致力于这一过程,遵守那些苛刻的成员资格条件,并在较短的时间内完成法律置换。

欧盟候选国家的法律置换过程使关于政府立法能力的实证研究成为可能。虽然该领域的研究因尚未形成关于政府立法能力的共同理解、缺乏有效的评估指标和可靠的评估方法而受到不少质疑,[9]但由于任务和目标的统一性——候选国家政府需在差不多的时间内按欧盟的既定要求完成本国法律的置换——欧盟候选国家的法律置换实践,仍能够成为对政府立法能力进行实证研究、比较各个政府立法能力高低的最佳案例。同时,法律置换过程的情况也符合学者提出的评估政府立法能力的四项标准。[10]

(三)欧盟候选国家政府立法能力评估的基础

为加入欧盟而采取的法律置换以及《国家与欧盟协定纲要》(National

---

[7] See Petr Kopecky, *Power to the Executive! The Changing Executive - Legislative Relations in Eastern Europe*, The Journal of Legislative Studies, Vol. 10:2 - 3, p. 150(2004).

[8] See Rudy B. Andeweg, "*On Studying Governments*", *in Governing Europe*, Oxford University Press, 2003, p. 40.

[9] See David Arter, *Introduction: Comparing the Legislative Performances of Legislatures*, The Journal of Legislative Studies, Vol. 12:3 - 4, p. 245 - 257(2006).

[10] 埃克斯坦根据政府立法的特性,提出了对政府立法能力进行评估的四项标准:(1)评估应注意所有政治中具有某种规律性和频率的决策过程;(2)评估应涉及整个立法过程;(3)评估应当揭示影响效果的因素;(4)尽可能使用简单的、面向产出的评价标准。See Eckstein Harry, *The Evaluation of Political Performance: Problems and Dimensions*, Sage Publications, 1971, p. 74.

Plans for the Adoption of the Acquis,NPAAs)对候选国家法律置换的要求,使候选国家政府立法能力的评估成为可能:

第一,明确了各个候选国家政府的意图。选择加入欧盟是候选国家自愿的结果,也是其强烈的愿望;此外,为加入欧盟而必须做出的法律置换,是欧盟委员会(European Commission)与各候选国家协商的结果,欧盟为一体化进程制定了详细的计划,各候选国家确定各种计划的优先次序。因此,可以假定各个候选国家政府会采取积极有效的行动来满足欧盟提出的要求,以避免不被吸纳的风险。

第二,提供了判断高低的客观标准。完成法律置换是候选国家最终能够加入欧盟的先决条件。为了成功加入欧盟,候选国家政府必须按照欧盟的要求对本国的法律进行置换,这就使这项任务在绝对意义上对所有候选国家都具有同等的约束力。因此,通过对候选国家完成本国法律置换结果的比较,就可以对各个候选国家政府立法能力的高低进行客观判断,即完成了或完成程度高的候选国家的政府立法能力高于未完成或完成程度低的候选国家的政府立法能力。

第三,具体化了可进行比较的指标。在本质上,候选国家的法律置换行动,就是在既定时间内完成欧盟对候选国家提出的各项指令。NPAAs为候选国家的法律置换行动提供了明确的行动计划,是监测候选国家是否履行其承诺以及判断其在法律置换进程中行动效率和效果的主要工具之一。[11] NPAAs 及其附录详细列明了候选国家所需置换的法律以及应当采取的措施,并明确规定了最后期限。基于 NPAAs 及其附录的内容,就可以从是否完成该指令、完成该指令的程度、完成该指令的效果、完成该指令所耗费的时间等几个层面,对各个候选国家政府立法能力的高低进行客观判断。

---

〔11〕 See Baun, Michael J. ,*A. Wider Europe:The Process and Politics of European Union Enlargement*, Rowman & Littlefield,2000, p. 101.

二、政府立法能力评估指标体系的构成

(一)评估指标的范围划定

1. 能力内容的确定

根据能力内容的不同,可将立法能力分为潜在能力与实际能力。潜在能力评估是依据立法主体自身属性和特征进行的评估,实际能力评估是依据立法主体的产出或立法结果进行的评估。[12] 欧盟候选国家政府立法能力评估是对实际能力的评估。选择实际能力作为评估内容,主要原因在于那些以潜在能力为内容的评估无法确定被评估政府立法能力的实际情况。以潜在能力为内容的评估,充其量也就是对政府成功实现某些目标的可能性进行评估,或是提出一些可能的假设,以解释为什么一些政府的立法能力要高于其他政府的立法能力。[13] 但真正的问题在于,若不能从经验上对这种可能性或假设进行检验,就很难实现欧盟对候选国家政府立法能力进行评估的目的,即确定被评估政府立法能力的实际情况以及各候选国家政府之间立法能力的高低。

2. 行动目标的确定

根据行动目标的来源不同,可将立法能力的行动目标分为客观目标与主观目标。欧盟候选国家政府立法能力评估是依据客观目标进行的评估。在评估中不以客观目标作为评估目标的主要原因在于很难确定立法主体的真实意图并依此选择适当的指标,而非这些目标本身存在任何可察觉的问题。[14] 但欧盟候选国家政府立法能力评估并不存在这个问题。前文已述,加入欧盟和为加入欧盟而必须进行的法律置换是各候选国家的强烈愿望和与欧盟委员会协商的结果,因此可以确定其明确的意图,即各候选国家政府会采取积极有效的行动来满足欧盟提出的要求,以避免

---

〔12〕 See Bagenholm Andreas, *Understanding Governmental Legislative Capacity*, Livréna AB, Göteborg, 2008, p. 26 –28.

〔13〕 See David Arter, *Introduction: Comparing the Legislative Performances of Legislatures*, The Journal of Legislative Studies, Vol. 12:3 –4, p. 245 –257(2006).

〔14〕 See Eckstein Harry, *The Evaluation of Political Performance: Problems and Dimensions*, Sage Publications, 1971, p. 16.

不被吸纳的风险;同时,作为展现各候选国家意图的行动计划,NPAAs 详细列明了候选国家所需进行置换的内容、采取的措施以及诸行动的截止时间,因此可以依据 NPAAs 为候选国家政府立法能力的评估设定适当的指标。

3. 立法任务的确定

根据立法任务难度的不同,可将立法能力指向的立法任务分为复杂任务与简单任务。欧盟候选国家政府立法能力评估是对复杂任务进行的评估。我们应该选择一种具有这样性质的任务,即任务的成功实现使候选国家政府的立法能力达到其极限,因此最理想的任务是在尽可能正常的情况下,寻找能够对立法能力进行严峻考验的案例。[15] 欧盟候选国家的法律置换过程是一系列难度非常大的一体化进程,候选国家政府必须采取诸多快速有效的行动才能满足欧盟的要求。因此,以该过程为立法能力指向的评估,能够满足准确评估各候选国家政府立法能力高低的任务要求。

4. 指标面向的确定

根据指标面向的不同,可将立法能力指标分为面向产出的指标与面向结果的指标。面向产出的指标是针对立法文本所设定的指标,而面向结果的指标是针对文本施行效果所设定的指标。欧盟候选国家政府立法能力评估的指标是面向产出的指标。评估的指标越接近候选国家政府自身,就越容易评估其能力的高低。[16] 对候选国家政府立法能力进行的评估,是通过分析政府所制定的法律在多大程度上被采纳及以何种内容被采纳为依据的评估,因此其选择的指标是面向产出的指标。

(二)评估指标的具体内容

通过上文的分析可知,欧盟候选国家政府立法能力评估是针对客观目标和复杂任务,并以政府的实际能力为内容、面向产出的指标为评估指

〔15〕 See Bagenholm Andreas, *Understanding Governmental Legislative Capacity*, Livréna AB, Göteborg, 2008, p. 36.

〔16〕 See Bagenholm Andreas, *Understanding Governmental Legislative Capacity*, Livréna AB, Göteborg, 2008, p. 36 – 37.

标的科学评估。因此,根据政府立法能力的概念和 NPAAs 列明的关于候选国家进行法律置换所需采取的手段、内容和时间限制的规定,将及时性、延迟程度和文本质量作为欧盟对候选国家政府立法能力进行评估的指标。具体而言:

1. 及时性指标

及时性指标是根据 NPAAs 附表所列的最后期限来判断某一政府立法是否及时被通过,是候选国家政府立法能力在速度层面的评估指标。在相同时间内制定出达到欧盟要求的法律并在议会得到通过的政府,相较于未能在相同时间内制定出达到欧盟要求的法律并在议会得到通过的政府而言,有较高的立法能力。及时性评估在欧盟候选国家政府立法能力评估中比较容易实现,因为 NPAAs 提供了明确的需置换法律被通过的时间限制,法律最后通过的时间也非常明确,通过两个时间的比较就能得出候选国家政府立法能力在及时性层面上的差异。

2. 迟延程度指标

迟延程度指标是根据未在 NPAAs 限定期限内通过的立法最终被议会通过的期限与既定截止期限之间的时间差距确定的评估指标。推迟几天的法律在实践中自然不是问题,但广泛的延迟可能会造成政治上的毁灭性后果。[17] 立法所经历的迟延时间越短,该政府的立法能力也就越高。欧盟候选国家政府立法能力在迟延程度上的指标设定,是以数字形式表示的若干迟延区间,不同区间代表着不同的迟延程度;其中,6 个月是最为重要的分界线,超过最后期限 6 个月仍未被通过的立法被视为存在严重的迟延。

3. 文本质量指标

文本质量指标是将欧盟对法律置换所提出的要求作为候选国家政府立法的质量标准,通过比较某一立法与欧盟相应指令之间的符合程度来判断政府所立之法的质量。如果政府所立之法的质量很差,即使其在 NPAAs 限定的期限内得到通过,对欧盟的法律置换过程而言也很难起到什么实质性贡献。政府所立之法越符合欧盟的相应指令,其质量也就越

〔17〕 See Bagenholm Andreas, *Understanding Governmental Legislative Capacity*, Livréna AB, Göteborg, 2008, p. 40.

高,同时也意味着该政府的立法能力越高。文本质量指标将候选国家政府所立之法区分为两种情形,即完全符合共同体法律总汇要求的立法与部分符合共同体法律总汇要求的立法,分别计算各自的数量,进而确定两者在总体立法计划中所占的比例。

第二节　美国州议会立法能力评估指标体系

一、州议会立法能力评估制度的建立

(一)立法专业化

立法专业化,是指立法机关可以要求其成员在立法的过程中尽到充分的注意,建立有利于立法的组织和程序,提供足够的资源,以使他们能够以与其他全职政治行为者相媲美的方式完成工作。[18] 四十多年来,立法专业主义在国家政治研究中占据着核心地位;这一领域很少有概念像立法专业主义——许多州的立法机关从“马和马车”转变为具有高能力的机构、配备财政资源和工作人员、全职会议和有吸引力的立法补偿方案——那样受到如此多的关注。[19]

政治学者以两种截然不同的方式提到立法专业化。一种是将专业化作为一个衡量立法能力的独特概念,如专业化是指提高立法机关在决策过程中发挥作用的能力。另一种是将专业化进行概念化操作,进而将其作为衡量立法能力时指向的具体体制特征,其中立法机关的工作人员或支出、立法机关的补偿以及会期是最重要的组成部分。需要指出的是,这两种观点在实质上并不相互排斥;学者通常使用“立法专业化”这一概念,

---

〔18〕 See Christoper Z. Mooney, *Measuring U. S. State Legislative Professionalism: An Evaluation of Five Indices*, State and Local Government Review, Vol. 26:2, p. 70 - 78(1994).

〔19〕 See Daniel C. Bowen & Zachary Greene, *Should We Measure Professionalism with an Index? A Note on Theory and Practice in State Legislative Professionalism Research*, State Politics & Policy Quarterly, Vol. 14:3, p. 277 - 296(2014).

来指代立法机关的总体能力和具体的制度发展。[20] 美国诸多关于立法专业化的理论和实证研究表明,专业化对于理解立法行为和提高立法能力有积极影响:专业化意味着能够为立法过程带来更多专业知识,意味着能够花更多时间来制定法案、审议政策选择,并通过与其他政治机构及其选民进行频繁有效地互动而保持公众意见与立法产出间的一致性,从而创造出更具回应性的法律;[21] 同时,更专业也意味着立法者能够加强对整个立法过程的控制力和独立于其他决策者的行动力,这种控制力和行动力来自立法者更强的专门知识、更集中的注意力和更大的审议能力;[22] 此外,更专业还意味着能够获得更多的资源、更大的能力去重新制定法律,避免立法过程中可能存在的重复或抄袭。[23]

(二)州立法机关现代化改革运动

美国对立法专业化的研究源于为应对第二次世界大战后的挑战而掀起的一场旨在使州立法机关现代化的改革运动。美国政治科学协会(American Political Science Association, APSA)于 1954 年首次发表的关于美国立法机关的报告,代表了对州立法机关进行现代化改革的强烈呼吁:受传统组织和程序概念束缚的立法机关,已经无法很好地应对政府服务在数量、质量和复杂性不断增加的过程中带来的大量的、新的负担和责任,立法机关的现代化改革成为当下势在必行的举措。[24] 州立法机关应

---

〔20〕 See Daniel C. Bowen & Zachary Greene, *Should We Measure Professionalism with an Index? A Note on Theory and Practice in State Legislative Professionalism Research*, State Politics & Policy Quarterly, Vol. 14:3, p. 277 – 296(2014).

〔21〕 See Jason A. Grissom & James R. Harrington, *Local Legislative Professionalism*, American Politics Research, Vol. 41:1, p. 76 – 98(2013).

〔22〕 See Michael B. Berkman, *Legislative Professionalism and the Demand for Groups: The Institutional Context of Interest Population Density*, Legislative Studies Quarterly, Vol. 26:4, p. 661 – 679(2001).

〔23〕 See Jansa Joshua M., Hansen Eric R. & Gray Virginia H., *Copy and Paste Lawmaking: Legislative Professionalism and Policy Reinvention in the States*, American Politics Research, Vol. 47:4, p. 1 – 29(2018).

〔24〕 See Daniel C. Bowen & Zachary Greene, *Should We Measure Professionalism with an Index? A Note on Theory and Practice in State Legislative Professionalism Research*, State Politics & Policy Quarterly, Vol. 14:3, p. 277 – 296(2014).

当从继贝克诉卡尔(Baker v. Carr)和雷诺兹诉西姆斯(Reynolds v. Sims)之后数十年的分配失当中解脱出来,并成为新的、活跃的主要代理人。[25] 因此,改革家们尝试进行了多种体制改革以促成州立法机关的现代化,如增加工资、取消宪法对会期长短的限制、减少立法席位、将两院制改为一院制、精简委员会制度等。[26]

在诸多改革措施中,以促进州立法机关专业化的措施最为引人注目。主张国家立法改革的学者长期以来一直认为,立法机关专业性的提高会产生各种积极后果,包括增加成员的稳定性和多样性、提高决策能力、提高对公众的反应能力等。[27] 专业化的立法机关有非常明显的优势:专业化的立法机关有不同的决策方式和权力分配模式,能够提供各种良好的服务手段和辅助手段,从而有效地维护和支持整个立法活动;专业化的立法者与他们的宪法有更多的接触和较高的薪酬,有不同的职业生涯模式并将立法工作视为他们全职的或接近全职的专业工作。在极端情况下,最专业的立法机关将拥有无限的立法会议、优越的人力资源和足够的薪酬,以使他们能够完全专门从事立法工作。[28] 有学者从对政府预算的依赖、对实质性政策信息的依赖、实质性政策建议的提出以及对执法活动的监督四个角度,对专业的立法机关与非专业的立法机关进行了实证研究,发现经专业化改革的立法机关比非专业的立法机关在自主行使立法权和立法能力方面存在很大优势:专业的立法机关更有能力独立作出决定,更有能力获得有关立法的信息并提出新的或替代的立法,也更有能力监督这些立法在执行过程中的实际情况。[29]

---

〔25〕 See Peverill Squire, *Measuring State Legislative Professionalism: The Squire Index Revisited*, State Politics and Policy Quarterly, Vol. 7:2, p. 211 – 227(2007).

〔26〕 See American Political Science Association [APSA] 1969; Committee for Economic Development [CED] 1967; Citizens Conference on State Legislatures [CCSL] 1971.

〔27〕 See Alan Rosenthal, *State Legislative Development: Observations from Three Perspectives*, Legislative Studies Quarterly, Vol. 21:2, p. 169 – 198(1996).

〔28〕 See Peverill Squire, *Measuring State Legislative Professionalism: The Squire Index Revisited*, State Politics and Policy Quarterly, Vol. 7:2, p. 211 – 227(2007).

〔29〕 See Joel A. Thompson, *State Legislative Reform: Another Look, One More Time, Again*, Polity, Vol. 19:1, p. 27 – 41(1986).

(三)立法专业化评估

运用专业指数衡量州议会立法能力高低的评估实践,同样源于这一促使州立法机关现代化的改革运动。鉴于州立法机关专业化与现代化改革运动的进程同步,因此可以用改革的总体水平或采取的具体措施来衡量州立法机关的专业水平。

在评估实践发展的早期阶段,学者多通过列举可用来区分“专业”和“业余”立法机关的特征来进行评估。专业立法机关有业余立法机关所不具备的诸多特征:人员配置良好,能够得到良好的信息服务,在起草法案、修改法律等活动中能够获得诸多的服务和帮助,能得到充足的报酬,倾向于将其立法视为全职的或接近全职的工作,认为他们在立法工作中扮演着专业的角色。[30] 学者在这些特征的基础上,利用因素分析建立了早期的专业化指标体系;但由于作为输出变量的指标内容间存在巨大差异,这种利用因素分析所建立的专业化指标体系并未满足对各州立法机关进行统一衡量和对比的评估需要。

因此,为了满足对各州立法机关进行统一衡量和对比的评估需要,学者对专业化指标体系进行了诸多修正。其中,以斯奎尔对专业化指标体系进行的修正最为重要和有效。首先,斯奎尔改变了以往专业化指标的组成部分,将重点放在立法人员、基本工资和会期时间这三个核心变量之上;其次,斯奎尔放弃了以往的因素分析,取而代之的是衡量每个州立法机关相对于国会的成分,并对每个州立法机关的三个核心变量进行评估;最后,通过平均这三个变量的比率,得出一个单一的分数。这一单一的分数,就代表该州立法机关的专业化水平,不同州立法机关在专业化方面的高低情况也就可以通过分数的对比来得出。

---

〔30〕 See John Grumm, *The Effects of Legislative Structure on Legislative Performance*, Little, Brown and Co. ,1971,p.298－322.

二、州议会立法能力评估指标体系的划分

(一)州议会立法能力评估指标体系的发展过程

基于对专业立法机关理想特征的描述,格鲁姆和 CCSL 创建了第一个评估指数体系。CCSL 根据每个州议会 8~20 名政治内部人士进行个人采访收集到的数据,归纳出与所有州立法能力有关的五类指标,即功能性、责任性、信息性、独立性和代表人数,并根据这些指标对所有州的立法专业能力进行了排名。而格鲁姆则综合了立法者的薪酬、会期总长度、立法业务支出、员工服务和引入的法案数量来评估立法的专业能力。但这种指标设计却受到了质疑,因为它将评估立法专业能力的理论措施与实际措施混为一谈。[31] 有学者运用不同时期的数据重新检验了格鲁姆的指标体系,不同的是用众议院每个席位的平均人数指标代替了格鲁姆的法案数量指标。此外,还有的研究在格鲁姆和莫尔豪斯所设计的评估指标之外,加入了每个成员的委员会分配数量和立法机关的规模两个指标。[32] 自那时以来,学者相继设计出多种评估立法专业能力的指标体系。[33]

其中,最常被讨论和运用的是由斯奎尔所设计的评估指标。斯奎尔设计的指标体系以立法人员的薪酬和福利、总会议天数以及立法专业人员的数量为评估指标。[34] 其后的指标体系大多是以这一指标体系为基础所进行的修正。例如,有的学者将流动率引入衡量立法专业能力的指

---

〔31〕 See Jason A. Grissom & James R. Harrington, *Local Legislative Professionalism*, American Politics Research, Vol. 41:1, p. 76 –98(2013).

〔32〕 See Ann O'M. Bowman & Richard C. Kearne, *Dimensions of State Government Capability*, Western Political Research Quarterly, Vol. 41:2, p. 341 –362(1988).

〔33〕 See William D. Berry, Michael B. Berkman & Stuart Schneiderman, *Legislative Professionalism and Incumbent Reelection: The Development of Institutional Boundaries*, American Political Science Review, Vol. 94:4, p. 859 –874(2000). See John M. Carey, Richard G. Niemi & Lynda W. Powell, *Incumbency and the Probability of Reelection in State Legislative Elections*, Journal of Politics, Vol. 62:3, p. 671 –700(2000). See Christoper Z. Mooney, *Measuring U. S. State Legislative Professionalism: An Evaluation of Five Indices*, State and Local Government Review, Vol. 26:2, p. 70 –78(1994).

〔34〕 See Peverill Squire, *Measuring State Legislative Professionalism: The Squire Index Revisited*, State Politics and Policy Quarterly, Vol. 7:2, p. 211 –227(2007).

标体系之中,并指出立法工作人员流动率高、立法会期短、工资低、人员少,都是非专业化立法机关的标志。[35] 有的研究者则将委员会的数量和结构作为变量加入立法专业能力的评估指标之中。[36] 而有的学者则对斯奎尔的指标体系加以修正,将立法工作人员数量这一指标替换为工作人员服务和业务的开支,即评估立法专业能力的指标应为立法者的薪酬、会期天数、工作人员服务和业务的开支三个变量。[37] 此外,也有学者指出由于专业主义是一个经验和理论都不统一的概念,加之职业化比文献中通常呈现得更加多样化,利用综合指标衡量职业素养是一种一维的衡量策略,因此建议对数据进行多维操作,通过多维缩放(Multiple Dimensional Scaling,MDS)等缩放方法创建多维度评估。[38]

(二)州议会立法能力评估指标体系的内容分析

综合以上学者对立法专业能力评估指标的选择,可以发现:尽管各个指标体系在评估指标的选取上有所不同,但大多包含了斯奎尔设计的衡量立法专业化的三个核心指标。这一现象表明学者对这三个指标的重要性达成了共识,即立法人员的薪酬和福利、总会议天数、立法专业人员的数量对于提高州立法机关的立法能力意味着什么。具体而言:

第一,从立法人员的薪酬和福利这一指标来看,更高的薪酬和福利能够激励立法工作者长期服务的意愿。这也就意味着该立法机关是一个具备丰富立法经验和稳定工作队伍的专业机构;享有高薪酬和高福利的立法工作者更能够把他们的日常事务放在一边,将更多的时间和精力放在立法工作之上;高薪酬和高福利提高了立法工作的吸引力,因而有可能吸

---

[35] See Gary F. Moncrief, *Professionalization and Careerism in Canadian Provincial Assemblies: Comparison to U. S State Legislatures*, Legislative Studies, Vol. 19:1, p. 33 – 48 (1994).

[36] See Christopher Z. Mooney, *Citizens, Structures, and Sister States: Influences on State Legislative Professionalism*, Legislative Studies Quarterly, Vol. 20:1, p. 47 – 67(1995).

[37] See James D. King, *Change in Professionalism in U. S. State Legislatures*, Legislative Studies Quarterly, Vol. 25:2, p. 327 – 343(2000).

[38] See Daniel C. Bowen & Zachary Greene, *Should We Measure Professionalism with an Index? A Note on Theory and Practice in State Legislative Professionalism Research*, State Politics & Policy Quarterly, Vol. 14:3, p. 277 – 296(2014).

引更多更专业的人才从事立法工作。

第二,从总会议天数这一指标来看,立法机关在立法活动上投入的时间越多,也就越能进行充分的论证、科学的审议和审慎的决策,进而提高立法的质量。此外,投入更多的时间在立法活动上,还可以让其成员更加熟练地掌握和运用他们的立法技能,积累更多的立法经验,从而成为更专业的立法工作者,提高该机关的工作效率。[39]

第三,从立法专业人员的数量这一指标来看,有大量专业(与该机构的立法工作相匹配)的立法人员是必要的和有用的。因为专业的立法人员可以协助立法者研究即将出台和现有的立法,充当选民的联络点,并提供有关立法的专门知识和专业技能;专业的立法人员还可以减少议员的日常工作,提高议员对立法工作的满意度。[40] 此外,较大的专业立法人员基数可能会提高议员为选民服务的能力,从而改善连任前景。[41]

第三节 域外立法能力评估指标体系的评价与启示

一、欧盟候选国家政府立法能力评估指标体系的优势和不足

(一)政府立法能力评估指标体系的优势

第一,兼顾立法速度与立法质量。立法速度既是判断立法能力高低的客观标志之一,也是体现政府与议会之间关系是否协调的外在表征;立法速度快当然不等于较高的立法能力,因为快速立法可能带来立法质量低下的缺陷,但立法速度低下意味着立法不能及时反映社会对立法的需求或政府与议会之间可能存在相互掣肘的不足。加之,虽然高质量的立法一般代表着制定主体具备较高的立法能力,但却需同时考虑立法速度

〔39〕 See Jason A. Grissom & James R. Harrington, *Local Legislative Professionalism*, American Politics Research, Vol. 41:1, p. 76 – 98(2013).

〔40〕 See Jason A. Grissom & James R. Harrington, *Local Legislative Professionalism*, American Politics Research, Vol. 41:1, p. 76 – 98(2013).

〔41〕 See Peverill Squire, *Measuring State Legislative Professionalism: The Squire Index Revisited*, State Politics and Policy Quarterly, Vol. 7:2, p. 211 – 227(2007).

的问题，因为经年累月制定出的高质量法律可能无法满足当下急迫的立法需求。因此，立法速度与立法质量共同构成了判断立法能力的标准，在同等速度条件下制定的法律质量越高，或在同等质量要求下制定的法律越多，都代表着该制定主体具有较高的立法能力。欧盟候选国家政府立法能力评估所选择的指标，包含了立法的速度和质量两个层面的指标——从性质上来看，及时性指标和迟延程度指标都是对政府立法能力在速度层面的评估——体现了该指标体系的系统性。

第二，围绕立法文本确定评估指标。根据面向结果（文本的施行效果）的指标进行评估，更多的是对立法绩效的评估；对立法绩效进行的评估虽然在一定程度也能反映出立法能力的高低（施行效果好的立法代表着较高的立法能力），但并不准确，因为某一立法在施行环节的效果好坏受到多种外在因素的影响，如执法力度的强弱、司法公正与否以及公民的接受程度等，而不仅仅是立法文本自身的问题。可见，外部因素的影响越小，对立法主体立法能力的评估也就越准确；在评估立法主体的立法能力时，更应着眼于能直接反映立法文本自身的指标，以减少外部因素对评估的影响。欧盟候选国家政府立法能力评估所选择的及时性指标、迟延程度指标和质量指标，都是面向产出（立法文本的自身属性）的指标，体现了该指标体系的准确性。

（二）政府立法能力评估指标体系的不足

第一，未能体现立法速度与立法质量之间的关系。在一般情况下，立法的速度与质量间存在相对平衡的关系，即高质量立法需要的时间也较长，这也就意味着存在立法被迟延的可能。因此，当候选国家政府为制定某一高质量的法律而未在限定的期限内被通过或迟延了较长时间时，就不能仅因立法的速度不快而判断该国政府不具备较高的立法能力。而欧盟候选国家政府立法能力评估指标体系，只是单独区分并比较了各个候选国家政府在立法速度和立法质量上的差异，并未就立法速度和立法质量之间的关系进行分析并以此进行分类比较，这也就导致了该指标体系在科学性上的部分缺失。

第二，未能反映该候选国家政府立法能力的全貌。仅仅关注实际成就是不够的,因为立法者或机构可能拥有在实践中很少使用的潜在能力。[42] 在应然层面,立法能力是由实际立法能力和潜在立法能力组成的统一体。潜在立法能力对立法存在不可忽视的影响,如提高立法工作人员的专职化程度对提升立法速度和立法质量所起到的积极作用。虽然以实际立法能力作为评估内容的指标体系能够分析和判断政府立法能力的实际情况,但也仅是分析和判断了立法能力的一个侧面,无法反映候选国家政府立法能力的全貌。

二、美国州议会立法能力评估指标体系的优势和不足

(一)州议会立法能力评估指标体系的优势

第一,反映了提升立法能力的实际要求与制度实践。评估指标不能仅是立法能力表象的简单复写,而应当成为提升立法能力的实际要求及制度实践的客观反映。美国州议会立法能力评估指标体系的建构是一个不断发展完善的过程。从格鲁姆和 CCSL 创建的第一个评估指数体系,到斯奎尔评估指标体系的确定以及在此基础上进行的诸多改良,这一近四十年的发展过程不但意味着科学化、系统化评估的不断加强,也代表着立法能力认识的不断深化和完善。从指标选择的依据上看,现有指标改变了原有指标那种以专业立法机关与非专业立法机关间差异作为选择依据的做法,而是以州立法机关相对于国会组成部分为选择依据(国会被认为是最专业的立法机关),保证了指标本身的科学性;从指标的内容上看,立法人员的薪酬和福利、总会议天数、立法专业人员数量这三个核心变量,既是议会现代化改革的重点方向,又是提高州议会立法能力的主要措施,因此能够对州议会提升立法能力的实际要求以及制度实践进行客观反映。

第二,指明了立法能力差异的产生原因。从立法人员的薪酬和福利、总会议天数、立法专业人员数量的性质来看,这三个核心变量都是对立法主体自身属性的评估,因此美国州议会立法能力评估应当属于对潜在立

[42] See Martin Painter et al. , *Challenges to State Policy Capacity, Global Trends and Comparative Perspectives*, Palgrave Macmillan, 2005, p. 19 – 37.

法能力的评估。虽然潜在立法能力与实际立法能力可能因现实立法中存在的客观原因而并非一致,即具备高潜在立法能力的立法机关并不一定代表具备高实际立法能力,但这并不意味着对潜在立法能力的评估没有意义。原因在于,对潜在立法能力的评估,能够充分说明不同立法机关的立法能力出现高低差异的具体原因。具体到美国州议会立法能力评估指标体系,上述三个核心变量与州立法机关的立法能力有直接的相关性:专业化是美国州立法机关以提高立法能力为目的的现代化改革运动的直接结果,而上述三个核心变量则是这场改革运动中的主要措施。因此,以这三个核心变量为评估指标的评估指标体系,不仅能够对各州议会立法能力的高低作出客观判断,还能指明产生这种高低差异的具体原因。

(二)州议会立法能力评估指标体系的不足

第一,一维的衡量策略忽略了指标的独特变化。利用综合指标衡量专业化是一种一维的衡量策略。美国州议会立法能力评估指标体系在专业化的概念上有一个隐含的潜在变量,而这个潜在变量是通过各组成部分之间的共享变化来衡量的:每一个州的立法机关都被放置在一个连续体的某处,一端是像国会这样的最专业的立法机关,另一端是像新罕布什尔州那样的非专业的立法机关。专业化是随着不同州的变化或同一个州在不同时期的变化而变化的(州立法机关对采取何种措施以适应专业化改革进程有自己的看法),因此将专业化予以概念化并将其作为州立法机关的统一特征是一种过于简单的做法。加之,从理论上讲,由于各组成部分功能的独立性,专业化对立法能力的影响也是多样的。但这一评估指标体系却忽略了每个成分的独特变化,取而代之的是测量所有变量的公分母。因此,这种一维的衡量策略不必要地限制了专业化评估,甚至可能对专业化的原因和后果作出错误的推论。[43]

第二,指标与专业化之间存在矛盾关系。虽然美国州议会立法能力评估指标基于州议会的专业化进程,但不同指标对专业化的影响力是不

〔43〕 See Daniel C. Bowen & Zachary Greene, *Should We Measure Professionalism with an Index? A Note on Theory and Practice in State Legislative Professionalism Research*, State Politics & Policy Quarterly, Vol. 14:3, p. 277 – 296(2014).

同的,在某些层面甚至是相互矛盾的。如有学者从对国家行政机关进行立法监督这一角度,对专业化与立法能力间的关系进行了实证研究,研究发现立法专业人员的数量与州议会的立法监督呈正相关且显著相关,而高薪酬和高福利与州议会的立法监督却呈负相关且显著相关。[44] 也就是说,高薪酬和高福利并不会绝对提升州议会的专业化,也并非一定代表着高立法能力。这种评估指标与专业化之间的矛盾关系,在一定程度上影响了该评估指标体系的科学性。

三、域外经验对建构我国地方立法能力评估指标体系的启示

不同模式的立法能力评估指标体系在建构和运作过程中各有利弊,其优势值得我们借鉴,对其不足则应尽量避免。上述两种域外立法能力评估指标体系的实践经验,对建构我国地方立法能力评估指标体有以下几点启示。

(一)立足于评估对象自身的立法实践

评估对象的立法实践和制度实践,既是建构立法能力评估指标体系的前提和基础,在很大程度上也构成了指标体系本身的评估内容。在欧盟候选国家政府立法能力评估指标体系中,若离开欧盟一体化进程和法律置换的立法实践,则很难建立起相似的指标体系或将该指标体系运用于他国的评估实践;在美国州议会立法能力评估指标体系中,若不与州议会专业化改革的路径、措施、方式相结合,那么该评估指标体系的建构将成为不可能完成的空想。因此,我国地方立法能力评估指标体系的建构,无论是基本原则的确立,还是操作准则的界定,抑或是评估指标的选择,都应当也必须以我国地方的立法实践和制度实践为依据,不能生搬硬套或不加改变地适用他国既有的评估指标体系。

---

〔44〕 立法专业化通常涉及两个相伴而生的过程:增加机构资源和增加州议员的事业心。而这一过程对国家行政机构的立法监督会产生不同的影响。更多的立法资源有助于增加对行政机构的立法监督,但州议员之间更大的政治野心则会削弱这种监督,因为使用稀缺资源的动机组合发生了变化。See Neal D. Wood & Michael Baranow, *Legislative Professionalism and Influence on State Agencies: The Effects of Resources andCareerism*, Legislative Studies Quarterly, Vol. 31:4, p. 585 – 609(2001).

（二）全面考量指标的选择标准

从指标的选择标准来看，欧盟候选国家政府立法能力评估指标体系是从政府与议会的关系出发，以自主性为选择标准所建构的评估指标体系；而美国州议会立法能力评估指标体系是从议会自身的属性出发，以专业性为选择标准所建构的评估指标体系。不可否认，自主性和专业性都是选择评估指标的主要标准，但这并没有穷尽所有评估指标的选择标准；同时，两个指标体系依据选择标准所选取的具体指标，也没有满足该标准项目下评估立法能力的全部需求。因此，在建构我国地方立法能力评估指标体系时，应当全面考量指标的选择标准并据此充分选取具体的评估指标，从而保障地方立法能力评估的科学性、准确性和全面性。

（三）综合判断立法能力的表现方式

从指标的指向来看，欧盟候选国家政府立法能力评估指标体系指向的是实际的立法能力，而美国州议会立法能力评估指标体系指向的是潜在的立法能力。在应然层面，立法能力是由实际立法能力和潜在立法能力组成的统一体。虽然从立法能力的一个侧面进行指标的选择和设计不会影响评估目的的现实，但却无法反映立法能力的全貌。因此，在建构我国地方立法能力评估指标体系时，应当对立法能力的不同表现方式进行综合判断，兼顾反映实际立法能力的评估指标与反映潜在立法能力的评估指标。

第三章
地方立法能力评估指标体系的整体建构

评估指标体系的科学性和可行性直接影响和决定着评估结果的可靠性与实效性；若缺乏一套科学有效且具备可操作性的评估指标体系，那么无论收集到的数据如何真实客观、采用的评价方法如何前瞻科学、数据处理如何精妙准确，其所得到的评估结果也必然会偏离被评估对象的真实状态。[1] 由此可见，建构一套科学有效且具备可操作性的地方立法能力评估指标体系便成为地方立法能力评估活动取得成功的关键。但评估对象的抽象性、评估内容的复杂性、评估目标的多元性、评估活动的动态性等原因的客观存在，使关于地方立法能力评估指标体系的建构并非想当然或一蹴而就的工作。因此，在确定评估指标之前，就十分有必要对地方立法能力评估指标体系的建构思路、内容划定、指标设计进行具体的阐释，从而保证评估指标体系自身的科学性与可行性。

第一节 评估指标体系的建构思路

一、指标体系建构的一般原则

（一）建构原则的基本功能

评估指标体系的建构原则作为建构评估指标体系的指导性准则，是形成评估指标体系建构规则的指导性纲领或基本原理。在我国，地方立法能力评估刚刚兴起，关于地方立法能力评估指标体系的研究和实践更是处于起步阶段，还远没有形成具体、规范、可操作性强的建构规则。因此，在地方立法能力评估指标体系的建构规范化、制度化之前，评估指标体系的建构原则将发挥以下基本功能：

其一，指引功能。原则是规则的指引。地方立法能力评估指标体系规则的完善是一个渐进的过程，在这个过程之中，规则需要在原则的指引下，结合立法能力评估实践的需要进行不断地试验和修正，才能最终形成具体、规范、可操作性强的地方立法能力评估指标体系规则。

---

〔1〕 参见彭张林等：《综合评价指标体系的设计原则与构建流程》，载《科研管理》2017 年第 S1 期。

其二,补充功能。在现阶段,各地方对立法能力的评估尚处于探索状态,对立法能力评估指标体系的认识还有待深化。因此,出现规则适用的困难是不可避免的。然而在亟须提升立法能力以提高立法质量的行动要求下,地方立法能力评估却不能因规则的尚不完善而停滞不前。这就需要评估指标体系的建构原则发挥补充评估指标体系建构规则的功能,对既有规则进行修正或创制新规则,保证地方立法能力评估活动的顺利展开。

其三,解释功能。不同地方在立法能力评估过程中的不同实践和不同需求,决定了评估指标体系必然存在多样化和差异化。这也就意味着不同评估主体对评估指标体系的建构规则会存在认识上的分歧,当认识分歧较小时,尚不会对地方立法能力评估产生消极影响;但分歧较大时,却会影响地方立法能力评估的整体效果。这就需要评估指标体系的建构原则从总体和精神实质上对评估指标体系的建构规则进行解释,准确把握其内涵和意图,为评估主体理解和运用评估指标体系的建构规则提供基本准则。

(二)建构原则的基本内容

结合地方立法能力的性质与地方立法能力评估的需求,地方立法能力评估指标体系的建构原则应包含以下基本内容:

1. 定性方法与定量方法相结合的原则

定性方法是评估者根据自己的经验和知识,综合运用逻辑思维,对评估对象的性质进行的分析和判断;定量方法则是根据调查研究、资料搜集所获得的信息,通过大量的计算进行的分析和判断。[2] 从性质上来讲,定性方法与定量方法之间存在诸多差异(见表 3-1)。[3] 此外,两种方法在具体的评估实践中有各自的优势:定性方法能够弥补定量方法的不足,特别是针对政策影响、政策效果等无法被量化或难以用数字去衡量的

---

〔2〕 参见贠杰、杨诚虎:《公共政策评估:理论与方法》,中国社会科学出版社 2006 年版,第 272~275 页。

〔3〕 参见[美]劳伦斯·纽曼:《社会研究方法:定性和定量的取向》,郝大海译,中国人民大学出版社 2007 年版,第 23 页。

问题;定量方法则能够为评估提供判别标准,使评估者更容易把握评估所面临的复杂而又不确定的问题,避免评估活动中过于偏重主观价值的倾向,减少不必要的评估纠纷与争论。虽然定性方法与定量方法之间存在诸多差异,但从根本上来说,这也只是从不同的角度和层面对同一事物的"质"进行研究所采用的不同方法,[4]两者在运用上并不存在不可兼容的矛盾;同时,定性方法与定量方法在评估实践中各具优势的客观情况,也决定了只有将两者有机整合,实现定性方法与定量方法在具体运用中的互补,才能保证评估活动的有效展开。[5]

表 3-1 定性方法与定量方法的主要区别

对象	定性方法	定量方法
研究目的	建构社会现实、文化意义	测量客观的事实
研究焦点	互动的过程事件	变量
研究关键	货真价实	信度
研究逻辑	实践逻辑	建构逻辑
研究方式	归纳推理	演绎法
研究情境	受情境限制	不受情境影响
价值处理	价值无所不在	价值中立
分析重点	主题分析	统计分析
个案情况	少数个案	多个个案
研究人员	置身其中	保持中立
理论基础	现象学、诠释学以及社会建构论的基本原则	实证主义

---

〔4〕 由于指导思想和操作手段不同,它们有可能将研究的重点放在"质"的不同侧面上。定性研究是在研究者和被研究者的互动关系中,通过深入、细致、长期的体验、调查和分析对事物获得一个比较全面深刻的认识;而定量研究则依靠对事物可以量化的部分进行测量和计算,并对变量之间的相关关系进行分析以达到对事物的把握。参见陈向明:《社会科学中的定性研究方法》,载《中国社会科学》1996 年第 6 期。

〔5〕 首先,定性研究与定量研究相结合才能更加有效地解释理论形成的全过程;其次,定性研究与定量研究相结合才能更加全面地把握某一事物的本质;最后,定性研究与定量研究相结合才能更加完整和全面地搜集和分析资料。参见郑智航:《中国量化法治实践中的定性与定量——以地方法治评估实践为研究对象》,载《东北师大学报(哲学社会科学版)》2016 年第 6 期。

定性方法与定量方法在理论上的并行不悖及功能上的相互补充,意味着在建构我国地方立法能力评估指标体系时,应当将两种方法予以结合,在对地方立法能力进行定性分析和定量分析的基础上进行指标的选择、设计与细化。

2. 制度进路与价值进路相结合的原则

借鉴法治评估中两种理想的评估进路选择,可将地方立法能力的评估路径分为制度性进路和价值性进路。制度性进路的地方立法能力评估指标体系是以立法实践中已经确立并运行的各项立法制度及其运行状况为对象,在抽象出的功能内核或行动目标的基础上,对不同制度的具体立法表现进行比较;与制度性进路不同,价值性进路的地方立法能力评估指标体系则是在分解和概念化立法能力本质内涵的基础上,关注使各项立法制度得以确立并运行的动机、目的以及行动目标,以立法能力的价值形态反映和表征立法能力在立法实践中的现实样态。[6]

评估进路的选择应以评估的实际需要为依据,无论是制度性进路还是价值性进路,对于评估活动本身并无优劣可言。[7] 立法能力的复杂性决定了评估进路选择的非唯一性:首先,制度性进路保障了地方立法能力评估指标体系的客观性和针对性。围绕制度性进路所建构的评估指标体系,能够直接发现并反映立法过程以及立法能力建设实践中真实存在的具体问题与不足,同时为评估的展开提供充实的信息和数据支撑,克服仅凭价值性进路可能带来的针对性不强、客观性不足以及不可验证等问题,从而使地方立法能力评估始终围绕提升地方立法能力这一核心规划与目标展开。其次,价值性进路保障了地方立法能力评估指标体系的全面性

---

〔6〕 按照韦伯"理想型"的划分,法治评估进路可以分为两种理想类型,即制度性进路(The Institutional Approach)和价值性进路(The Values Approach)。制度性进路的法治评估以现实社会中已经确立并运行的各项法律制度或机构为对象,通过抽象不同制度或机构之间相似或相同的法治价值或目的进行比较。与制度性进路不同,价值性进路的法治评估指标体系主要关注使这些制度成立的动机、目的,这些制度服务的目标,并通过法治的价值形态的集合形式反映和呈现法治特征。从价值性进路来讲,法治应该致力于服务一个自由的社会,创造使每个人都能追求自己的价值和目标的大众福利。See Geoffrey DE Q. Walkerr, *The Rule of Law*: *Foundation of Constitutional Democracy*, Melbourne University Press, 1988, p. 11.

〔7〕 参见戴耀廷:《香港的法治指数》,载《环球法律评论》2007 年第 6 期。

和科学性。通过价值性进路建构的评估指标体系,有助于制度性进路按照立法能力的本质和内涵进行指标的选取和设计,避免因过度专注于具体的立法行动以及制度实践而忽略对立法能力的判断具有实质性作用的评估内容,或选取不适当的指标对地方立法能力进行评估。

3. 静态评估与动态评估相结合的原则

立法能力有两种不同的外在表现方式:一种是通过立法主体自身的属性和特征加以表现的立法能力;另一种是通过立法主体的行动及其行动结果加以表现的立法能力。借鉴温特(Winter)对组织能力的分类,[8]可将前者界定为静态的立法能力,将后者界定为动态的立法能力。静态立法能力与动态立法能力共同构成了完整的立法能力。立法主体作为一个担负立法职能的特定组织,其静态立法能力表现为立法主体为发挥其职能而提供制度资源、人力资源、组织资源等必备条件的能力,是动态立法能力得以实现和发展的基础;动态立法能力则表现为立法主体发挥其职能的能力,是静态立法能力在具体立法行动中(方式、过程、结果)的现实化和客观化。

由于立法能力外在表现方式的不同,在建构地方立法能力评估指标体系的过程中,就需要全面充分地考虑静态立法能力与动态立法能力对整个立法过程的影响和作用,将输入性、制度性的静态评估与输出性、结果性的动态评估结合起来。

二、指标体系建构的模型选择

(一)评估体系建构模型的分类

借鉴英国学者迈克尔·卡利对社会指标体系建构模型的研究,[9]可将地方立法能力评估指标体系的建构模型分为以下三种:

1. 根据立法职能建构的地方立法能力评估指标体系

根据立法职能建构的地方立法能力评估指标体系,即根据立法机关

---

〔8〕 See Sidney G. Winter, *Understanding Dynamic Capabilities*, Strategic Management Journal, Vol. 24:10, p. 991 –995(2003).

〔9〕 See Michael Carley, *Social Measurement and Social Indicators: Issues of Policy and Theory*, George Allen & Unwin LTD, 1981, p. 47 –66.

程序化的立法职能安排而建立起来的指标体系。由于立法机关的职能分工是该类型指标体系的建构依据,加之指标所涉及的信息和数据大多来源于立法机关的数据库,因此,根据立法职能建构的指标体系易于地方立法能力评估的展开并能满足评估对信息和数据的需求。但该评估指标体系也有较为明显的缺陷:一方面,从建构地方立法能力评估指标体系的全局来看,由于该体系一般是以立法机关的职能为依据建构的,因而可能会受到具体职能划分的限制而无法反映地方立法能力的全貌,或有意或无意地成为解释立法机关具体职能的工具。另一方面,就其所依据的具体职能来看,虽然不同立法阶段所需要的立法职能也有所不同,但在实际程序中职能之间却存在交叉和重复,即某一具体职能是不同立法阶段所共同需要的,同时此一职能在不同立法阶段还有不同的表现形式和作用方法。因此,以立法机关的职能为依据所建构的指标体系很难保证地方立法能力评估的科学性和体系性。

2. 根据评估目标建构的地方立法能力评估指标体系

根据评估目标建构的地方立法能力评估指标体系,是以评估目标为依据,运用一般到特殊的方法建立起来的评估指标体系,即确定评估目标,细化评估目标并生成子目标,最终得出具体的、可操作的评估指标。这种根据评估目标建立的指标体系,能够在指标细化或分解的过程中展现内部逻辑的一致性,这一逻辑结构意味着任何一个指标都可以回归到某个特定的评估目标。

3. 根据理论建构的地方立法能力评估指标体系

根据理论建构的地方立法能力评估指标体系,是以研究人员和学者提出的理论为依据,将立法能力的外在表现和内在要求作为变量,选择那些彼此独立又相互关联的变量作为具体的评估指标,并将其与相应的信息数据联系起来,通过定量方法来分析和说明由理论所设计的各种变量之间的关系,进而对地方立法能力作出客观判断。

一般来讲,任何一种评估指标体系都要以某种理论作为基础。借鉴社会学对理论的区分方式,可将关于立法能力的理论分为“大理论”和

“中距理论”。[10] “大理论”是能够普遍适用的、综合地说明和解释一般的法律现象及其原因的理论（如“法治”理论），从应用上来看，它既可以应用在立法能力评估的领域，也可以应用在其他领域（如法治政府评估、法治社会评估等）。大理论距立法能力评估较远，因而很难把它直接转化为具体的地方立法能力评估指标。而“中距理论”则是针对具体的立法问题或立法现象而提出的理论，如根据“合理性”提出的立法的合理性理论。[11] 这种建构模型打破了以某一单一依据建构指标体系所带来的条块分割的界限，使与地方立法能力评估相关的制度、行为、职能等以某种理论为依据而融为一体，通过指标与指标间的逻辑关系对地方立法主体的立法能力进行体系化、全面化判断。因此，在以某种理论为基础建构地方立法能力评估指标体系时，虽然不排斥“大理论”的指导作用，但具体的评估指标体系却需直接建立在“中距理论”之上。

（二）我国地方立法能力评估体系的模型选择

我国地方立法能力评估指标体系的建构应当选择第二种模型，即根据评估目标建立地方立法能力评估指标体系。具体原因如下：

第一，从评估指标的选择和设计上来看，评估指标是对评估目标的实

---

〔10〕 从概括的意义上说，社会学的理论可以分为两个层次或两种类型。一种是“大理论”，它综合地说明和解释一般的社会现象及其原因，它既可以应用在这个领域，也可以应用在那个领域，是普遍适用的。另一种是“中距理论”。虽然中距理论的概念是美国社会学家默顿在 1949 年才提出来的，但是，这一层次上的理论研究却是早已有了的。我们认为，一切通过对具体社会问题或具体社会现象的研究而得出的具体结论，均可称为中距理论。这种理论对社会现象的解释与说明仅仅局限于所研究的范围和领域，而不能随便推广。参见郑杭生主编：《社会学概论新修》（第 3 版），人民大学出版社 2003 年版，第 525 ~ 530 页。

〔11〕 “合理性”具有什么含义呢？黑格尔认为：“抽象地说，合理性一般是普遍性和单一性相互渗透的统一。具体地说，这里合理性按其内容是客观自由（普遍的实体性意志）与主观自由（个人知识和他追求特殊目的的意志）两者的统一；因此，合理性按其形式就是根据被思考的即普遍的规律和原则而规定自己的行动。”这里合理性与我们通常理解的合规律性是一致的。马克斯·韦伯一方面继承了黑格尔以来的传统，认为“合理性”即合乎“理性”或合乎“事物的本质与规律”；另一方面对合理性作了新的解释，或者说作了更为通俗的解释，认为它意味着摆脱迷信与愚昧，能确切地感知预测和控制自己的行为。根据以上的理解，合理性一般有合规律性、合逻辑性、行为的可预测性等。参见汪全胜等：《立法后评估研究》，人民出版社 2012 年版，第 230 页。

现形式与评价内容的分解,是服务于评估目标并将其逐层分解为具体化、关键性、可测量和可操作的细分目标。[12] 而评估指标体系则是一系列系统化评估指标的集合体,其建构需遵循评估指标在选择和设计上的一般规律。因此,以评估目标为依据建构的评估指标体系,能够在整体评估目标以及细化评估目标的指引下,保持体系内各层级评估指标外在目的的明确以及内在逻辑的一致,进而对地方立法能力作出全面、系统的评估。

第二,从该模型的兼容性上来看,以评估目标为根据建构的地方立法能力评估指标体系,并不排斥根据某种理论或立法职能对评估指标体系进行建构,只不过是将其细化为具体的评估目标。以上文立法的合理性理论[13]为例:立法能力的发挥需符合立法合理性的要求,因此判断该地方的立法能力是否符合立法合理性的要求就理应成为评估的目标;这就可以根据学者提出的关于立法合理性的理论和假设,将其转化为科学立法、民主立法、依法立法等细化目标,并依此进行具体指标的选择和设计。

第三,从该模型的实践应用上来看,尽管评估目标的确定在一定程度上是一种隐性的选择过程,但在保证评估目标自身有效性、准确性、可行性的前提下,以评估目标为根据所建构的评估指标体系却能够保证地方立法能力评估的科学性。首先,以评估目标为根据建构的评估指标体系有助于在评估目标与各层级的评估指标之间建立因果关系,使各层级的具体指标之间、层级与层级之间实现逻辑上的一致以及体系上的完整。其次,任何一种评估指标体系都有其潜在的价值判断,而这种建构模型能够使构成该评估指标体系的特定价值判断显露出来,从而接受作为非评估主体的社会成员对其进行的批判性审查。[14]

---

〔12〕 参见谭玮:《法治社会评价体系研究》,华南理工大学 2017 年博士学位论文,第 110～111 页。

〔13〕 立法的合理性包含以下几层含义:首先,立法合理性表示立法的一种价值标准,它体现了立法的真理性、合规律性、完善性以及符合平等、正义、人权等要求;其次,合理性是一种理性的认识方法,立法合理性则是指立法是体现或符合客观规律的认识与反映;最后,合理性是一种评价方法,立法合理性意味着立法合规律性、合科学性、合逻辑性的评价。参见汪全胜等:《立法后评估研究》,人民出版社 2012 年版,第 230～231 页。

〔14〕 See Michael Carley, *Social Measurement and Social Indicators: Issues of Policy and Theory*, George Allen & Unwin LTD., 1981, p. 54.

三、指标体系建构的层级安排

地方立法能力评估指标体系是以评估目标为根据的目标性评估指标体系，其客观上存在多个层级，且每个层次还可以有更多个更小的层级。因此，地方立法能力评估指标体系也需相应建立多层级的指标体系，保证各个层级的指标在逻辑上的相互独立、结构上的规齐完整、内容上的全面稳定，进而才能科学系统地反映和评价各层级的内部结构以及层级之间的关系。借鉴其他评估指标体系的经验，〔15〕地方立法能力评估指标体系可采用三级指标结构，并按照"宏观、中观、微观"的分类方法逐级加以安排。同时，这三级指标之间既需相互独立，又需密切联系：上级指标和下级指标都能各自独立地反映地方立法能力的性质，只不过相比较而言，上级指标概括性强，而下级指标具体性强；上级指标和下级指标又是相互依赖的，上级指标依赖下级指标的细化，而恰当的下级指标则可以具体描述并修正上级指标。〔16〕 具体而言：

第一，一级宏观指标的设定。一级宏观指标应重点关注评估对象的核心内容，反映和概括地方立法能力的基本要素，并在整体目标的指引下相应设置各类指标。

第二，二级中观指标的设定。二级中观指标是在分解一级宏观指标内容的基础上，针对评估对象的组成结构和评估的策略目标所选择的各类指标。该层级指标是上承一级宏观指标和下启三级微观指标的核心部

---

〔15〕 如中国政法大学法治政府研究院建构的法治政府评估指标体系，就是由 9 个一级指标（依法全面履行政府职能、法治政府建设的组织领导、依法行政制度体系、行政决策、行政执法、政务公开、监督与问责、社会矛盾化解与行政争议解决、社会公众满意度调查）、29 个二级指标和 91 个三级指标构成。参见中国政法大学法治政府研究院编：《中国法治政府评估报告（2017）》，社会科学文献出版社 2017 年版，第 2 页。地方立法前质量评价指标体系是由 4 个一级指标（立法必要性与可行性、合法性、立法的影响性、效益和成本分析）和 18 个二级指标组成。参见俞荣根主编：《地方立法质量评价指标体系研究》，法律出版社 2013 年版，第 10～12 页。社会治理法治建设指标体系由 6 个一级指标（社会治理法治建设、人大加强社会治理立法和监督、政府主导社会治理法治建设、司法机关维护社会治理公平正义、社会组织自治和参与合作共治、公众有序参与社会治理法治建设）、27 个二级指标和 138 个三级指标组成。参见徐汉明、张新平：《社会治理法治建设指标体系的设计、内容及其评估》，载《法学杂志》2016 年第 6 期。

〔16〕 参见孙晓东：《立法后评估的原理与应用》，中国政法大学出版社 2016 年版，第 61 页。

分,是建构地方立法能力评估指标体系的关键。因此,二级中观指标的设定需要在细化整体目标的指引下,对一级宏观指标加以分解,选取其中可行且能够全面、准确地反映和描述一级宏观指标的内容。

第三,三级微观指标的设定。三级微观指标即具体的评估指标,其设定需涵盖二级中观指标的关键要素并对其具体内容加以细化。该层级的各类指标无须在逻辑上形成严格的互斥关系以及内容上的面面俱到,但却需要保证所选取的指标具备典型性和可操作性。在选取三级微观指标时应抓住重点,在基本保证评估客观性、全面性的条件下,尽可能地选择那些能切实反映二级中观指标内容和目标的核心指标,减少或舍去那些对评估结果影响不大的指标;同时,在选取时还应处理好理论上的重要性和实践上的可行性之间的矛盾,只有那些信息数据是能够收集和测量的典型指标,才能够纳入该层级之内。

除应当采用三级指标结构之外,地方立法能力评估指标体系的层级安排还需注意以下几点:首先,评估指标体系的层级安排需从整体上呈现地方立法能力的全局与整体特征,每一层级的指标都要与总目标或上一级目标的规定保持一致;其次,指标的选取必须面向同一层级,不可将不同层级面向的评估指标混为一谈,同时,不同层级的指标应当是独立的或互不重叠的;再次,各层级指标不宜设计过多,要尽可能对它们进行压缩,使之形成紧凑的、易于把握的体系;最后,同级子指标以及各项评估指标的地位、作用并不是等同的,有的重要些,有的次要些,因此要统筹安排体系内的诸多指标,做到各级指标之间的比例适当。[17]

第二节 评估指标体系的内容划定

一、指标内容的目标规划

目标规划是地方立法能力评估内容划定的逻辑起点。邓正来在《中

---

〔17〕 参见陈立新:《社会指标与社会协调发展》,湖南大学出版社2005年版,第71页。

国法学向何处去》曾言,[18]若没有地方立法能力评估的目标规划,选择什么样的评估内容都是没有意义的;若不能明确地方立法能力评估的目标规划是什么,无论选择什么样的评估内容,都有可能把地方立法能力评估引入错误的道路。

目标规划的确定不是纯思想抽象的理论假设,而是根据评估目的、层次、对象、社会需求和决策者制度设计的“问题意识”提出的前提性设想。[19] 地方立法能力评估既是一种新的关于立法理论的研究方向,也是一种具有明确目标预设的立法实践。作为一种立法实践,地方立法能力评估需设立评估指标、整理和分析相关信息数据以记录、反映、评价和掌握立法能力的现状,显示该地方在立法能力的发挥与建设中存在的问题;需通过对不同区域之间的横向比较来判断某一地方立法能力的高低;需通过对某一地方在不同时间阶段的纵向比较来追踪立法能力的演变过程,发现立法能力的发展趋势。也就是说,地方立法能力需要评估的介入,通过评估回答现阶段的立法能力是否达到“立良法”的要求这一问题,提出提升地方立法能力的具体路径和政策建议,引领地方立法能力的建设方向;通过地方立法能力评估,帮助各地方总结立法能力建设的经验、发现建设过程中存在的问题、找出其中的薄弱环节,进而完善地方立法能力建设的总体设计、推进地方立法能力建设的整体进行、统筹地方立法能力建设的具体措施并监督其落实。

综上,可将地方立法能力评估的目标规划分为两个层面的内容:其一,直接目标或表层目标,即客观科学地反映和评价地方立法能力的现状,发现当前存在的问题并有效说明问题产生的原因;其二,间接目标或深层目标,即通过地方立法能力评估,提前对地方立法能力的发展变化趋势以及可能出现的问题作出预判,明确地方立法能力建设的工作要点和努力方向,并为立法能力的理论研究提供实践的经验和基础。

---

〔18〕 不知道目的地,选择走哪条路或确定如何走某条路都是没有意义的;然而,不知道目的地的性质,无论选择哪条路还是确定如何走某条路,都有可能把我们引向深渊。参见邓正来:《中国法学向何处去——建构“中国法律理想图景”时代的论纲》,商务印书馆2006年版,第2页。

〔19〕 参见徐汉明、张新平:《社会治理法治建设指标体系的设计、内容及其评估》,载《法学杂志》2016年第6期。

二、指标内容的选择范围

(一)能力内容的选择

根据能力组成内容的不同,可将立法能力分为主观层面的能力和客观层面的能力。其中,主观层面的立法能力表现为立法主体的立法理念、职业伦理、个人品德等评估内容;客观层面的立法能力表现为立法主体的立法技术、制度实践、行为结果等评估内容。针对立法能力的客观层面进行评估是建构我国地方立法能力评估指标体系的当然之选,但是否针对主观层面的立法能力进行评估却存在疑问。从评估的意义上来看,对主观层面的立法能力进行评估当然不存在问题,因为其为客观层面立法能力的实现和提升提供了基础,甚至在一定程度上决定了客观层面的立法能力是否能够得到良好的发挥。但从评估的实际操作上看,对主观层面立法能力进行评估却存在如下问题:其一,在指标选取上,主观层面的立法能力虽可表现为立法主体的价值观、思想意识、立法理念等主观状态,但选取能够直接反映或单纯反映立法主体主观状态的指标却十分困难,同时也很难将其进行概念化和具体化的操作;其二,从评估方法上,因主观层面立法能力的属性限制,其评估只能通过定性分析加以判断,这种根据评估主体的经验和知识进行的判断客观上存在主观性强、随意性大、结论模糊且无法检验等缺陷。可见,对主观层面的立法能力进行评估并非没有意义,其问题在于无法选取合适的指标及方法对其进行客观科学的评估。

因此,我国地方立法能力评估指标体系的建构,应当选取客观层面上的评估指标,而不选取主观层面上的评估指标。同时需要指出的是,不选取主观层面上的评估指标,并非意味着该指标体系不能反映立法能力在主观层面上的内容,而是通过立法能力在客观层面上的评估指标对其进行间接反映,如对发现事实的能力、整合分歧的能力、凝聚共识的能力等客观层面的评估,就是立法理念这一主观层面在具体立法实践中的间接反映。

(二)能力表现的选择

根据客观能力表现方式的不同,可将立法能力分为潜在的立法能力与实际的立法能力。潜在的立法能力是通过立法主体的自身属性和特征加以表现的能力,而实际的立法能力则是通过立法主体的行为或立法的产出加以表现的能力。在应然层面,立法能力是由实际立法能力和潜在立法能力组成的统一体。然而在评估实践中,却存在是否同时对两者进行评估的争议。实际立法能力是立法能力的直接反映,选取能够判断实际立法能力的评估指标来建构我国地方立法能力评估指标体系当然是无可争议的,问题在于是否对潜在立法能力进行评估。持反对观点的学者认为,对潜在立法能力进行评估,既不可行也无必要,原因在于:其一,在评估目标不明的情况下,无法确定潜在立法能力的评估指标;其二,对潜在立法能力进行评估得不到什么好处,因为没有证据证明其在实践中是否起作用。[20] 然而,在建构我国地方立法能力评估指标体系的过程中却应当对潜在立法能力进行评估。其一,我国地方立法能力评估的目标是可以明确并能够依此目标确定评估指标:从总体来看,评估的目标在于对各地方立法能力的高低作出科学判断并发现其中存在的问题,进而提出相应措施,完善地方立法能力建设;从个体来看,每个三级指标都有其明确的评估目标,如对"法的废止"这一指标的评估目标就在于考察地方人大及其常委会开展的法的废止活动是否满足使地方立法进一步臻于完善的要求,督促地方人大及其常委会及时对地方性法规加以废止,确保废止活动的规范化和制度化。其二,潜在的立法能力在立法实践中发挥着真实且重要的作用,其对于理解立法行为和提高立法能力有积极影响。美国州议会立法能力评估的实证研究已经证明,专业化能够为立法过程带来更多的专业知识、能够花更多的时间来制定法案和审议政策选择、能够加强对整个立法过程的控制力和独立于其他决策者的行动力、能够获得更多的资源去重新制定法律从而避免立法过程中可能存在的重复或抄袭。由此可见,对潜在立法能力的评估既有必要又有可能。

因此,我国地方立法能力评估指标体系的建构,应当实现对立法能力的全面评估,既选取能够判断实际的立法能力的评估指标,又选取能够判断潜在的立法能力的评估指标。

---

〔20〕 See Bagenholm Andreas, *Understanding Governmental Legislative Capacity*, Livréna AB, Göteborg, 2008, p. 26 – 28.

（三）目标指向的选择

根据评估目标的来源不同，可将立法能力的目标指向分为客观目标和主观目标。其中，载明于规范文本或见之于官方文件中的一系列立法任务，可称为客观目标；基于学说、观点或其他理论从应然层面对立法主体提出的要求，可称为主观目标。确定立法能力的目标指向并非易事：一方面，评价一种行动非常困难，我们不知道所要评估的立法主体是否有任何将要或想要实现的目标；另一方面，即使该立法主体有将要或想要实现的目标，但如何确定并解释这一目标仍然存在困难。然而，我国地方立法能力评估指标体系的建构却必须解决这一问题，因为目标指向的确定是选择评估指标的前提。客观目标与主观目标间的选择是一种权衡。〔21〕因为无论选择哪种目标作为评估指标的目标指向都有其客观存在的不足：客观目标的不足在于，其通常是原则的、不断变化的，甚至有可能与其他既定目标相互矛盾，以这些目标作为评估指标的目标指向，将会产生与过往评估结果一致但却不相关、政治上的幼稚或官僚主义的评估结论；〔22〕而主观目标的不足在于，其往往过于理性或因不能反映立法主体的真实意图而被置之不理，以这些目标作为评估指标的目标指向，将很难对立法能力作出客观判断。

我国地方立法能力评估指标体系的建构，应以客观目标为基础，以主观目标为补充。原因在于，若仅以客观目标为评估指标的目标指向，那么指标的选取将难以满足地方立法能力评估的全面性要求；而若仅以主观目标为评估指标的目标指向，那么指标的选取将难以满足地方立法能力评估的客观性要求。以“立法后评估的能力”这一指标为例，虽然地方立法主体提出了积极稳妥地开展立法后评估工作这一客观目标，但却未对如何评估、选取哪些指标进行评估、评估结果的形成与回应等问题进行充分说明，这也就意味着仅依据这一客观目标将很难选取足够的指标对其

---

〔21〕 See Eckstein Harry, *The Evaluation of Political Performance: Problems and Dimensions*, Sage Publications, 1971, p. 16.

〔22〕 See Mark Bovens & Paul't Hart, *Understanding Policy Fiascoes*, Transaction Publishers, 1996, p. 40.

进行评估。在这种情况下,就需要在客观目标的基础上,选取以主观目标为指向的评估指标加以补充。

(四)立法任务的选择

根据立法任务难度的不同,可将立法能力指向的立法任务分为复杂任务与简单任务。以实现预期任务作为能力的指向并不能准确判断立法能力的高低(实现预期任务并不等同于高能力),还必须考虑预期任务本身的难度大小(见图3-1)。

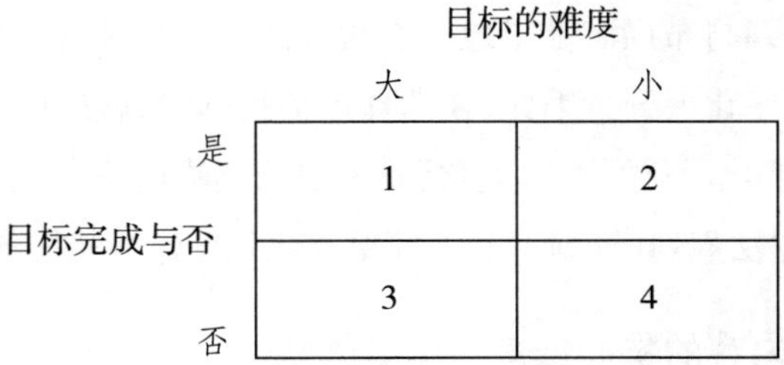

图3-1　预期任务的实现和预期任务的难度

图3-1显示了完成预期任务和预期任务难度之间四种可能的组合。[23] 其中,在框1和框4的情形中对立法能力的高低作出判断自然没有问题,完成复杂立法任务当然意味着该立法主体具备了较高的立法能力(框1),相反未完成简单立法任务当然意味着该立法主体的立法能力较低(框4)。而在框2的情形中,则很难判断该立法主体是否具备了较高水平的立法能力,因为在通常情况下,简单立法任务的完成仅仅意味着该立法主体具备了基本的立法能力。因此,只有完成了复杂立法任务,才能说明该立法主体具备了较高水平的立法能力,或只有在都未完成(大致相同的)复杂的立法任务时(框3),才能科学地比较不同立法主体立法能力的高低。也即只有指向复杂立法任务的评估指标,才能对不同立法主体立法能力的高低作出科学判断。

因此,我国地方立法能力评估指标体系的建构,应将复杂立法任务作为评估指标的任务指向。以"统筹安排的能力"这一指标为例,从立法任

〔23〕 See Bagenholm Andreas, *Understanding Governmental Legislative Capacity*, Livréna AB, Göteborg, 2008, p. 34-36.

务难度的角度来看,可将"编制立法规划(计划)"作为简单立法任务,"立法规划(计划)编制的制度化、科学化、实效化"作为复杂立法任务。若仅将"编制立法规划(计划)"这一简单立法任务作为地方立法的任务要求并依此选择评估指标,会出现两种结果:一是该立法主体未编制立法规划(计划),其立法能力当然处于较低水平;二是该立法主体编制了立法规划(计划),也仅仅反映其立法能力达到了最基本要求。原因在于,"编制立法规划(计划)"是判断其统筹规划能力的最基础标准,立法主体仅完成编制立法规划(计划)这一立法任务,很难说明其对立法的资源、项目、进程等进行的谋划与布局满足了地方立法资源分配合理化需要并保证了地方立法进程有序化展开。因此,在选择评估指标时,就应以"立法规划(计划)编制的制度化、科学化、实效化"这一复杂立法任务作为其任务指向,而非仅以"编制立法规划(计划)"这一简单立法任务作为其任务指向。

三、指标内容的核心维度

从地方立法能力评估的实践需求来看,地方立法能力评估指标体系核心维度的确定,绝不是根据评估主体的主观愿望和需要随意开列的一个清单,更不是简单地对国内外相关评估指标体系的内容予以生搬硬套,而是根据地方立法能力评估的目标和任务、地方立法能力的本质和内容,依从一定的理论基础和实践要求加以确定的。因此,地方立法能力评估指标体系的核心维度就应以立法主体在立法环节、程序、制度中运行立法权的过程为选取范围,从其具体立法行为体现的立法能力中加以选择。需要注意的是,这里的运行过程指向的是立法活动的整个过程,而非立法程序。[24]

---

〔24〕"立法过程"这一概念强调立法的阶段性、关联性和完整性,而"立法程序"这一概念强调的则是立法运作的规则性、严肃性,强调立法是一个遵守制度或受节制的过程。理解立法程序与立法过程的关系应当注意三点:(1)不能仅注意议会阶段或由法案到法的阶段的程序。在确立法案之前,在法案变为正式的法的过程中,在法案变为正式的法之后,立法主体在立法过程中都要履行一定的程序。(2)在立法活动整个过程中,由法案到法的阶段的立法程序,是整个立法程序体系的重点所在。(3)由于立法准备阶段在立法过程中往往实际上具有决定某一法案未来命运的作用,这一阶段的立法程序也相应地显得重要。但这一阶段同由法案到法的阶段相比,它是部分环节才存在的立法程序,而不似由法案到法的阶段,是所有环节都应当有立法程序。参见周旺生:《立法学》(第2版),法律出版社2009年版,第220~222页。

因此,运行过程中的具体行为与立法程序中的具体行为相关,但却不尽相同。立法程序中的具体行为,是地方人大及其常委会在立法活动中遵循法定的步骤和方法所实施的一系列具体行为;而运行过程中的具体行为不仅包括立法程序中的具体行为,还包括地方人大及其常委会在提案前和公布后的其他具体行为,即在整个立法过程中遵循法定的和非法定的步骤和方法所实施的一系列具体行为。从立法活动的一般规律来看,立法的整个过程可分为三个阶段,即立法的准备阶段、由法案到法的阶段和立法完善的阶段。从立法能力的角度来看,不同的立法阶段有各自不同的目标和任务,因此,根据各阶段具体行为所表现出的不同立法能力,可将地方立法能力评估指标体系分为三个核心维度。

(一)立法准备阶段的立法能力

立法准备是在有权机关正式提出法案之前所进行的、为正式立法提供条件以及奠定基础的立法活动。[25] 立法准备阶段作为立法过程的第一阶段,是正式立法活动的前期准备环节,与“由法案到法”的正式立法阶段相比,其基本功能在于为正式立法提供或创造条件并为下一阶段的立法提供服务,避免出现立法抵触、立法重复、立法抄袭等影响立法质量的问题。[26] 立法准备阶段一般包括以下具体行为:立法预测、立法调研、明确立法项目、采纳立法建议、编制立法规划和立法计划、立法起草等。从上述行为的内容和性质来看,该阶段的行为大都是在为法案到法的阶段提供条件和奠定基础,即发现立法所需的各类事实、规划立法工作的整体部署、起草拟提请审议的法案。因此,在立法准备阶段,地方人大及其常委会就应具备三种能力,即发现事实的能力、统筹安排的能力、法案起草的能力。其中,发现事实的能力,是指地方立法主体所应具备的,对影响立法的规律性事实、需求性事实、制度性事实进行认识和判断的能力;统筹安排的能力,是指地方立法主体所应具备的,基于对地方立法工作的科学判断而对立法的资源、项目以及进程等进行谋划与布局的能力;法案起

---

〔25〕 参见周旺生:《关于中国立法程序的几个基本问题》,载《中国法学》1995 年第 2 期。

〔26〕 参见赵静波:《地方立法准备的改革与完善——立法规划的突出地位》,载《当代法学》2003 年第 8 期。

草的能力，是指地方立法主体所应具备的，将法案所涉及的事项按照一定的体例、遵循一定的格式、运用妥当的词语形诸文字（书面化）的能力。

（二）由法案到法阶段的立法能力

由法案到法的阶段，是由提出法案到公布法之间的一系列立法活动所构成的立法阶段。由法案到法的阶段是立法过程的第二阶段，是最终决定法案质量和命运的阶段，因而也被称作“正式立法阶段”或“纯粹立法阶段”。[27] 由法案到法的阶段是地方人大及其常委会在立法过程中通过正式的立法程序产生法的阶段，该阶段的具体行为包括法案的评估、审议、表决和公布等。从上述行为的内容和性质来看，该阶段的行为大都是围绕法案并决定其是否能被表决通过的行为，即对法案的质量以及实施效果进行评价和预测、对有关法案的意见和利益诉求进行收集与甄别、对法案进行充分的审议和公正地表决。因此，在由法案到法的阶段，地方人大及其常委会就应具备以下三种能力，即立法前评估的能力、整合分歧的能力、凝聚共识的能力。其中，立法前评估的能力，是指地方立法主体所应具备的，对待审议法案的合法性、必要性、可行性、可能的社会效果等问题进行调查研究与综合判断，从而为法案的审议提供权威性意见的能力；整合分歧的能力，是指地方立法主体所应具备的，对有关法案的意见和利益诉求进行全面的收集与整理、有针对性地甄别与选择，从而将能够作为凝聚共识所依据的或对共识的凝聚产生实质影响的各类分歧纳入凝聚共识过程的能力；凝聚共识的能力，是指地方立法主体所应具备的，对法案进行充分的审议和公正地表决，使最终形成的法能够最大限度地体现公共意志和反映公共利益的能力。

（三）立法完善阶段的立法能力

立法完善的阶段，是由法在颁布施行之后的一系列立法活动和立法辅助工作所构成的立法阶段。虽然立法完善阶段是立法创制活动结束后所展开的阶段，但该阶段的有效展开能够进一步提高既有立法的质量，使

---

〔27〕 参见王建华、杨树人：《地方立法制度研究》，四川人民出版社 2009 年版，第 87 页。

其进一步臻于科学化、更宜于体现立法目的、适应不断变化发展着的立法需求。[28] 地方人大及其常委会在立法完善阶段的具体行为包括法的修改、补充、废止、清理、评估等。从上述行为的内容和性质来看,该阶段的行为大都是在法制定完成并实施了一段时间之后,针对其自身存在的缺陷或结合法在实施过程中出现的新情况、新问题而进行完善的行为。因此,在立法完善的阶段,地方人大及其常委会就应具备以下两种能力,即立法后评估的能力、完善立法的能力。其中,立法后评估的能力,是指地方立法主体所应具备的,对颁布施行后的法的实施效果、功能作用以及存在的问题进行调查研究,进而对立法的质量、价值加以综合判断的能力;完善立法的能力,是指地方立法主体所应具备的,对颁布施行后的法进行清理、修改、补充和废止以增强其内在的协调性与外在的适应性,使所立之法进一步臻于完善的能力。

第三节 评估指标体系的指标设计

一、评估指标的设计规则

(一)与评估目标相一致

地方立法能力评估的目标分为直接目标和间接目标两个层面的内容。与立法能力评估的直接目标保持一致,就是评估指标要具有现实性和适当性,即具体指标的选择应当依据既有的立法行为和制度实践而非来自凭空的想象或理论的假设,同时不应设计过高或过低的与立法主体的实际表现不相匹配的指标,从而能够最大限度地满足地方立法能力评估的实际需要;此外,还要求评估指标应在不同地方之间以及同一地方的不同时间之间具有可比性,因此在建构评估指标体系时,既要充分体现当时当地立法能力的特点、表现和条件而使评估具有相对的稳定性,又要对立法能力的未来发展有所预见而保持一定的连续性。与立法能力评估的

〔28〕 参见周旺生:《关于中国立法程序的几个基本问题》,载《中国法学》1995 年第 2 期。

间接目标保持一致，就是评估指标应具有导向性，选取和设计那些对提升地方立法能力具有指引作用的指标，为地方立法能力建设提供明确的工作要点和努力方向。

（二）具备可靠的依据

地方立法能力评估指标的设置依据与评估的对象、评估的目标以及评估的内容密不可分，它是联结评估对象、目标、内容与具体指标的中介，科学、客观、合理的设置依据能够正确反映地方立法能力的性质和特征，有利于科学地选择和设计评估指标、建构评估指标体系。[29] 作为设计具体评估指标的直接根据，地方立法能力评估指标设置依据的界定是决定整个评估工作和评估指标体系建构成败的关键因素。因此，在界定地方立法能力评估指标的设置依据时，应注意以下两个方面的问题：其一，应保证设置依据本身的科学性和客观性。[30] 在最理想的情况下，指标设置依据的界定应以规范性文本以及权威机构（如全国人大及其常务委员会）所确定的各类法定要求、制度措施、政策目标等为依据；但在缺乏相关权威依据的情况下，指标设置依据的界定也应当以具备充分实践经验和理论基础的、经实务界和理论界广泛讨论并达成共识的内容为依据，而不能以主观臆断、似是而非的内容为依据。其二，指标设置依据的界定应与不同层级的评估对象、目标、内容相匹配。地方立法能力评估指标体系是按照“宏观、中观、微观”的分类方法逐级进行安排的三级指标体系，不同层级的评估对象、目标、内容决定了应当界定不同的指标设置依据，以满足对地方立法能力进行科学、全面评估的需要。

（三）保持指标体系内部的联系性和独立性

地方立法能力评估指标体系不是孤立指标的简单组合，而是由一系

〔29〕 参见夏正林、王胜坤、林木明：《地方立法评估制度研究》，法律出版社2017年版，第105页。

〔30〕 正如美国政策分析专家邓恩所指出的，如果评估者将自以为是的设置依据等同于社会公认的价值标准并应用于政策评估，那么，即使评估广泛应用了诸如实验设计、数学统计、随机抽样、问卷调查、社会审计等计量化的评估方法，依然只是一种“假评估”，其引导政策实践的功能是十分有限的。参见张国庆：《现代公共政策导论》，北京大学出版社1997年版，第212页。

列相互联系、相互制约的评估指标构成的协调统一整体，从而以各种指标的不同性质和指向来共同反映地方立法能力总体的综合特征。因此，指标体系中不同层次的各个具体指标应当在立法能力的涵摄范围内，保持其含义、内容、评估标准等方面的相互衔接，综合、全面地反映地方立法能力各个组成要素之间的内在联系以及规律。同时，指标体系中同一层次的各具体指标应是相互独立的。具体指标之间相互独立，即指标与指标之间不相互重叠，特别是具体指标的评估内容应避免彼此重复，这样才能保证评估本身的科学性。但是，实现指标之间的完全独立并非易事。这就需要认真分析评估层次的实质与内涵，比较该层次下指标与指标间的相互关系，从不同的指向和范围上选取和设计具体指标，以便相互弥补、相互验证。[31]

（四）明确具体评估指标的概念

地方立法能力评估指标体系是将地方立法能力的外在表现与内在要求进行可操作化、可测量化后建构而成的评估指标体系，而可操作化和可测量化的前提在于评估指标具备明确的概念；此外，也只有明确了指标的概念，评估才能按照科学的原则取得准确的评估信息和数据。因此，在确定某一具体评估指标后，就必须对该指标的含义作出明确解释，指出它的内涵和功能以及在指标体系中所处的位置，以便从根本上与其他评估指标相区别。此外，从实质上明确指标的含义只是解决了该概念的核心内容，而要明确具体评估指标的概念，还需要在其含义的制约下明确其概念所指向的范围。

（五）保证评估指标的联系性、典型性和可操作性

地方立法能力的评估指标并不是独立存在的，而是将抽象的或无法衡量的立法能力概念，如“了解社会生活的实际情形、真实的立法需要”，转化为可以考察和分析这一概念的可操作性术语，如“充分发现事实的能力”。因此，评估指标必须始终与它所代表的不可测量的立法能力概念相

---

〔31〕 参见汪全胜等：《立法后评估研究》，人民出版社2012年版，第336页。

联系。

同时,由于立法能力涉及的内容极广,几乎立法过程的各个方面都与立法能力有不同程度的关联,所以,地方立法能力评估是一个非常复杂的实践活动。这也就决定了地方立法能力评估指标的设计,不可能也不应当面面俱到、涵盖所有可能对立法能力有影响的因素;同时,不同评估指标反映的是地方立法能力的不同侧面,其对展开地方立法能力评估起到的作用和影响也有较大区别。因此,地方立法能力评估指标的选择和设计应当保证评估指标的典型性,即在选择和设计地方立法能力评估指标时应当抓住重点,在基本保证评估结果的客观性、全面性的前提下,尽可能地选择和设计那些能切实反映地方立法能力状况和发展规律的核心指标,减少或舍去那些对评估结果影响不大的指标,并且按照指标对地方立法能力影响的重要性程度和作用大小来确定分值。[32]

此外,地方立法能力评估指标的选择和设计还应保证评估指标的可操作性。从理论上来看,那些能够切实反映地方立法能力状况和发展规律的核心指标都应纳入评估指标体系之中,从而对地方立法能力进行全面评估;但从实践来看,只有那些评估所必需的信息和数据是能够收集和测量的核心指标,才能够成为地方立法能力评估指标体系中的评估指标。因此,这就要求评估指标的选择和设计应处理好理论上的重要性和实践上的可行性之间的矛盾:一是选择那些信息和数据是易于收集的评估指标,并保证信息来源渠道的可靠性以及数据收集的准确性与客观性。二是要保证评估指标概念的简单明了,并能通过简便易行的计算方法进行量化赋值。三是收集信息和数据的成本不宜过高,应尽可能地选择那些收集成本较低、易于从各种现有渠道(文本、数据库、官方资料等)获取的指标;对于那些内容虽然重要但信息和数据收集工作成本很高的评估指标,可以考虑舍弃或换个角度加以设计。[33]

---

〔32〕 参见俞荣根主编:《地方立法质量评价指标体系研究》,法律出版社 2013 年版,第 223 页。

〔33〕 参见俞荣根主编:《地方立法质量评价指标体系研究》,法律出版社 2013 年版,第 223 ~ 224 页。

二、评估指标的设置依据

科学有效且具备可操作性的评估指标体系是保证地方立法能力评估顺利展开的前提,而指标根据可靠的依据进行选择和设计则是保证评估指标体系科学有效且具备可操作性的基础。从整体上来看,评估指标的设置依据应充分体现和反映科学立法、民主立法、依法立法这三项立法原则的基本要求:地方立法主体的制度建构与运行、立法权的行使过程以及具体的行为结果都应符合法定的权限和程序,都应反映人民的意见和要求并实现人民群众对立法的有序参与,都应体现并遵循立法的内在规律,也即地方立法只有在满足科学立法、民主立法、依法立法的基本要求时,才意味着该地方立法主体具备了较高的立法能力。根据地方立法能力评估指标体系所确定的评估对象以及评估目标,可将评估指标的设置依据界定为:在立法准备阶段这一评估维度中,由于该阶段的能力表现为对立法前的必要工作进行有效安排,因此该维度的指标应以充分地发现事实、系统地进行规划、科学地起草法案作为设置依据;在由法案到法阶段这一评估维度中,由于该阶段的能力表现为对法案进行科学审议,因此该维度的指标应以客观地评估法案、准确地整合分歧、有效地凝聚共识作为设置依据;在立法完善阶段这一评估维度中,由于该阶段的能力表现为发现所立之法在实施中的实际情况并加以完善,因此该维度的指标应以科学地评估立法、全面地完善立法作为设置的依据。

具体而言,评估指标的设置依据包括以下三种:一是规范依据,即各种规范文件中与判断立法能力直接相关的诸种规定或表述,如关于立法主体的组织原则、建置规则、运行方式、活动形式、立法程序等,或与判断立法能力间接相关的诸种规定或表述,如地方人大及其常委会在立法过程中的地位、作用、方法等;二是制度依据,即以具体制度形式加以表现的判断依据,如地方人大及其常委会的起草、审议、表决、完善等制度;三是实践依据,即地方立法在实践中表现出来的判断依据,如地方人大及其常委会编制立法规划(计划)、立法调研、立法清理、立法废止等具体实践情况。需要指出的是,若某一制度或实践为大多数地方所运用,那么可将该制度或实践作为评估指标的设置依据;若仅为个别地方的制度或实践,除该制度或实践对地方立法能力判断有实质影响或对地方立法能力建设起到重要作用之外,不宜将其作为评估指标的设置依据。

三、评估指标的量化赋值

(一)立法能力评估指标的量化方法

任何一个维度的地方立法能力都不可避免地要使用多重指标加以评估,但评估内容的自身属性则限制了对其进行直接评估的可能性。因此,地方立法能力的评估指标需进行量化处理,即根据评估指标的内容和性质采用不同的测量尺度予以数量化,并在量化的基础上对指标进行一元化处理,使不同指标的评估标准统一化。

评估指标的量化方法很多,如排队打分法、体操计分法、两两比较法、连环比率法、综合评分法、格栅获取法等。其中,最适宜作为地方立法能力评估指标量化方法的当为格栅获取法。[34] 借鉴格栅获取法的量化方法,可将地方立法能力评估指标的实现程度进行差别化区分,并用分为三档的线性尺度加以表示(见图3-2)。

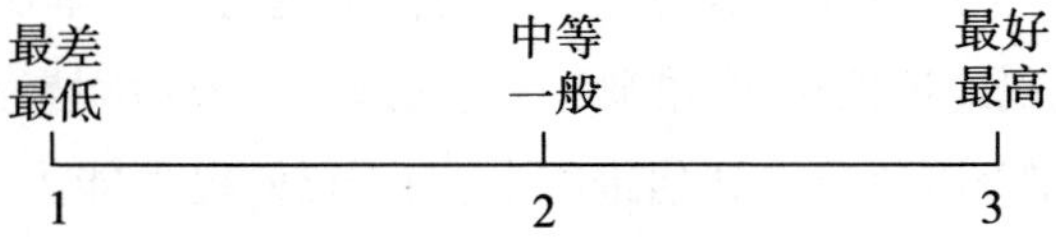

图3-2　地方立法能力评估指标实现程度的判断

界定评估指标的内容实际上已经完成了格栅组成元素的确定,因此量化主要是对评估指标的实现程度作出区分,然后按照确定的权数以及评分标准对指标的实现程度进行判断打分,进而得到完整的格栅。

〔34〕 格栅获取法是凯勒(Kelly)于1955年提出的"个人结构理论"(Personal Construct Theory)中的一个判别思考模型。一个格栅(Grid)由元素(Element)和属性(Attribute)组成,每一个元素都可以被属性的一极或另一极描述;而一个元素的属性可以用一个线性的尺度来表述,用怎样的尺度在整个过程中应当是一致的。参见贠杰、杨诚虎:《公共政策评估:理论与方法》,中国社会科学出版社2006年版,第246~247页。

(二)立法能力评估指标的权数确定

评估指标的权数,即由具体数值所表示的指标重要程度,权数越大,该指标在评估指标体系中的重要程度也就越高。[35] 对于多指标的综合评估而言,根据指标体系内不同指标的内容和特点来确定指标的具体权数,是一项非常重要而且关键的工作。[36] 地方立法能力评估指标体系采用多重指标对地方立法能力进行综合评估。因此,在对评估指标进行量化之后,就需要对各个具体指标赋予相应的权数。

在多指标的综合评估中,指标权数的确定包括主观赋权法和客观赋权法两种主要方式;相较而言,在指标数量较多、指标体系较复杂时,主观赋权法比客观赋权法更能获得较准确的评估结果。[37] 无论采取哪种方式,地方立法能力评估指标权重的确定都应兼顾权重的系统性和客观性。首先,地方立法能力评估指标体系不是孤立指标的简单组合,而是由一系列相互联系、相互独立的评估指标构成的协调统一整体,每一个具体指标都是评估指标体系的有机组成部分。这就要求在确定具体评估指标的权重时应以系统性作为出发点和追求目标,不能仅考虑某一指标自身的地位和作用,而是要将其置于指标体系之中进行整体考量,权衡其在指标体系整体中的地位及其作用,使不同层级的指标之间、同一层级的不同指标之间保持协调。其次,评估指标是对地方立法能力不同侧面的客观反映,并通过其科学具体的形式为评估活动提供明确的方向,进而降低主观偏见对评估活动的不利影响。这就要求在确定具体评估指标的权重时应客观反映该具体指标在地方立法能力评估中的真实地位和作用,排除主观因素和外部环境的影响,确保权重的客观性。

---

〔35〕 参见朱孔来:《〈统计评价学〉基本框架体系研究》,载中国统计科学研究网 2010 年 3 月 8 日,http://www.nssc.stats.gov.cn/kychg/jhxm/201004/t20100413_1437.html。

〔36〕 参见俞荣根主编:《地方立法质量评价指标体系研究》,法律出版社 2013 年版,第 232 页。

〔37〕 主观赋权法,即根据专家的主观经验判断而确定指标的具体权数,如模糊方程求解法、专家决策咨询法、专家排序法、古林法、层次分析法、德尔菲打分法等;客观赋权法,则是依据指标之间的相关关系或各项指标的变异系数来确定指标的具体权数,如离差最大化法、均方差方法等。参见李志强:《法律影响评估指标体系研究》,山东大学 2016 年博士学位论文,第 164 页。

地方立法能力评估指标体系是由8个一级指标、23个二级指标、60个三级指标组成的，涵盖立法准备阶段、由法案到法阶段、立法完善阶段整个立法过程的复杂体系。因此，主观赋权法更符合地方立法能力评估指标体系的要求。此外，一般来看，虽然多指标的综合评估应当针对不同的指标确定不同的权数，但对于地方立法能力评估指标体系而言，却很难将各个指标的影响力大小作出非常明确的区分，进而确定各自不同的权数。原因在于，立法是一个环环相扣、首尾相连的动态过程，其间的行为和制度都是彼此影响、相互支撑的；同理，由这些行为和制度所表征的各类地方立法能力也同样是彼此影响、相互支撑的，很难在实践中明确区分出哪种能力更为重要、哪种能力对提升立法质量而言较为次要。这也就意味着，从不同侧面体现和反映地方立法能力的具体评估指标，难以根据地方立法能力的重要程度来确定不同的权数，从而通过差别化的权数来表现具体指标的影响力差异。如在凝聚共识的能力中，我们很难就"是否实现参与主体的多元化"与"是否保证参与主体主张与利益诉求的充分表达"两个三级指标之间哪个更重要作出明确区分并赋予不同权数，因为若失去了多元主体对审议程序的参与，即使保证了参与主体主张与利益诉求的充分表达，也不能表明地方立法主体的能力处于较高水平；而若参与主体的主张与利益诉求无法得到充分表达，即使实现了多元主体对审议程序的参与，也不意味着地方立法主体具备了较高的能力。

因此，由于实践中难以明确区分，加之为了操作和计算的便利，这里就可以对地方立法能力评估指标体系中的三级指标进行等比例赋值，即将各个三级评估指标的权数均确定为2分，进而通过不同数量的三级指标及其分值来反映一级指标和二级指标的权重差异。由此，地方立法能力评估指标体系的整体分值为120分：立法准备阶段这一评估维度的总权数为48分（占比为40%），其中，发现事实的能力、统筹安排的能力、法案起草的能力三个一级指标的权数分别为18分（占比为15%）、16分（占比约为13%）、14分（占比约为12%）；由法案到法阶段这一评估维度的总权数为36分（占比为30%），其中，立法前评估的能力、整合分歧的能力、凝聚共识的能力三个一级指标的权数分别为14分（占比约为12%）、10分（占比约为8%）、12分（占比为10%）；立法完善阶段这一评估维度的总权数为 36 分（占比为 30%），其中，立法后评估的能力、完善立法的能力两个一级指标的权数分别为 14 分（占比约为 12%）、22 分（占比约为 18%）。

（三）立法能力评估指标的评分标准

指标的评分标准是对评估内容实现程度的直观反映，是评估指标的构成要素之一。一般而言，评估指标的评分标准可分为两种，即二档次评分标准和多档次评分标准。二档次评分标准，即将评分设为两个档次，符合指标要求的给满分，不符合指标要求的不给分；[38] 多档次评分标准，即将评分设为多个档次，完全符合指标要求的给满分，部分符合的给满分以下 0 分以上的分数，完全不符合的不给分。[39]

为保证地方立法能力评估的准确性，地方立法能力评估指标体系的评分标准应选择多档次评分标准。根据前文确定的量化方法和指标权数，可将地方立法能力评估指标体系的评分标准界定为：当评估对象完全符合指标要求时给 2 分，部分符合指标要求时给 1 分，完全不符合指标要求时给 0 分。如在对“立法规划（计划）编制的专门规定是否完整”这一三级指标进行评分时，可将其评分标准界定为：“专门规范地方立法的条例或其他类似规范中对立法规划（计划）的专门规定包括编制主体、编制程序、编制方法、实施保障的，得 2 分；仅对立法规划（计划）作原则性规定或部分规定，未对上述四点内容进行完整规定的，得 1 分；未对立法规划（计划）进行规定的，得 0 分。”

---

〔38〕 如地方立法实施效果评估中“地方立法制定实施后本地方的事务是否得到合理规范和有效处理”这个二级指标的评分标准，“地方立法制定实施后本地方事务得到合理规范和有效处理给 5 分，没有得到合理规范和有效处理不给分”。参见俞荣根主编：《地方立法质量评价指标体系研究》，法律出版社 2013 年版，第 233～234 页。

〔39〕 如法治政府评估中“是否建立了重大决策预公开制度”这个三级指标的评分标准，“就重大决策预公开制度制定了专项规定的，得 5 分；未制定专项规定，但在其他规定中有详细内容（包括预公开的范围、方式、程序等）的，同样得 5 分；内容不全面，明确其中两项的，得 3 分；仅规定一项的，得 2 分；内容过于简略，如只是简单复述《关于全面推进政务公开工作的意见》中的内容的，得 1 分；无任何表述的，不得分”。参见中国政法大学法治政府研究院编：《中国法治政府评估报告（2017）》，社会科学文献出版社 2017 年版，第 93～94 页。

第四章

立法准备阶段的能力评估指标

立法准备阶段在整个立法过程中往往实际上决定着某一法案的未来命运,立法准备活动是否充分、科学,直接关系着所立之法是否成功、科学和行之有效。[1] 立法准备阶段是整个立法过程的第一阶段,该阶段一般包括立法预测、立法调研、明确立法项目、编制立法规划和立法计划、采纳立法建议或创议、立法起草等具体行为。从上述行为的内容和性质来看,该阶段的行为大都是在为法案到法的阶段提供条件和奠定基础,即发现立法所需的各类事实,规划立法工作的整体部署,起草拟提请审议的法案。因此,为保证由法案到法这一阶段的顺利展开并最终实现所立之法的科学和有效,在立法准备阶段,地方人大及其常委会应当具备发现事实的能力、统筹安排的能力以及法案起草的能力。

第一节　发现事实的能力及其评估指标

一、立法事实的含义与类型

(一)立法事实的含义

立法事实,是指当下与未来社会生活中能够对法的新立、修改、废止、解释产生实质影响的综合性社会事实。立法事实具有以下特性:

第一,立法事实属于社会事实。事实是对能够为人类的感性经验感知到的存在物(感觉呈现的客体),以及人类思维可以把握到的存在物(思维中的客体)的总称。[2] 其中,在自然界中存在的事实为自然事实,在社会生活领域中存在的事实为社会事实。立法是产生并运行于人类社会生活的特殊实践活动,有关立法的事实当然属于社会事实。因此,立法事实是一切能为人类所感知和把握的、对立法行为有约束力或产生影响的社会事实。

第二,从认识论的角度出发,立法事实既涉及对当下社会生活中即存

[1] 参见周旺生:《关于中国立法程序的几个基本问题》,载《中国法学》1995 年第 2 期。

[2] 参见龚群:《论社会事实与三种价值的内在关系》,载《中国人民大学学报》2005 年第 1 期。

事实的认识,又涉及对未来社会生活中不确定事实的设想。立法事实旨在表征立法者对立法所关涉的事实问题的主张与看法,它包含以下两层含义:一是事实论断,即立法者对某种即存事实状态的主张;二是预测决定,即立法者对未来事物情况的设想。[3]

第三,立法事实是有别于判决事实的社会事实。判决事实指向的是特定案件和具体当事人的个别性事实,即关于什么人、在什么地点、于什么时间、以什么方式、基于什么动机或意图、做了什么的事实。[4] 相较于判决事实,立法事实指向的则是普遍的、涉及不特定当事人的综合性社会事实。

(二)立法事实的类型

在对立法事实类型的区分上,有学者在弥补比例原则结构与"目的—手段"结构之不完备性的基础上,认为立法事实包括与立法目的有关的事实、与立法的手段和目的之关联性相关的事实、作为法益衡量之前提的事实;[5]有学者从立法事实的表现形式上,将行政立法领域的立法性事实总结为四种主要类型,即客观性事实、制度性事实、法定性事实和阐释性事实;[6]有学者根据事实的基本属性,将立法事实分为社会事实和制度事实两种。[7] 从能够决定和影响立法行为的角度来看,可将立法事实分为以下三种类型:

1. 规律性事实

规律性事实,即关于立法规律的综合性社会事实。尊重、认识、把握和反映客观规律,是实现立法目的的必然要求。[8] 作为一种运行于人类社会生活中的特殊实践活动,立法的产生与发展必然受到社会生活发展

---

〔3〕 参见蒋红珍:《论适当性原则——引入立法事实的类型化审查强度理论》,载《中国法学》2010 年第 3 期。

〔4〕 参见凌维慈:《宪法诉讼中的立法事实审查——以美国法为例》,载《浙江社会科学》2006 年第 6 期。

〔5〕 参见陈鹏:《合宪性审查中的立法事实认定》,载《法学家》2016 年第 6 期。

〔6〕 参见于立深:《行政立法性事实研究》,载《法商研究》2008 年第 6 期。

〔7〕 参见王怡:《论立法过程中的事实论证》,载《政治与法律》2018 年第 7 期。

〔8〕 参见李培传:《论立法》,中国法制出版社 2013 年版,第 150 页。

规律的影响和约束;同时,作为一种科学的实践活动,立法的产生与发展也必然受到其自身发展规律的影响和约束。因此,可将影响和约束立法的社会生活发展规律统称为“立法的外在规律”,将影响和约束立法自身的发展规律统称为“立法的内在规律”。立法的外在规律,即那些受法规范所调整的,同时又能决定立法的客观事物的发展规律,如政治经济文化的发展规律、国家治理体系和治理能力现代化的建设规律、全面深化改革的客观规律等。立法的内在规律,即立法在实践过程中形成的规范、约束、成就自身的发展规律,如法律体系的建构规律、维护内部秩序与外部秩序统一的规律、结构完整与融贯的规律等。

2. 需求性事实

需求性事实,即关于立法需求的综合性社会事实。立法需求是变革或创设法律规范的需求,而对立法存有需求的事实则是进行立法活动的原因和根据。〔9〕根据立法需求产生的原因不同,可将需求性事实分为权益实现的需求性事实和自我完善的需求性事实。权益实现的需求性事实,即因权益诉求得不到制度供给的充分实现而产生的需求性事实,是指社会群体的合理权益诉求(群体权益实现的不足),因不能为既有的政策、道德等其他社会规范调整机制所有效满足并不为已然的法律制度所切实对应(共同制度供给的不足),而产生的变革或创设法律规范的需求性事实。〔10〕自我完善的需求性事实,即因立法自身的不完善而产生的需求性事实,是指当前的立法体制机制、价值理念、体系架构、技术手段等,因不能满足国家治理体系和治理能力现代化建设、全面推进依法治国以及全

〔9〕 立法需求是《立法法》所确定设区的市开始制定地方性法规的具体步骤和时间的具体因素之一。《立法法》第72条第4款规定:“除省、自治区的人民政府所在地的市,经济特区所在地的市和国务院已经批准的较大的市以外,其他设区的市开始制定地方性法规的具体步骤和时间,由省、自治区的人民代表大会常务委员会综合考虑本省、自治区所辖的设区的市的人口数量、地域面积、经济社会发展情况以及立法需求、立法能力等因素确定,并报全国人民代表大会常务委员会和国务院备案。”

〔10〕 在一定的社会主体围绕自身的利益诉求开展社会求取的过程中,当出现不仅仅为自己,而且同时为身处同样处境的每一位社会成员来争得其均应获得的正当利益时,社会需求的问题就转变为制度的“自身”问题,即社会主体的合理诉求在现行的制度框架内并未被容纳或者说未被明确地承认的问题。参见石东坡:《立法需求的生成与确立问题探究——析〈立法法〉第72条第4款》,载《法学论坛》2016年第1期。

面深化改革对立法的要求,而产生的变革或创设法律规范的需求性事实。

3. 制度性事实

制度性事实,即影响立法过程的制度事实。人类世界早已不再被物理性事实和真实所独占,制度性事实已经强有力地进入并直接影响着我们的生活。[11] 对立法而言,能够对立法过程产生实质性影响的事实,已经不仅仅局限于规律性事实以及需求性事实,还包括制度性事实。借鉴正式制度与非正式制度的划分,[12]可将制度性事实区分为正式的制度性事实与非正式的制度性事实。正式的制度性事实,是指在一定程度上决定或限制未来立法行为的效力、内容、权限的,一个或一系列正在生效的政治制度、经济制度、法律制度等。以法律制度为例,在法律规范的等级次序中,上位法构成了下位法的制度性事实;同时,当同位阶的法律规范能够限制立法行为时,该法律规范亦可作为其他法律规范的制度性事实。[13] 非正式的制度性事实,是指不以正式制度的形式存在,但能够影响立法行为的其他行为规范或行动准则,如党的政策、政治惯例、社会习俗、村规民约等。在现代法治社会中,这些促成非正式合作的行为规范或行动准则不仅具有存在的必要性,还对立法行为有真实而重大的影响,是立法所必须考虑的制度性事实。“法律制定者如果对促成非正式合作的社会条件缺乏眼力,他们就可能造就一个法律更多但秩序更少的世界。”[14]

二、发现事实能力的理论分析

准确地认识和判断立法事实是使法符合立法事实的两个重要前提之

---

〔11〕 See Neil Macormick, *Norms, Institutions, and Institutional Facts*, Law and Philosophy, Vol. 17:3, p. 301 - 345(1998).

〔12〕 一般而言,制度可以分为正式制度与非正式制度。正式制度是指人们自觉发现并加以规范化和一系列带有强制性的规则;非正式制度是正式制度的延伸阐释或修正,它是得到社会认可的行为规范和内心行为准则。参见[美]道格拉斯·C. 诺思:《制度、制度变迁与经济绩效》,杭行译,格致出版社、上海人民出版社 2008 年版,第 56 页。

〔13〕 以设区的市制定地方性法规为例,依《立法法》第 72 条第 2 款的规定,宪法、法律、行政法规和本省、自治区的地方性法规就作为设区的市制定地方性法规的制度性事实而存在。

〔14〕 [美]罗伯特·C. 埃里克森:《无需法律的秩序——相邻者如何解决纠纷》,苏力译,中国政法大学出版社 2016 年版,第 304 页。

一,其实现程度主要取决于立法者的认识条件和能力。[15] 此一对立法事实(规律性事实、需求性事实、制度性事实)进行认识和判断的能力就是发现事实的能力。

(一)科学立法的实现与发现事实的能力

是否对事实背后的规律达到清晰的认知,以及在事实基础上采取的手段是否能有效地实现目的,是实践活动中的“科学”所关注的两个要点。[16] 其中,无论是对规律的清晰认知,还是对“目的—手段”的判断,都离不开对事实的发现。同理,立法作为人类社会生活中的特殊实践活动,其科学化的实现也必然建立在发现立法事实的基础之上。因此,发现事实的能力就当然成为实现科学立法的前提。

第一,发现事实是使立法符合其规律的前提。“事物的法的本质不应该去迁就法律,恰恰相反,法律倒应该去适应事物的法的本质。”[17] 在立法中,“事物的法的本质”指的就是立法的本质规律。使立法符合立法的规律有两个重要的前提:一是立法者要准确地认识和判断立法的规律;二是立法者在立法的整个过程中必须充分地遵循和运用立法的规律。[18] 科学立法的核心就在于准确地认识和判断立法规律,并在立法过程中予以充分地遵循和运用。认识和判断立法规律,就是通过对法所调整的社会生活以及立法自身的现状与未来进行科学的预测、调研和论证,认识和判断作为立法的调整对象和展开背景之社会生活的客观运行规律、立法发展过程中以及各种立法现象本身所蕴含的客观发展规律,从而为充分地遵循与运用立法规律指明清晰的路径并提供必要的指引。前文已述,立法规律属于立法事实中的规律性事实;而发现立法规律,就是发现暗含于各种立法事实背后的客观规律。由此可见,发现规律性立法事实的能力,就成为认识和判断立法规律并在立法过程中予以遵循和运用的前提,

---

〔15〕 参见刘松山:《科学立法的八个标准》,载《中共杭州市委党校学报》2015 年第 5 期。

〔16〕 参见裴洪辉:《合规律性与合目的性:科学立法原则的法理基础》,载《政治与法律》2018 年第 10 期。

〔17〕《马克思恩格斯全集》(第 1 卷),中共中央马克思恩格斯列宁斯大林著作编译局译,人民出版社 1956 年版,第 139 页。

〔18〕 参见刘松山:《科学立法的八个标准》,载《中共杭州市委党校学报》2015 年第 5 期。

也即使立法符合其规律的前提。

第二,发现事实是使立法实现其目的的前提。作为人类社会生活中的特殊实践,立法活动当然属于人类整体实践活动中的一部分,即以实现一定目的而为之的社会实践活动。“立法活动的中心不是逻辑而是生活的意义,法律是一种具有某种社会目的的实践活动,它是实现各种社会目的的手段。”[19]从这一功能主义的视角出发,立法的科学化需围绕立法的目的加以展开,并以立法目的的实现程度作为判断立法科学与否的标准。在具体的立法活动中,这一科学化的目的性要求,就是要最大限度地满足变革或创设法律规范的需求,即科学的立法应当是能够满足立法需求的立法。

学界尚未对立法需求的性质和内容达成共识。有学者认为,立法需求是为适应改革的特点和目标而从立法的体制、立法的价值、立法的体系以及立法的技术等方面对法律规范体系进行完善的需求;[20]也有学者认为,立法需求是客观需求(因社会关系的发展或社会问题的出现而对立法提出的需求)与主观需求(因既有的利益冲突调整机制不能满足社会关系主体的需要而对立法提出的需求)的统一;[21]还有学者认为,立法需求是以社会关系为变革客体、以法律规范为产出对象的共同制度供给需求。[22]对立法需求的性质和内容存在争议并不影响对立法需求本质内涵的认识,即立法需求总是变革既有法律规范或创设新法律规范的客观需要,对这一客观需要的满足乃立法所追求的核心目的。显而易见的是,对立法需求的满足需建立在认识和判断立法需求之上,立法目的的达成需以发现真实的、普遍存在的立法需求为基础。前文已述,立法需求属于立法事实中的需求性事实;而发现立法需求,就是发现潜在于各种立法事实中的普遍需要。由此可见,发现需求性立法事实的能力,就成为认识和判断立法需求并通过法律规范的变革或创设对其予以满足的前提,也即

---

〔19〕 裴洪辉:《合规律性与合目的性:科学立法原则的法理基础》,载《政治与法律》2018 年第 10 期。

〔20〕 参见杨宗科:《试论我国社会转型期的立法需求》,载《理论导刊》1994 年第 6 期。

〔21〕 参见郭道晖主编:《当代中国立法》(上册),中国民主法制出版社 1998 年版,第 193 页。

〔22〕 参见石东坡:《立法需求的生成与确立问题探究——析〈立法法〉第 72 条第 4 款》,载《法学论坛》2016 年第 1 期。

使立法符合其目的的前提。

第三,发现事实是使立法维持其秩序的前提。立法领域的基本秩序,包括立法与法律体系内在秩序的统一以及立法与法律体系外在秩序的统一两个方面的内容。立法与法律体系内在秩序的统一,是指法的制定、修改、废除、解释应受法律体系内在制度(规则)的规范或制约并与其相适应,如"法律的内在道德"所要求的融贯性、稳定性、明确性等。[23] 立法与法律体系外在秩序的统一,是指法的制定、修改、废除、解释的整个过程应受社会整体运行制度(规则)的规范或制约并与其相适应,如政治秩序、经济秩序、文化秩序等。值得注意的是,社会整体的运行规则不仅包括社会关系中显在的外部运行规则,还包括规范社会内部秩序的内部规则,如行业惯例、社会习俗、村规民约等。"和外部行为相适用的外部规则虽然是人类社会重要的治理工具,但是它却不能替代维护内部秩序的内部规则,否则根植于内部秩序的个人行动自由就会受到侵犯。"[24]

因此,要实现立法领域的基本秩序,最关键的就是使立法过程与相应的制度(规则)相符合。而要使立法过程与相应的制度(规则)相符合,就必须充分、全面地认识和判断那些能够决定或影响立法过程的制度(规则)。前文已述,影响立法过程的制度(规则)属于立法事实中的制度性事实;而发现影响立法过程的制度性事实,就是充分、全面地认识和判断那些以制度形式普遍存在于各种立法事实之中的制度(规则)。由此可见,发现制度性立法事实的能力,就成为使立法过程与相应的制度(规则)相符合、实现立法领域基本秩序的前提,也即维持立法统一的前提。

(二)发现事实能力的表现形式

从认识论的角度来看,发现事实的能力虽针对的是客观存在的立法

---

〔23〕 参见[美]富勒:《法律的道德性》,郑戈译,商务印书馆2005年版,第55~111页。

〔24〕 邓正来:《法律与立法的二元观——哈耶克法律理论的研究》,上海三联书店2000年版,第85页。

事实,但其发挥却受到社会学研究中实证主义和人文主义的双重影响。[25] 其一,立法事实是处于社会关系中的人所建构和完善的社会事实,与外在于人类社会的自然事实不同,对立法事实的认识和判断必然受到参与其中的人的主观意志影响,“解释和辨别是行动在任何时候都不可忽视的因素”。[26] 其二,并非所有的社会事实都是立法事实,只有那些普遍存在于社会生活之中,能够对法的新立、修改、废止、解释产生实质影响的社会事实,才属于立法事实;这也就意味着立法事实的确定是立法者对大量社会事实进行甄别与筛选的结果,而这种甄别与筛选必然会受到立法者主观价值或“前认知”的影响,即立法事实的确定受制于立法者本人的主观判断。由此可见,发现事实能力的良好发挥,既需要重视立法者与立法事实之间的互动关系,注重运用人文主义的方法或态度,避免立法者过分关注纯粹的客观事实而忽视立法事实背后的内在意义,避免使对立法事实的认识和判断成为社会现象的简单复写;又需要正视立法者与立法事实之间客观存在的距离,注重运用实证主义的方法或态度,避免立法者用自我的价值偏好掩盖立法事实的真实情况,使对立法事实的认识和判断成为立法者的主观臆想。

根据此种要求,发现事实的能力就应包括以下三种具体表现形式:第一,立法预测,即针对未来社会生活中的不确定事实进行的认识和判断;第二,立法调研,即针对当下社会生活中的即存事实进行的认识和判断;

---

〔25〕 社会学中实证主义和人文主义有较大的差异。从研究特征来看,实证主义社会学对“科学建构”的强调依赖于把自然科学作为社会理论构造的模式,认为科学的目的就在于对现象的因果性作出说明,并在此基础上对现象的未来发展趋势作出预测;人文主义社会学的研究对象则是导致人们行动的内在意义,它强调人类行为中那种使人类能唯一进入创造性领域的性质,认为人们应该从日常的、平凡的事物出发,研究人类对社会现象作出的解释以及赋予它们的意义,而不是简单地还原于自然规律的水平。从研究取向上来看,实证主义研究取向较为强调运用自然科学的方法,使用一定的检测手段对研究结果进行严谨的验证;人文主义研究取向则更加重视反省自己(行动者)与研究对象之间的互动关系。从研究结构上来看,实证主义注重用研究结果来扩展知识,讲究知识生成的“科学性”和知识推广的“普遍性”;人文主义则着眼于当下的构成性理解,强调对社会行为本身的“理解”与“诠释”,并通过这种“诠释”来生成新的社会现实。参见文军:《论社会学研究的三大传统及其张力》,载《南京社会科学》2004 年第 5 期。

〔26〕 [美]杰弗里·亚利山大:《社会学二十讲:二战以来的理论发展》,贾春增等译,华夏出版社 2000 年版,第 17 页。

第三，立法论证，即针对社会事实中能够对法的新立、修改、废止、解释产生实质影响的社会事实进行的认识和判断。

三、发现事实能力的评估指标

（一）关于立法事实的预测

1. 指标的设置依据

立法预测，是指运用科学的方法和手段，对社会生活以及法律体系的未来状况和发展趋势进行预见和测算的专门活动。在立法实践中，立法预测具备以下功能：

第一，立法预测有助于发挥立法的引领和推动作用。"小智治事，中智治人，大智立法。"[27] 发挥立法在国家治理体系和治理能力现代化中的引领和推动作用，离不开对社会生活以及立法的未来状况和发展趋势作出科学的预见和测算。立法预测的基本任务和目的就在于，预见并测算暗含于各种立法现象背后的发展规律以及内含于社会关系中的多元需求，使立法与社会生活、法律体系中的发展规律和多元需求相匹配，避免落入"头痛医头，脚痛医脚"的不良局面，发挥立法的引领和推动作用。

第二，立法预测有助于立法规划（计划）的编制与实施。立法规划（计划）的编制和实施与立法预测有紧密联系：有了立法预测，才能更好地进行立法规划（计划）的编制，尽可能地减少规划（计划）中的不确定性，并使规则（计划）与立法的外部环境以及法律体系中可能发生的变化保持一致；同时，也才能对立法规划（计划）的实施结果进行检验。[28] 作为对未来立法行动进行部署的立法规划（计划），难免存在一定程度的不确定性。然而在不确定性客观存在并难以避免的情况下，只有通过对社会生活以及法律体系的未来状况和发展趋势进行科学的预见和测算，将立法规划（计划）的编制与实施建立在立法预测所获取的信息和资料之上，才能将这种不确定性降至最低，避免因过分主观而导致立法规划（计划）的编制趋于盲目，或致立法规划（计划）的实施陷入落空的危险。

---

〔27〕 中共中央纪律检查委员会、中共中央文献研究室编：《习近平关于严明党的纪律和规矩论述摘编》，中国方正出版社、中央文献出版社 2016 年版，第 6 页。

〔28〕 参见吴大英：《我国的立法预测与社会主义现代化》，载《中国法学》1984 年第 1 期。

本项指标旨在考察地方人大及其常委会对社会生活以及法律体系的未来状况和发展趋势进行预见和测算的实践情况，督促地方人大及其常委会进一步完善立法预测的体制机制，确保对未来事实或不确定事实的发现满足科学立法的要求。

2. 指标的评估内容

本指标的评估内容包括以下三点：

第一，立法预测的主体是否专业。立法预测的主体是参与立法预测的机构或人员。在理想的情况下，立法预测的主体除包含有权的立法机关之外，还应当包括学术机构以及行政机关、司法机关的主管部门，从而形成一个立法、行政、司法与学术四方面相结合的立法预测组织。立法机关能够提供可靠的立法信息并指导预测工作的展开，同时可以及时将预测的结果运用于具体的立法决策和实践之中；学术机构以及行政机关、司法机关的主管部门则能够提供多方向的（经济、政治、文化）社会信息、立法的理论研究成果以及司法实践材料。[29] 其中，应特别强调立法机关与学术机构的结合。[30]

第二，立法预测的内容是否全面。一般而言，科学的立法预测至少应当包括以下几个方面的内容：其一，对未来一段时间内的规律性事实作出预见和测算。科学立法就是要求法律准确反映和体现所调整社会关系的客观规律，同时遵守法律体系的内在规律。[31] 为实现立法的科学性，需对暗含于各种立法现象背后的客观规律进行科学预测，使今后的立法与社会生活以及法律体系的发展规律相协调。其二，对未来一段时间内的需求性事实作出预见和测算。需要用法律加以保护或实现的立法需求会随着社会生活以及法律体系的高速发展而日益复杂化、多样化，这就要求

---

〔29〕 参见罗传贤：《立法程序与技术》，台北，五南图书出版股份有限公司 2002 年版，第 87 页。

〔30〕 立法机关与学术机构的结合对于保证立法预测工作顺利进行具有重要意义。立法机关的人员参加预测过程，便于对预测工作进行指导，同时可以及时地把预测的结果用于决策的过程；学术机构的人员参加预测过程，可以发挥自己的专长并将其理论研究成果运用于立法实践，客观地提出意见和建议。参见吴大英、信春鹰：《加强立法预测是法制协调发展的重要措施》，载《法学》1984 年第 8 期。

〔31〕 参见乔晓阳主编：《〈中华人民共和国立法法〉导读与释义》，中国民主法制出版社 2015 年版，第 60 页。

立法者对其进行科学预测,以明确在未来一段时间内立什么法、立多少法、何时立法等问题,使今后的立法与不断变化发展的立法需求相一致。其三,对未来一段时间内的制度性事实作出预见和测算。立法者应对那些因社会的进步而产生的与立法相关的制度变化进行科学预测,以使立法适应这些变化并随之不断发展完善。

第三,立法预测的方法是否科学。对象的复杂性和内容的多样性,决定了立法预测需要采用科学的方法加以展开。关于社会生活以及法律体系的未来状况和发展趋势所作出的预见和测算,需建立在对大量调查资料以及统计信息进行收集和分析的基础之上;采用非科学的方法进行收集和分析,不仅费时费力,还可能影响预测本身的科学性和准确性。[32]因此,是否选择和使用科学的预测方法,对立法预测本身的科学性和准确性而言有决定性意义。除调查、解释、比较三种基础性的预测方法外,立法预测还应运用以下具体方法,如时间数列预测法、因果预测法、比拟预测法、先驱预测法等。[33]

3. 指标的评分标准

根据上述评估内容,可将本指标的评分标准界定为:

(1)参与立法预测的主体是由有权的立法机关、学术机构以及行政机关和司法机关的主管部门等专业机构或人员组成的,得 2 分;参与立法预测的主体仅为有权的立法机关的,得 1 分;未进行立法预测的,得 0 分。

(2)立法预测的内容包括对未来一段时间内的规律性事实、需求性事实、制度性事实作出预见和测算的,得 2 分;立法预测的内容不完整的,得 1 分;未进行立法预测的,得 0 分。

(3)立法预测所选择和使用的方法包括基础性方法(调查、解释、比

---

〔32〕 参见孔小红:《试论我国的立法预测》,载《现代法学》1984 年第 4 期。

〔33〕 时间数列预测法,即根据准确、系统、及时、全面的历史统计资料、运用一定的数学方法,分析统计数据变化的规律,将过去的趋势延伸到未来,预测立法发展的远景;因果预测法,即根据社会现象与法的现象及法的现象之间的相互依存关系,运用一定的统计方法,对立法发展的前景进行预测,进而对立法做出贡献;比拟预测法,又称"类比预测法",即将本国或本地区的立法发展情况与外国或本国其他地区的立法情况相比较,预测本国或本地区立法发展前景的方法;先驱预测法,又称"排演预测法",就是利用模拟的方法、先在一个地区搞"立法试点",为全国性立法进行模拟,根据试点情况进行侦测的方法。参见黄文艺主编:《立法学》,高等教育出版社 2008 年版,第 147 页。

较）和具体方法（时间数列预测法、因果预测法、比拟预测法、先驱预测法等）的，得 2 分；立法预测所选择和使用的方法仅包括基础性方法的，得 1 分；未进行立法预测的，得 0 分。

（二）关于立法事实的调研

1. 指标的设置依据

立法调研，是指运用科学的方法和手段，对社会生活以及法律体系的发展现状和即存问题进行调查研究的专门活动。立法调研在立法实践中有以下重要意义：

第一，立法调研是保证立法程序得以顺利展开的前提基础。一般而言，每一项法律议案的提出都需要有相应的法律草案作为依托，而法律草案的起草应当建立在对与法律议案相关的事实和问题进行深入细致的调查研究之上，若提案人对相关的事实和问题不了解、不熟悉，则难以形成合乎要求的法律草案；即使形成了法律草案，该草案也很可能因缺乏深入细致的调查研究而缺少科学性、针对性和可行性，最终难以列入会议议程。[34] 可见，立法调研是法案起草过程中不可或缺的重要步骤[35]；离开深入细致的立法调研，针对该草案的立法程序将很难顺利展开。

第二，立法调研是使地方立法体现地方特色的基本方法。“有特色”是地方立法保持活力的核心要素，是衡量地方立法质量的重要标准，是检验地方立法能力水平的试金石。[36] 地方立法要体现地方特色，就必须从实际出发，使地方立法反映该地方的真实状况、解决该地方的具体问题、

〔34〕 参见李培传：《论立法》，中国法制出版社 2004 年版，第 168 ~ 171 页。

〔35〕 法案起草过程中的调查研究，目的和内容主要包括：（1）弄清法案所要解决的主要问题和难点是什么，可以有几套解法方案，最佳方案是什么。（2）弄清同法案相关的宪法规定和政策、法律、法规、规章有哪些，法案的基本原则和内容是否同它们相抵触或不一致；如果是，如何解决。（3）弄清法案起草的背景及其对法案起草的影响，以便消除或避免消极影响。（4）弄清法案起草涉及哪些关系，如何加以协调。（5）弄清同法案起草相关的可以借鉴的经验有哪些。（6）弄清法案审议、表决过程中可能会遇到什么障碍，如何在法案起草之际便未雨绸缪，以便法案得以顺利通过；弄清法案通过成为法以后在实施过程中可能会遇到什么障碍，如何在法案起草时即消除这种潜在的障碍。参见周旺生：《立法学》（第 2 版），法律出版社 2009 年版，第 452 页。

〔36〕 参见李适时：《扎实推进设区的市地方立法工作，为“四个全面”战略布局提供坚实法治支撑》，载《地方立法研究》2016 年第 1 期。

满足该地方的实际需要。而实现这一目标的基本方法就是进行立法调研。只有通过深入地调查研究,充分听取各方面的意见、认识立法所调整社会关系的真实状况、把握存在于社会生活中的具体问题、了解社会发展对立法的实际需要,才能使地方立法与本地方的真实状况、具体问题以及实际需要相统一,才能将地方立法与本地方的发展战略和发展定位相结合,进而制定具有鲜明特色的地方性法规。

本项指标旨在考察地方人大及其常委会对社会生活以及法律体系的发展现状和现存问题进行调查研究的实践情况,督促地方人大及其常委会进一步完善立法调研的体制机制,确保对既有事实的发现满足科学立法的要求。

2. 指标的评估内容

本指标的评估内容包括以下三点:

第一,立法调研的内容是否全面。一般而言,全面的立法调研至少应包括以下几个方面的内容:其一,对当下的规律性事实进行调查和研究。为实现立法的科学性,需对暗含于各种立法现象背后的客观规律进行科学的调研,使当下的立法与社会生活以及法律体系的发展规律相协调。其二,对当下的需求性事实进行调查和研究。需要用法律加以保护或实现的立法需求会随着社会生活以及法律体系的高速发展而发生变化,这就要求立法者对其进行科学调研,以明确当前立什么法、立多少法、何时立法等问题,使当下的立法与立法需求相一致。其三,对当下与立法相关的制度性事实进行调查和研究。立法者应对那些规范和制约立法的制度进行科学调研,以使所立之法与法律体系的内在秩序以及外在秩序相统一。

第二,立法调研的对象是否广泛。立法应当是公众的意志与根本利益的表达,但不同的社会主体对立法有不同的需求。民意左右立法的一个前提就是民意必须充分、全面,只有某一个利益群体所表达的民意,可能是正确的,却不是最合理的;而被单一利益群体左右的立法,不仅是悲哀的,也是值得警惕的。[37] 因此,在选择立法调研的对象时,不仅应当强

---

〔37〕 参见胡健:《该让什么样的民意左右立法?》,载《政府法制》2005 年第 11 期。

调调研对象的代表性和层次性，还应当强调调研对象的广泛性，尽可能地将立法所涉及的利益相关主体都纳入调研的范围之内（行政机关、社会公众、利益团体等），避免以偏概全，将某一特定群体的利益视为公众的整体利益，确保立法调研本身的科学性和正当性。其中，应特别强调社会公众对立法调研的参与，因为社会公众参与立法调研既是实现立法调研目的的基本保证，也是社会公众实现其自身利益的重要渠道。在对社会公众进行调研时，可以进一步注重人民政协对立法调研的参与，因为相较于普通公民与社会组织，人民政协具有的准国家机关特征，能够保证其意见表达得到立法机关的重视，从而使社会公众的利益诉求得到更为及时、更为细致的反馈。[38]

第三，立法调研的方法是否科学。科学的调研方法是保证立法调研科学性的基础。立法调研方法的选择应根据调研的实际需要，围绕调研对象的特性以及调研中的重点、难点问题，综合运用适当的调研方法，将传统的调研方法（实地考察、文献调查、书面征求意见、问卷调查、抽样调查、座谈讨论、论证、听证等）与新兴的调研方法（网络信息平台、人大门户网站、手机应用程序、微信、大数据、微博等）相结合，逐步构建多层次、多渠道、全方位的调研方法体系，进而有效地利用地方立法资源、节约调研成本、提高调研效率，保证立法调研的科学性。[39] 其中，应特别强调实地考察方法的运用，避免立法调研成为走马观花式的“走过场”，防止为调研而调研、“作秀式”调研。[40]

3. 指标的评分标准

根据上述评估内容，可将本指标的评分标准界定为：

（1）立法调研的内容包括对当下的规律性事实、需求性事实、制度性事实作出调查和研究的，得 2 分；立法调研的内容不完整的，得 1 分；未进行立法调研的，得 0 分。

（2）立法调研在选择调研对象时，尽可能地将行政机关、社会公众、利

---

〔38〕 参见朱志昊：《论立法协商的概念、理论与类型》，载《法制与社会发展》2015 年第 4 期。

〔39〕 参见袁峻：《集中民智，反映民意——谈谈立法调研》，载《人民之声》2012 年第 11 期。

〔40〕 参见习近平：《习近平在“不忘初心、牢记使命”主题教育工作会议上的讲话》，载新华网 2019 年 6 月 30 日，http://www.xinhuanet.com/2019-06/30/c_1124690900.htm。

益团体等立法所涉及的利益相关主体都包括在内的,得 2 分;立法调研在选择调研对象时,未将社会公众包括在内的,得 1 分;未进行立法调研的,得 0 分。

(3)立法调研在选择调研方法时,根据调研的实际需要而综合采用多种调研方法的,得 2 分;立法调研在选择调研方法时,未进行实地考察的,得 1 分;未进行立法调研的,得 0 分。

(三)关于立法事实的论证

1. 指标的设置依据

“人们的行为不只是对法律规定的反映,而是对整个社会、政治、经济、自然环境,以及法律在上述环境中作用机制的反映”,所以“起草者的研究报告一定要阐明,法案的具体规定可能直接或者间接改变他们已经明确的问题行为的原因”。[41] 这种原因反映在立法预测和立法调研之中,就是预测和调研所发现的、能够改变既有规定的立法事实;而阐明则是对这些发现的立法事实加以论证,以确定这种由人类感性经验感知到的或思维把握到的事实是不是真实的存在,所得出的结论是否客观、准确、可检验,这种事实能否对立法产生实质影响及其影响的范围、程度、方式等。可见,立法事实的发现,绝非一个通过直接观察和直觉判断就能得出结论的简单过程,而是在对立法事实本身的客观性、关联性、可采性进行全面而充分的逻辑论证之后,方可得出结论的复杂过程。[42] 因此,发现事实的能力并非仅仅意味着认识和掌握立法事实的能力,其更是一种对立法事实进行判断和甄别的能力,即发现事实的能力除对立法事实进行预测和调研之外,还包括对立法事实加以论证的能力。立法论证的主要目的在于对预测和调研所得到的立法事实进行判断和甄别,以排除其

[41] [美]安・赛德曼、罗伯特・鲍勃・赛德曼、那林・阿比斯卡:《立法学:理论与实践》,刘国福等译,中国经济出版社 2008 年版,第 121 页。

[42] 参见王怡:《论立法过程中的事实论证》,载《政治与法律》2018 年第 7 期。

中可能存在的假象事实和仿真陈述,[43]从而将立法建立在真实、客观、准确的立法事实之上。

本项指标旨在考察地方人大及其常委会对预测和调研所得到的立法事实进行判断和甄别的实践情况,督促地方人大及其常委会进一步完善立法论证的体制机制,确保所发现事实的真实性、客观性和准确性。

2. 指标的评估内容

本指标的评估内容包括以下三点:

第一,对需求性立法事实的论证。立法需求是社会需求政治化、制度需求特定化的结果,其是否真实存在、有无通过立法加以实现或保护的必要和价值,都需经过科学的论证才能加以确定。[44] 因此,对需求性立法事实的预测和调研只是确定其是否存在的必要条件而非充分条件,在确定了需求是客观存在的之后,还需对其进行判断和甄别,以确定该需求存在的真实性以及通过立法加以实现或保护的必要性和价值性,从而最终确定是否存在需求性立法事实。[45]

第二,对规律性立法事实的论证。社会现象之间复杂的关联是否能够作为对法的新立、修改、废止、解释产生实质影响的规律性立法事实,必须建立在经合理论证之后的经验事实以及逻辑关联之上,而非武断地将主观臆断的因果关系联想确定为立法所需遵循和运用的立法规律。因此,规律性立法事实的判断和甄别,不仅包括对经验事实是否真实存在的

〔43〕 假象事实,是指那些未经过经验检验或逻辑推理检验就被确信或推断为真的"事实";仿真陈述,是指仅因出现在出版物上而被信以为真的陈述,也就是被描述为"事实"的东西以未证实的或不正确的信息方式被印刷出来并加以宣传,由于不断重复而被接受为"事实"。参见于立深:《行政立法性事实研究》,载《法商研究》2008 年第 6 期。

〔44〕 立法需求需要科学的论证才能加以确定:第一,立法需求不是自我道德期许和道德自律,不能够以主观的自我牺牲境界和理想的人际状态作为论证的支撑。第二,立法需求又是包含着对人的自我的权利义务状态的意愿。这种意愿的可能性和正当性对其需求主体而言,是可以接受的、愿意实现的。包括法律在内的社会制度,既是一种社会结构中的实体的存在要件,又是立法需求主体的社会理想观念的展现。第三,在一定的立法需求主体的需求中,包含着其立法需求中的合理性、必要性、可行性的综合现实因素,否则这一立法需求将是难以实现的。参见石东坡:《立法需求的生成与确立问题探究——析〈立法法〉第 72 条第 4 款》,载《法学论坛》2016 年第 1 期。

〔45〕 参见姜涛:《立法事实论:为刑事立法科学化探索未来》,载《法制与社会发展》2018 年第 1 期。

论证,还包括对经验事实之间是否具备客观逻辑关联的论证。如在关于是否应当恢复强制婚检制度的争议中,虽然新生儿出生缺陷率的增长与强制婚检制度的取消都属于真实存在的经验事实,但也只有在对两者之间的逻辑关联进行严谨的科学论证之后,才能确定是否应当通过立法来恢复强制婚检制度。[46]

第三,对制度性立法事实的论证。地方人大及其常委会在发现事实的过程中,需对正式的制度性立法事实加以充分论证,避免越权立法、重复立法、抵触立法等现象的发生,从而合理有效地利用地方立法资源,维护社会主义法制统一;同时,还需对非正式的制度性立法事实予以充分的判断和甄别,避免所立之法与自生自发的内在秩序发生严重背离,使其适应实际生活需要,维护社会的整体秩序。

3. 指标的评分标准

根据上述评估内容,可将本指标的评分标准界定为:

(1)对需求性立法事实的判断和甄别包括真实性论证、必要性论证和价值性论证三个方面内容的,得 2 分;仅包括真实性论证的,得 1 分;未对需求性立法事实进行论证的,得 0 分。

(2)对规律性立法事实的判断和甄别包括经验事实是否真实存在的论证以及经验事实之间是否具备客观逻辑关联的论证两个方面内容的,得 2 分;仅包括经验事实是否真实存在的论证的,得 1 分;未对规律性立法事实进行论证的,得 0 分。

(3)对制度性事实的判断和甄别包括正式的制度性立法事实论证和非正式的制度性立法事实论证两个方面内容的,得 2 分;仅包括正式的制度性立法事实论证的,得 1 分;未对制度性立法事实进行论证的,得 0 分。

---

[46] 2012 年卫生部发布的《中国出生缺陷防治报告(2012)》载明,中国每年新增出生缺陷约 90 万例,从 2003 年取消强制婚检起,婚检率一路走低,新生儿的出生缺陷率十年间增长了近一倍。有人据此得出结论,认为新生儿出生缺陷率的走高是取消强制婚检制度的结果,进而呼吁国家应当恢复强制婚检制度。与此同时,也有不少专家提出针锋相对的观点,认为取消强制婚检致婴儿缺陷率升高只是人们的主观误解,两者之间的因果关系并不确凿,认为不应当恢复强制婚检制度。参见王怡:《论立法过程中的事实论证》,载《政治与法律》2018 年第 7 期。

第二节　统筹安排的能力及其评估指标

一、统筹安排能力的内涵与实践功能

（一）统筹安排能力的内涵

统筹安排的能力，是指地方人大及其常委会基于地方立法工作的科学判断而对立法的资源、项目、进程等进行谋划与部署的能力。统筹安排的能力具有以下特征：

第一，统筹安排能力是保障地方立法工作科学、有序、高效展开的能力。统筹安排，其目标是为实现地方立法工作有序、高效的展开；对地方立法工作进行的统筹安排若脱离了这一目标，也就失去其价值和意义。地方人大及其常委会通过加强统筹安排的能力，把有限的地方立法资源予以整合并进行合理的配置，采用科学的、有规划的、积极主动的态度和方法进行立法项目选择，有计划、分重点、按步骤地推进地方立法进程，从而确保立法工作科学、有序、高效的展开。

第二，统筹安排能力是对地方立法工作进行整体谋划与部署的能力。统筹，即通盘筹划，是一种科学安排工作进程、优化办事效率的工作方法，是洞察事物、工作谋划、整体部署、衔接沟通和整合协调等方面的综合。从统筹的内容上来看，这一统筹安排既包括对立法规划、计划、程序等宏观层面的谋划与部署，也包括对人力、物力、财力等微观层面的谋划与部署。

（二）统筹安排能力的实践功能

第一，有助于满足地方立法资源分配合理化需要。《立法法》第 72 条第 2 款虽将设区的市制定地方性法规的事项范围限于“城乡建设与管理”“环境保护”“历史文化保护”三个方面，但这三个方面所涉及的领域却十

分庞大和繁杂。[47] 面对如此庞大繁杂的地方立法任务，本就相对缺乏的地方立法资源就越发“捉襟见肘”，客观上导致了地方立法资源选择性分配的现象。[48] 在立法高速发展的背景下，这种对有限的地方立法资源进行选择性分配的现象有其合理性和正当性；但在当下强调立法质量的背景下，这种选择性的分配模式则可能带来十分消极的后果，如因将小部分社会成员的立法偏好视为社会整体的立法偏好而阻却其他社会成员的正当诉求和利益进入立法程序，因忽视和排斥某些可能短期内不利于立法者的立法议题而阻碍社会的全面发展与进步，因立法权的被垄断而使立法机制成为少数立法参与者实现特殊利益的工具，等等。[49] 因此，为了避免选择性分配的消极后果，就需要对相对有限的立法资源进行统筹安排，并在是否立法、立什么法以及何时开始立法等关键问题上有一个清晰明确的谋划与布局，实现地方立法资源从选择性分配到合理化分配的转变。

第二，有助于优化立法项目选择的态度和方法。在立法项目的选择上大体有三种态度和方法。第一种是盲目的、随意性的态度和方法，想到什么法就立什么法，喜欢立什么法就立什么法；第二种是消极的、被动的

---

〔47〕 对于设区的市立法权的范围，《关于〈中华人民共和国立法法修正案（草案）〉审议结果报告》中对此作了专门的说明：“‘城乡建设与管理、环境保护、历史文化保护等方面的事项’，范围是比较宽的。比如，从城乡建设与管理看，就包括城乡规划、基础设施建设、市政管理等；从环境保护看，按照环境保护法的规定，范围包括大气、水、海洋、土地、矿藏、森林、草原、湿地、野生生物、自然遗迹、人文遗迹等……”参见《第十二届全国人民代表大会法律委员会关于〈中华人民共和国立法法修正案（草案）〉审议结果的报告》，载中国人大网 2015 年 5 月 7 日，http://www.npc.gov.cn/wxzl/gongbao/2015 - 05/07/content_1939079.htm。

〔48〕 地方立法资源选择性分配现象，是立法权在行使的过程中，因其二维品格（决策与不决策）的作用而产生的选择性立法现象，其通过偏好动员、议程控制和议题选择等手段将立法议题和立法资源分配限制在特定范围之内，从而实现对其他立法议题的忽视或排斥。其中，偏好动员使立法参与者身份和利益高度同质化，只有符合立法者利益或偏好的提案才能列入立法议程；议程控制则将法律议案的提出、审议和表决草案的拟定纳入预先设定的议程规划中，使议程成为达成控制者预定目标的手段，并将某些立法议题排除在决策议程之外；议题选择根据立法者的利益偏好或价值取向进行决策取舍，相机立法。参见郑泰安、李红军：《地方立法资源分配的选择性差异研究——基于 60 份地方法规样本的实证分析》，载《社会科学战线》2016 年第 4 期。

〔49〕 参见郑泰安、李红军：《地方立法资源分配的选择性差异研究——基于 60 份地方法规样本的实证分析》，载《社会科学战线》2016 年第 4 期。

态度和方法,哪方面出了问题就立哪方面的法,哪方面需要应付就立哪方面的法;第三种是科学的、有规划的、积极主动的态度和方法,即根据客观规律、立法规律的要求立法。[50] 从应然层面上来看,第三种态度和方法无疑是在立法项目选择中应当采用的态度和方法。然而,在地方立法实践中大量存在的选择态度和方法却是前两种,即立法项目的选择往往根据的是主要领导的指示和主观判断或政府具体职能部门报送的立法项目申请,或是在社会经济的发展对立法产生急迫需要时、某一规范在实施的过程中出现问题时而被迫做出的反应。这些凭感觉经验、领导意志、部门热情进行选择或"头痛医头,脚痛医脚"的立法项目,有的在起草或审议过程中半途而废,有的则在出台后明显缺乏可行性,有的甚至成为部门巩固和扩大权力与利益的工具。[51] 从立法能力的角度来看,选择立法项目所需的科学的、有规划的、积极主动的态度和方法,就是要通过对立法立项的统筹安排来克服立项中的盲目、肆意和被动,实现立法立项的科学化、精准化和主动性。

第三,有助于保证地方立法进程有序化展开。快速增长的地方立法需求与地方立法能力相对不足的现状、繁重立法任务与立法资源相对缺乏之间的矛盾、社会关系自身发展所具有的动态属性,都决定了地方立法必须有计划、分重点、按步骤的展开。因此,如何合理分配立法资源,避免重复立法、分散立法、盲目立项,提高地方立法的效能;如何区分轻重缓急,有计划、有步骤地进行地方性法规的制定、修改、补充和废止;如何既注重全局又突出重点,保障该地方社会经济发展对立法最为迫切的需求得到满足;如何既把握当下又兼顾长远,使地方立法与国家治理体系和治理能力现代化的新要求、全面深化改革的新形势、全面推进依法治国的新任务相协调等,都是地方人大及其常委会在立法准备阶段亟待解决的问题。而统筹安排能力的良好发挥,可以对地方立法的进程进行科学的谋划以及合理地布局,进而有效回答和解决这些问题。

---

〔50〕 参见周旺生:《立法学》(第2版),法律出版社2009年版,第417页。
〔51〕 参见郝永伟:《设区的市立法立项精准化的实现路径》,载《人大研究》2018年第6期。

二、统筹安排的能力表现

(一)统筹安排能力的行为表现

一般而言,统筹安排的能力包括以下三种外在的具体行为表现:

1. 立法预测

作为一种广泛运用于现代立法实践的科学手段和方法,立法预测的主要任务在于揭示立法的发展规律,预测社会对今后立法的需求、需求的范围以及实现需求的可能性,进而借由科学的立法来调整日益复杂化和多样化的社会需求。[52] 从立法预测的行为属性和内容来看,通过考察和测算从而获取有关立法的发展趋势以及未来状况的信息和资料,反映的是地方立法主体发现事实的能力,而非统筹安排的能力;但从立法预测的行为结果来看,获取关于立法的发展趋势以及未来状况的信息和资料,最主要的作用就在于为立法规划(计划)提供科学依据[53],从而保证其科学性和可行性。因此,立法预测也可以作为统筹安排能力的行为表现。

2. 立法规划(计划)

立法规划(计划),是立法主体所编制并准备加以实施的关于立法工作的设想和部署。关于地方立法工作的"设想",是经通盘考虑而对地方立法工作进行的总体设计;而关于地方立法工作的"部署",则是基于通盘考虑和总体设计而对地方立法工作进行的具体安排。由此可见,立法规划(计划)的主要任务在于使地方立法工作有计划、分重点、按步骤的展开,从而使地方立法臻于科学化和系统化。[54] 在我国立法实践中,一般将时限为 5 年的设想和部署称为"立法规划",将时限为 1 年的设想和部署称为"立法计划"。

---

〔52〕 参见封曰贤:《立法社会学和法律的社会效应》,载《南京社会科学》1990 年第 2 期。

〔53〕 立法预测具有以下重要作用:第一,立法预测有利于实现立法的科学化;第二,立法预测有利于立法体系和法律体系的和谐发展;第三,立法预测有利于法制与社会协调发展。总之,立法预测具有多种作用,其中最为根本的作用就在于为立法决策、立法规划等服务,使法律与社会协调发展,从而使法律达到其调控社会的最佳效果。参见万其刚:《立法理念与实践》,北京大学出版社 2006 年版,第 171 ~ 172 页。

〔54〕 参见周旺生:《立法学》(第 2 版),法律出版社 2009 年版,第 422 ~ 425 页。

3. 立法立项

立法立项，即确定立法项目，是有权主体决定是否将收集或征集到的立法建议项目列入立法规划（计划）的活动。立法立项是地方立法在准备阶段的一项基础性工作，其主要任务在于将那些反映地方迫切立法需求、符合社会发展规律以及立法规律并具备可行性的立法建议项目列入立法规划（计划），从而提高立法质量。

（二）统合于立法规划（计划）的统筹安排能力

虽然统筹安排能力外在的具体行为表现为立法预测、立法规划（计划）与立法立项三种，但从评估的角度来看，因立法预测、立法立项与立法规划（计划）之间的密切关联，两者都是能够整合于立法规划（计划）的具体行为表现。

1. 立法预测与立法规划（计划）

立法预测不同于立法规划（计划）。两种行为虽然都指向未来，但立法预测更多的是对未来事件的陈述，通过采取或不采取某种措施的说明来测算将来可能发生的变化；而立法规划（计划）更多的是对未来行动的部署，通过明确应当采取的措施来有计划地改变当前状态并实现预期目标。[55]

但从统筹安排能力评估的角度出发，立法预测是能够整合于立法规划（计划）的具体行为表现。从两个行为之间的关系来看，立法规划（计划）工作与立法预测工作紧密相连且立法规划（计划）工作依靠立法预测工作展开，离开科学的立法预测而制定切实可行的立法规划（计划），几乎是不可能的。[56] 立法预测的质量决定了立法规划（计划）的制定和落实，反过来讲，立法规划（计划）的制定和落实情况能够作为判断立法预测质量高低的依据。因此，对立法规划（计划）制定和落实情况的评价可以包含立法预测质量的判断，从而在统筹安排能力评估的层面上实现两者的整合。

---

〔55〕 参见吴大英：《我国的立法预测与社会主义现代化》，载《中国法学》1984 年第 1 期。

〔56〕 参见吴大英、任允正、李林：《比较立法制度》，群众出版社 1992 年版，第 783 页。

2. 立法立项与立法规划(计划)

立法立项与立法规划(计划)并非同一事物。首先,立法规划(计划)是有权主体为地方立法工作的有序展开而制定的整体蓝图,而立法立项则是为这幅整体蓝图确定具体的对象和内容;其次,并非立法立项所确定的立法项目都可以列入立法规划(计划),立法规划(计划)也并非以立法立项所确定的立法项目为全部内容。[57]

但从统筹安排能力评估的角度出发,立法立项是能够整合于立法规划(计划)的具体行为表现。立法立项中确定的必须完成的立法项目,既表征着制定立法规划(计划)的主要目的,又构成了立法规划(计划)需落实的关键内容。同时,当前我国地方立法在立法立项中存在的问题和不足,大都也是在制定和落实立法规划(计划)的过程中暴露出来的。[58] 可见,立法立项是立法规划(计划)制定和落实的必经过程与必要条件,而立法规划(计划)的制定和落实情况则能作为判断立法立项实际效果的依据。因此,对立法规划(计划)制定和落实情况的评价可以包含立法立项实际效果的判断,从而在统筹安排能力评估的层面上实现两者的整合。

(三)立法规划(计划)的性质

在2015年《立法法》修正之前,关于立法规划(计划)的性质一直存在争论。比较有代表性的观点有以下三种:其一,立法规划(计划)是"准法"或"半法",即立法规划(计划)是一种准法性质的规范性文件,它具有法的性质,但又与完全意义上或典型意义上的法有所区别,是一种特殊意义上的法;[59] 其二,立法规划(计划)是立法程序的一部分(准备程序),

---

〔57〕 参见周旺生:《立法学》(第2版),法律出版社2009年版,第423~424页。

〔58〕 目前,一些地方立法立项存在的问题和不足主要表现在以下六个方面:第一,地方权力机关在编制立法立项规划中的主体地位不突出。第二,地方立法立项规划存在缺陷,立法规划很难落实。第三,地方立法立项缺乏相应的标准。第四,地方立法论证不够,随意性太大。第五,地方立法立项中部门利益倾向严重。第六,立法立项重立而轻改、废。参见蒋传光:《关于完善地方立法立项问题的思考》,载《学习与探索》2005年第6期。

〔59〕 参见周旺生:《关于立法规划的几个理论问题》,载《北京大学学报(哲学社会科学版)》1993年第3期。

是法律制定程序的开端;[60] 其三,立法规划(计划)是一种立法建议;[61] 其四,立法规划(计划)是一种特殊意义的法。[62] 但随着2015年《立法法》修正新增关于全国人大常委会立法规划、年度立法计划的编制、公布和监督落实的规定(第52条),[63] 关于立法规划(计划)的性质之争才有了定论(至少是在规范的层面上)。按照第52条的规定,立法规划(计划)由全国人大常委会法工委编制并督促落实、委员长会议通过并向社会公布,是全国人大常委会加强其对立法工作统筹安排的具体形式。

作为立法过程的组成部分,立法规划(计划)具备指导性和指令性的双重特点。指导性,是指作为立法的整体设计,立法规划(计划)具备指引立法工作实际展开的作用;指令性,是指作为立法工作的具体安排和部署,立法规划(计划)一经制定公布后,就应当予以严格执行。立法规划(计划)具备的指导性特点是毋庸置疑的,但对其是否具备指令性却仍有疑问。否认立法规划(计划)具备指令性的主要原因在于,对不落实或不执行立法规划(计划)的情况未规定相应的法律后果。[64] 然而值得注意的是,未规定相应法律后果的主要原因在于我国尚未建立完备的立法责任体系,特别是针对立法主体未尽其应尽职责时的主体责任。在《立法法》明确将立法规划(计划)界定为应当予以贯彻落实的立法工作安排

---

〔60〕 参见乔晓阳主编:《立法法讲话》,中国民主法制出版社2000年版,第100页。

〔61〕 立法规划(计划)与人民代表大会制度的政治体制以及科学立法、民主立法的基本原则都不甚相符,因此仅宜将其定性为一种立法建议,使之具有一定的指导性和参考作用,而不应将它定性为一种“准法”性质的东西,甚至当作一项指令性任务要求相关提案主体和审议主体去完成。参见刘松山:《立法规划之淡化与反思》,载《政治与法律》2014年第12期。

〔62〕 由于编制主体的特殊、编制程序的特殊以及效力的特殊,立法规划虽然具有法的性质,但它有别于典型意义上的法,是一种特殊意义的法。参见宋方青:《论立法规划的强化》,载《地方立法研究》2016年第1期。

〔63〕 《立法法》第52条规定:“全国人民代表大会常务委员会通过立法规划、年度立法计划等形式,加强对立法工作的统筹安排。编制立法规划和年度立法计划,应当认真研究代表议案和建议,广泛征集意见,科学论证评估,根据经济社会发展和民主法治建设的需要,确定立法项目,提高立法的及时性、针对性和系统性。立法规划和年度立法计划由委员长会议通过并向社会公布。全国人民代表大会常务委员会工作机构负责编制立法规划和拟订年度立法计划,并按照全国人民代表大会常务委员会的要求,督促立法规划和年度立法计划的落实。”

〔64〕 参见李雅琴:《论立法规划的性质》,载《河北法学》2010年第9期。

后,未规定相应法律后果只意味着关于立法规划(计划)的体制机制需进一步完善,而并不构成否认立法规划(计划)具备指令性的原因。因此,立法规划(计划)是具备指导性和指令性双重特点的立法程序。

三、统筹安排能力的评估指标

立法规划(计划)是能够整合立法预测与立法立项的统筹安排能力的具体外在行为表现。因此,对立法规划(计划)在地方立法实践中具体情况的评估,即是对地方统筹安排能力的评估。具体而言,立法规划(计划)在地方立法实践中的具体情况可以从以下几个方面去分析和判断。

(一)立法规划(计划)的制度化情况

1. 指标的设置依据

制度化既是统筹安排能力在地方立法实践中的作用得以发挥的基础,也是编制和实施立法规划(计划)的保障。在地方立法实践中,立法规划(计划)只有在被专门规范地方立法的条例或其他类似规范确认并进行具体规定之后,才能真正作为立法程序的一部分而受到重视,其指导性和指令性的双重属性才能得到正视。

本项指标旨在考察各地方人大及其常委会是否针对立法规划(计划)的编制与实施进行了专门规定以及规定的情况如何,督促地方人大及其常委会制定和完善立法规划(计划)的专门规定,避免立法规划(计划)编制与实施的随意性和盲目性。

2. 指标的评估内容

本指标的评估内容包含以下两点:

第一,立法规划(计划)是否在专门规范地方立法的条例或其他类似规范中得到确认。在最理想的情况下,立法规划(计划)应当由专门规范地方立法的条例所确认。然而在未制定专门规范地方立法的条例或其条例中未规定立法规划(计划)时,该地方有可能在其他类似规范中对立法规划(计划)进行规定,只不过其制度化程度要低于其他地方。

第二,关于立法规划(计划)的规定是否完整。立法规划(计划)的规定应当包括立法规划(计划)的编制主体(通过主体、公布主体和督促落实主体)、立法规划(计划)的编制程序、立法规划(计划)的编制方法、立法规划(计划)的实施保障等主要内容。一个完整的关于立法规划(计划)的规定至少应当包括上述四个方面内容,未规定或未全面规定这四个方面内容的地方,其制度化程度要低于其他地方。

3. 指标的评分标准

根据上述评估内容,可将本指标的评分标准界定为:

(1)专门规范地方立法的条例对立法规划(计划)进行专门规定的,得2分;未在专门规范地方立法的条例中对立法规划(计划)进行专门规定,但在其他类似规范中进行专门规定的,得1分;专门规范地方立法的条例以及其他类似规范中都未对立法规划(计划)进行专门规定的,得0分。

(2)专门规范地方立法的条例或其他类似规范中对立法规划(计划)的专门规定包括编制主体、编制程序、编制方法、实施保障的,得2分;仅对立法规划(计划)作原则性规定或部分规定,未对上述四点内容进行完整规定的,得1分;未对立法规划(计划)进行规定的,得0分。

(二)立法规划(计划)自身科学化的情况

1. 指标的设置依据

根据《立法法》第52条第1款的规定,广泛征集意见、科学论证评估、根据实际需要确定立法项目,是对科学编制立法规划(计划)提出的要求;而立法规划(计划)自身科学化的情况,则是地方人大及其常委会统筹安排能力的直观反映。因为,只有在保障立法规划(计划)自身科学性的前提下,地方人大及其常委会才能对地方立法工作进行有效的统筹安排。

本项指标旨在考察各地方人大及其常委会编制的立法规划(计划)是否符合科学立法、民主立法的要求,督促地方人大及其常委会完善立法规划(计划)的内容以及编制的程序与方法,确保立法规划(计划)自身的科学性。

2. 指标的评估内容

本指标的评估内容包含以下四点:

第一,立法规划(计划)的编制应当建立在广泛汇集的立法项目之上。

汇集立法项目是编制立法规划（计划）的必经程序。[65] 立法项目的汇集包括征集和收集两种方法：征集是有权主体通过发布征集通知或公告而从外部获取立法项目的方式，收集则是有权主体依职权主动获取立法项目的方式。有权主体只有将立法项目的征集和收集工作结合起来，使主动收集到的立法项目与从外部征集而来的立法项目相契合，改变政府主导立法立项的趋势，克服立法立项中部门利益法制化的问题，才能实现立法规划（计划）的编制在立法项目汇集上的科学性。[66]

第二，立法规划（计划）中所列明的立法项目需经科学论证与评估。判断某立法项目能否被列入立法规划（计划），一般有三个界定标准，即前瞻性标准、即时性标准、滞后性标准。前瞻性标准，即某种社会关系尚未出现，但经过科学预测必定会在不久的将来出现，现时就通过法律予以调整；即时性标准，即某种社会关系一经出现，就进行法律调整；滞后性标准，即某种社会关系发展到一定阶段，不立法就会导致社会秩序混乱时，才进行法律调整。[67] 然而，无论适用哪个界定标准，预备列入立法规划（计划）的立法项目都需经过科学论证与评估。通过立项论证，可以将那些不应当、不适合或者条件尚未达到的立法项目予以排除，将那些可行的、必要的、能够满足地方立法需求的立法项目列入立法规划（计划），从而降低试错成本、节约立法资源、遏制搞应景式立法和攀比式立法的冲动，在法的准备阶段完成对立法偏差的预防以及立法质量的提前把控。在理想状态下，每一个被列入地方立法规划（计划）的立法项目都需进行立项论证，从而在源头上排除那些不应当、不适合或者条件尚未达到的立法项目；但从地方立法的实际出发，对所有立法项目都进行立项论证，客观上存在很大难度，几乎难以实现。[68] 因此，虽不能对所有立法项目都

[65] 参见宋方青：《论立法规划的强化》，载《地方立法研究》2016 年第 1 期。

[66] 目前加强立法机关的立法项目收集工作非常迫切。在当前设区的市的立法实践中，普遍存在由人大主动提出的立法项目少的现象，绝大部分立法项目是由政府及其职能部门提出的，导致政府主导法规立项的趋势。这种现象的存在，难以避免政府以立法突出本部门利益，甚至以立法推脱管理责任、维护部门利益，导致立法质量与立法实效不高。这种现象的出现，在很大程度上是因为立法机关对立法项目的收集工作薄弱。参见郝永伟：《设区的市立法立项精准化的实现路径》，载《人大研究》2018 年第 6 期。

[67] 参见黄晓慧：《构建科学立法预测机制》，载《人民之声》2016 年第 3 期。

[68] 参见俞荣根主编：《地方立法质量评价指标体系研究》，法律出版社 2013 年版，第 7 页。

予以论证,但也至少应当选取其中会对本地方经济、社会、环境、文化产生较大影响的,或存在较大争议的立法项目进行论证。

第三,立法规划(计划)的编制既要根据地方的实际情况确定立法项目,又要与国家的立法规划(计划)做好衔接。地方在编制立法规划(计划)时,应当做好与国家立法规划(计划)的衔接和协调,维护国家的法制统一,避免地方立法与国家立法间的相互脱节(地方立法与国家立法"两张皮")。[69] 同时,还应当保持地方立法特色,选择那些能够满足地方立法实际需求以及适应地方实际情况的立法项目,不能也不必完全照搬照抄国家立法规划(计划)的内容,否则不仅会损害国家立法规划(计划)的权威,还会影响地方立法规划(计划)指引作用的发挥,增加不必要的立法成本。[70]

第四,立法规划(计划)的编制应区分轻重缓急并坚持立改废相结合。立法规划(计划)是对地方立法进行的有序部署,区分立法项目的轻重缓急是其当然属性,未区分轻重缓急的立法规划(计划)甚至很难被称为立法规划(计划),更谈不上是否科学的问题。立法规划(计划)中区分轻重缓急的一般方法是根据立法项目的内容和性质,将其分为正式项目(提请审议项目)、备选项目(预备审议类项目)和调研项目(调研论证类项目),进而分配不同的立法资源并作出相应的时间安排。此外,地方立法客观上具有的相对不稳定性、区域性、试验性特点,决定了地方人大及其常委会不仅应注重地方性法规的制定,还应给予地方性法规的修改、废止、清理等工作同等程度的关注,以保证地方立法与国家立法以及地方社会发展变化之间的统一协调。[71] 因此,地方立法规划(计划)在编制时,就不能仅就地方性法规的制定进行立项,而应当根据地方立法的实际情况,对地方性法规的制定、修改、废止、清理等进行全面规定。

---

〔69〕 参见乔晓阳:《做好立法规划和立法计划工作》,载《中国人大》2004 年第 24 期。

〔70〕 地方立法规划在执行中央立法规划时,可以这样处理:对中央立法规划的整体内容,只需表明按规划执行的态度就可以了;对于一些需具体细化的内容,根据本地方的实际进一步地作出具体规定;另外,地方立法规划还应有本地方事务内容的规划,根据本地方的实际情况,需要作出特别规定的内容,也是地方立法规划的组成部分。参见汪全胜:《制度设计与立法公正》,山东人民出版社 2005 年版,第 183 页。

〔71〕 参见蒋传光:《关于完善地方立法立项问题的思考》,载《学习与探索》2005 年第 6 期。

3. 指标的评分标准

根据上述评估内容,可将本指标的评分标准界定为:

(1)立法规划(计划)的编制建立在广泛征集和收集立法项目之基础上的,得 2 分;仅建立在征集立法项目,或仅建立在收集立法项目之基础上的,得 1 分;未进行立法项目的征集和收集工作就编制立法规划(计划)的,得 0 分。

(2)立法规划(计划)中所列明的立法项目都经过立项论证的,得 2 分;仅就对本地方的经济、社会、环境、文化产生较大影响,或存在较大争议的立法项目进行立项论证的,得 1 分;所列明的立法项目全部未进行立项论证的,得 0 分。

(3)立法规划(计划)中所列明的立法项目既与国家的立法规划(计划)做好了衔接,又保持了地方立法特色的,得 2 分;仅与国家的立法规划(计划)做好了衔接,或仅保持了地方立法特色的,得 1 分;未做好衔接,也未保持地方立法特色的,得 0 分。

(4)立法规划(计划)中有区分正式项目(提请审议项目)、备选项目(预备审议类项目)和调研项目(调研论证类项目),并包含地方性法规的制定、修改、废止、清理等的,得 2 分;仅区分了正式项目,或仅包含地方性法规的制定的,得 1 分;未编制立法规划(计划)的,得 0 分。

(三)立法规划(计划)的实践情况

1. 指标的设置依据

立法规划(计划)的实践情况,是地方人大及其常委会的统筹安排能力在地方立法实践中的具体操作或运行情况。只有对立法规划(计划)在地方立法实践中的具体操作或运行情况进行评估,才能对统筹安排能力作出真实判断。

本项指标旨在考察各地方人大及其常委会是否按要求编制和实施立法规划(计划),督促地方人大及其常委会建立和完善保障立法规划(计划)贯彻落实的体制机制,使立法规划(计划)的应有功能变为实有功能,避免理论与实际在地方立法实践中的脱节。

2. 指标的评估内容

本指标的评估内容包含以下两点：

第一，立法规划（计划）的编制与公开情况。规范中的立法规划（计划）只有按照既定的时间要求进行编制、成为实际的立法规划（计划）时，才能对地方立法工作作出具体的部署与安排。未编制或未在既定的时间要求内编制立法规划（计划），都意味着其统筹安排能力不足。立法规划（计划）在编制完成后，必须按要求进行公开，使社会公众知晓地方立法工作的具体安排，并接受社会公众的监督。公开立法规划（计划）是保证规划（计划）科学性的必要条件，因为只有公开并接受社会公众监督的立法规划（计划），才能避免有权主体根据个人的好恶或以工作需要为由随意进行变动，进行计划外立法。[72]

第二，立法规划（计划）的执行情况。立法规划（计划）是具有指令性的设想和部署，一经编制和公布就应当予以认真贯彻落实，否则立法规划（计划）的规范和设计都将毫无意义，进而影响地方立法工作的整体进程。当然，对立法规划（计划）的执行要求，并不意味着完全不能作出改变。作为指导地方立法的工作规划（计划），其当然要在国家立法或地方社会发展发生变化之时作出相应改变，但作出的改变要存在充足的理由并进行必要地论证，以确保立法规划（计划）的严肃性和权威性。

3. 指标的评分标准

根据上述评估内容，可将本指标的评分标准界定为：

（1）在既定的时间要求内编制了立法规划（计划）并予以公开的，得 2 分；未在既定的时间要求内编制立法规划（计划），或在既定的时间要求内编制了立法规划（计划）但未予以公开的，得 1 分；未编制立法规划（计划）的，得 0 分。

（2）对立法规划（计划）予以充分执行，或未充分执行存在合理理由的，得 2 分；仅就部分立法规划（计划）予以执行的，得 1 分；不执行立法规划（计划）、任意立法的，得 0 分。

---

〔72〕 参见乔晓阳：《做好立法规划和立法计划工作》，载《中国人大》2004 年第 24 期。

第三节　法案起草的能力及其评估指标

一、法案的起草

法案的起草，既是立法准备阶段的最后一个环节，又是正式立法程序的前奏，是有立法提案权的机关、组织和人员或受其委托的其他主体，将立法规划（计划）的具体内容与需要调整的社会关系按照立法技术规范和法律文本格式，通过文字表现为条款形式的专门活动。[73]

良法的制定必定要从起草一份成熟的法案开始，虽然法案的起草一般不是正式立法程序的组成部分，但在立法的整个过程中却是一个必经的、至关重要的核心环节，法案起草科学与否往往直接决定着法案能否被通过的最终命运以及立法的质量。[74] 此外，法案的起草不仅直接决定着法案是否能够被通过的最终命运以及立法的质量，还直接影响着所立之法在实施过程中的实际效果。[75]

二、法案起草的能力表现

（一）法案起草主体的选择

1. 法案的起草主体

法案起草犹如设计工程，而法案的起草主体就是此一立法工程的设计师。[76] 法案的起草主体“将法案的调查资料、分析报告、参考材料、论证材料、解释说明等连同法案文本本身一起提交给立法机关，后者根据这些材料作出立法判断和决策，这样一来，就很难完全摆脱或者脱离法案起

---

〔73〕 参见曹海晶：《中外立法制度比较》，商务印书馆2016年版，第264页。

〔74〕 任何法律的形成，都不可能越过这一阶段，这一阶段的工作是否扎实、有效，直接关系着以后的立法活动能否有效地开展，关系着立法的质量；甚至在有的国家，一些立法的命运实际上在这一阶段就已经基本上被决定了，立法机关以后的审议、表决只是徒具形式、履行一下手续而已。参见苗连营、李培才：《论法案的起草》，载《河南广播电视大学学报》2002年第2期。

〔75〕 参见周旺生：《立法学》（第2版），法律出版社2009年版，第444～445页。

〔76〕 参见罗成典：《立法技术论》，台北，文笙书局1977年版，第13页。

草者的结论和影响”。[77] 从这一层面来看，法案起草主体的选择直接影响甚至决定着草案是否能够贯彻和体现立法意图和利益诉求。

一般而言，法案的起草主体由法案起草机关、起草班子以及起草人组成。法案起草机关，是享有立法提案权的机关及其工作机构，或受其委托进行法案起草的其他机构；法案的起草班子，是为起草法案而组织形成并紧密合作的工作小组或团队；法案的起草人，是具体进行法案起草的工作人员。其中，法案的起草人处于法案起草主体中的核心位置，其原因在于，虽然法案的起草总是以一定的机关和班子作为载体加以展开，但构成法案起草机关和起草班子的以及完成法案起草工作的总是具体的法案起草人。因此，法案起草主体的选择，最为关键的是对法案起草人的选择。

2. 法案起草人的责任

作为法案起草主体中的核心，法案起草人常被喻为“社会结构的建筑师”（architect of social structure）、“汇集各类目的的架构设计家”（expert in the design of framework of collaboration for all kinds of purposes）以及“与未来对话的高级艺术家”（specialist in the high art of speaking to the future）。[78] 法案起草人的任务在于贯彻决策者的立法意图以及体现社会公众的利益诉求。为达成这一任务，法案起草人应担负起如下责任：[79]

第一，适时起草。适时，即审时度势，把握起草时机。法案的起草人应当在立法需解决的问题出现但未病入膏肓时进行法案起草，不宜太早也不宜太晚，以免预估错误阻碍社会生活发展或延误解决时机。

第二，深入调研。法案的起草应建立在对与法律议案相关的事实和问题进行深入细致的调查研究之上，若起草人对相关的事实和问题不了解、不熟悉，则难以形成合乎要求的草案；即使形成了草案，该草案也很可能会因缺乏深入细致的调查研究而缺少科学性、针对性和可行性，最终不能列入会议议程。[80]

第三，遵循起草的程序和步骤。作为立法过程的一部分，法案的起草

---

〔77〕 李林：《立法权与立法的民主化》，载《清华法治论衡》2000 年第 0 期。

〔78〕 See G. C. Thornton, *Legislative Drafting* (3rd nd), Butterworth & Co., 1987, p. 102.

〔79〕 See Michael Zander, *The Law – Making Process*, Weidenfeld and Nicolson, 1990, p. 16 – 17.

〔80〕 参见李培传：《论立法》，中国法制出版社 2004 年版，第 168 ~ 171 页。

亦应遵循法定的程序和科学的步骤，保证法案起草活动的程序正当性。

第四，维护法制协调。法的体系有其内在的秩序要求。因此，法案的起草人在起草法案时应注意其所起草的法案与各种法之间的纵向、横向关系，以及草案本身在内容、形式、结构上的协调一致。

第五，注意法律的效果。法律只有在妥当性与时效性兼备之时，才能具有其应当具有的强制力和有效性；因此，法案的起草人不能太过理想主义，使法案与社会现实相脱节，同时应考虑法律适用时的困难，并尽量预先在法案的起草过程中予以排除。

第六，实现草案语言的明确、条文的简洁、内容的易懂。法案的起草人应注意法律的明确性，尽量采取惯用的法规用语，使法案能够精确地表达其欲表达的内容；需注意保持法案的简洁，文字的使用和条文的设置应尽量省略，避免不必要的累赘和重复；法案的用语应尽可能地平易化，易于理解，使社会公众能望文而知义。

第七，促成社会公众对草案的接受。法案草案的起草，一方面要能符合法理，另一方面要能获得社会公众的支持和接受，才能实现法律的规范功能；为实现此一目的，法案的起草人在起草时应探求民意，博采周咨，不将未经检验的观点纳入草案。

第八，积极准备辩论。公共政策往往见仁见智，而法案作为公共政策的合法化，其架构和内容不可避免地带有可辩证性；因此，法案的起草人必须事先积极准备有关资料，以便在有人对草案的架构和内容提出异议时加以说明或参与辩论。

3. 联合起草或合作起草

作为一项高度复杂、难度大的科学工作，法案的起草工作很难由某一个起草人单独完成。因此，为了保证法案的科学性，实践中的法案起草工作往往以法案起草小组（法案起草班子）〔81〕的形式加以展开，即根据法

---

〔81〕 法案起草小组（法案起草班子）的成员构成应当全面，一般应当包括：可以起决策作用或可以代表决策者的人员，以保证法案起草工作有理想的效率；有较高水平的立法工作者；有较高水平的立法研究专家、学者；通晓和该项法案相关的法律、法规、规章及其他规范性法律文件者；精通法案所要解决的专业或技术问题方面的专家；同法案所要解决的问题有重要关联的领域、方面或单位的人员；相关法学专家、学者；其他必要人员。参见周旺生：《立法学》（第2版），法律出版社2009年版，第450～451页。

案的规模大小、重要程度、难易程度、复杂程度等实际情况，由数个法案起草人进行联合起草或合作起草。

4. 第三方起草

第三方起草，即高等院校、科研院所、律师事务所等社会主体，接受地方立法机关或行政机关的委托，在受托范围内起草法案的专门活动。相较于传统的法案起草模式（地方立法机关起草或行政机关起草），第三方起草具有的专业性、中立性、群众性优势，能够有效弥补地方立法机关人力资源的不足、避免部门利益法律化、扩大和加深公众参与地方立法的范围与程度，提高法案的质量。[82] 但不可否认的是，第三方起草的实践效果与理想预期之间仍存在不小的差距，[83] 造成这种差距的原因有很多，如委托范围不清、验收标准不明、保障不到位等，但其中最为直接的原因则是受委托的第三方在专业知识技能和立法实践经验上的不足，也即起草主体的不适格。因此，第三方起草的制度实践欲达到其所追求的理想效果，就必须重视并完善起草主体选择这一关键环节，保证受委托的第三方主体具备起草法案所必需的专业知识技能和立法实践经验。

（二）人大对法案起草的主导

人大主导立法，是《立法法》第51条确定的新理念与新制度，[84] 也是《中共中央关于全面推进依法治国若干重大问题的决定》对人大立法提出

---

〔82〕 参见王子正、周静远：《委托第三方参与地方立法问题研究》，载《地方立法研究》2017年第2期。

〔83〕 第三方虽然逻辑思维能力较强，起草的法规稿理论性强，但因立法实践经验少，对法规在实施过程中存在的问题研究不够全面、不够深入，对实施难度估计不足，法规往往缺乏可操作性，使法规稿在提交人大常委会审议时，要大篇幅地修改，原稿保留部分少之又少，有些甚至是推倒重来，从某种程度上说，增加了立法成本。参见魏桃清：《人大委托"第三方"参与立法工作的实践与思考》，载《人民之声》2013年第7期。

〔84〕 《立法法》第51条规定："全国人民代表大会及其常务委员会加强对立法工作的组织协调，发挥在立法工作中的主导作用。"

的新要求与新目标。[85] 虽然不同学者对人大主导立法的具体环节有不同认识,[86]但有一个环节是得到普遍认可的,即人大对法案起草这一环节的主导。

人大主导法案的起草,第一,强调了人大及其常委会在法案起草过程中所处(应当所处)的主导地位;第二,强调了人大及其常委会在法案起草过程中所发挥(应当发挥)的主导功能。与总体上人大所处的主导地位和所发挥的主导功能相似[87],人大对法案起草的主导也应包括以下四个方面的内容:第一,法案的立法意图或立法主旨,应由人大及其常委会加以明确;第二,法案起草的程序和步骤,应由人大及其常委会加以调控,特别是在作出法案起草决策、法案起草主体的选择、协调论证等程序和步骤中的主导;第三,所起草法案的内容,要由人大及其常委会加以最终决定;第四,起草法案所需的立法技术,要由人大及其常委会加以把关。

人大对法案起草的主导,并不意味着将人大视为唯一的法案起草主体。[88] 在地方立法实践中,法案的起草方式主要包括以下三种:第一,自行起草,即由人大内部有关的专门委员会或常委会工作机构起草;第二,

---

〔85〕 党的十八届四中全会审议通过的《中共中央关于全面推进依法治国若干重大问题的决定》提出,人大主导立法、健全立法起草机制、发挥人大代表参与立法起草的作用,从地方政府部门主导立法向地方人大及其常委会主导立法转变,克服政府部门组织立法起草中的行政化倾向、“部门利益保护”倾向,确定地方人大在立法体制中的主体地位和主导作用,是新时期提高立法质量的重要保证,是实现科学立法、民主立法的必然要求。参见朱述洋:《地方人大主导立法起草的困境与出路》,载《人大研究》2016 年第 5 期。

〔86〕 人大及其常委会的主导作用应当体现在法律法规的立项、起草、审议、修改、表决等各个环节。参见乔晓阳主编:《〈中华人民共和国立法法〉导读与释义》,中国民主法制出版社 2015 年版,第 191 页。真正发挥人大在立法工作中的主导作用,应当注重把握立项、起草、审议这三个关键环节。参见詹亮、张庆庆:《人大主导立法应把握好三个“关键环节”》,载《公民导刊》2016 年第 5 期。人大主导立法,就是人大作为立法主体,对立法选项、立法过程、立法结果具有完全的实际的决定权。参见丁祖年:《健全人大主导立法体制机制研究》,载《法治研究》2016 年第 2 期。

〔87〕 人大对立法的“主导”包括以下四个方面:一是立法理念和价值取向,要由人大来明确;二是立法程序,要由人大来调控,尤其是制定程序的启动;三是立法内容,要由人大来决定;四是立法技术,要由人大来把关。参见唐莹莹:《地方立法工作体制是立法质量的重要保障》,载《人大研究》2010 年第 3 期。

〔88〕 在现代立法发展的全球化背景之下,我们对人大主导立法的追求亦不能过于理想化,应坦然接受民意代表机关在进行现代专业化、精细化、纯粹技术性、紧急状态立法时的天生不足。要充分认识到,有立法权的人大不是也不可能是唯一的立法主体。参见封丽霞:《人大主导立法的可能及其限度》,载《法学评论》2017 年第 5 期。

部门起草,即由政府的有关部门组织起草;第三,第三方起草,即由人大或政府委托的第三方组织起草。因此,具体到立法实践中的人大主导法案起草,就是在此三种起草方式中实现人大对法案的立法意图或立法主旨、法案起草的程序和步骤、所起草法案的内容以及所需立法技术的主导。

(三)法案起草步骤的设定

在我国,法案的起草过程可以分为十个基本步骤。[89] 具体而言:

第一,作出法案起草决策。作出法案起草决策,是指由有权主体(有立法提案权的机关和人员)所作出的关于是否起草法案的决策。此一步骤是整个法案起草过程的初始环节,法案起草决策的作出科学与否,直接影响待起草的法案本身是否与立法的实际需求相适应。

第二,确定起草机关。确定起草机关,即确定负责法案起草的机关(机构)和人员。法案起草机关既可以是有立法提案权的机关和人员(如人大专门委员会),也可以是其工作机构和人员(如人大常委会的法制工作委员会、法制工作机构),还可以是受其委托的第三方机构和人员(如高校、律师事务所)。

第三,组织起草班子。作为一项高度复杂、难度大的科学工作,法案的起草很难由某一个起草人单独完成。实践中的法案起草工作往往根据待起草法案的规模大小、重要程度、难易程度、复杂程度等实际情况,组织具备相应条件或资质的数个法案起草人成立起草班子,从而保证法案的科学性。

第四,明确立法意图。立法意图是法案的核心,法案内容、形式的整体设计以及具体起草都应围绕立法意图加以展开。立法意图一般以起草指令的方式加以明确。为使起草人能够充分了解起草指令,决策者应根据下列五个原则发布指令:其一,起草指令应区分立法计划(legislative proposals)与背景资料(background information),背景资料应能够使起草人预见未来的情况以及立法计划中所可能遭遇的事实与问题;其二,若立法计划的主题是专门的技术性问题,那么起草指令及其附件资料应当包

---

〔89〕 参见周旺生:《立法学》(第2版),法律出版社2009年版,第449页。

含指导起草人如何了解该项技术以及专门术语等内容；其三，应当清楚且完整地表明立法的主要目的；其四，应当附带说明达成主要目的的方法；其五，应当指出现有法制、社会或行政上的实际情况以及困难所在。[90]

第五，进行调查研究。调查研究是法案起草过程中不可或缺的重要步骤。原因在于，若起草人对与待起草法案相关的各类事实和问题不了解、不熟悉，则难以形成合乎要求的草案；即使形成了草案，该草案也很可能会因缺乏深入细致的调查研究而缺少科学性、针对性和可行性，最终不能进入正式的审议程序。[91]

第六，搭架子和拟出法案提纲。搭架子，即运用逻辑思维的方法对法案的各个组成部分进行统一安排，使其成为一个体系完整、结构合理的整体；拟提纲，即把经过构思搭成的法案骨架勾画出来，使起草所需的材料及所需解决的问题组成一个系统，帮助起草人在起草时顾全法案的整体、考虑全篇的体系与结构。[92]

第七，正式起草法案。正式起草法案，要根据一定的立法指导思想和基本原则，按照一定的立法方法和要求，以法案提纲所确定的框架和思路为指引，将提纲中提出的问题予以解决并运用科学的法律语言将解决的结果形诸文字。[93]

第八，征求有关方面意见和协调论证。征求有关方面的意见，即将初步完成的法案草稿递交给相关的组织和人员并征求其意见，以帮助法案起草人检查、发现草案中存在或可能存在的漏洞、缺点和其他不足；协调论证，是在征求意见完成之后，对收集的各方意见加以分析判断并有选择性地进行吸收与借鉴，协调不同主体之间的利益或意见分歧，从而使法案的正式稿易于被各方主体接受并有效通过。

第九，反复审查和修改法案草稿。法案的起草并非一次性就能完成的复杂工作，只有对法案的草稿进行反复审查和修改才能使此一工作趋于科学与完善。

---

〔90〕 See G. C. Thornton, *Legislative Drafting* (3rd nd), Butterworth & Co., 1987, p. 105.

〔91〕 参见李培传：《论立法》，中国法制出版社 2004 年版，第 168 ~ 171 页。

〔92〕 参见周旺生：《立法学》（第 2 版），法律出版社 2009 年版，第 453 页。

〔93〕 参见周旺生：《论法案起草的过程和十大步骤》，载《中国法学》1994 年第 6 期。

第十,形成法案正式稿。形成法案正式稿是法案起草过程的最终环节,此一步骤的完成意味着法案已基本成熟并获得起草机关以及法案决策者的认可,可以提交至审议机关进入由法案到法的阶段。

三、法案起草能力的评估指标

(一)起草主体专业化的评估

1. 指标的设置依据

法案起草主体的任务在于贯彻决策者的立法意图以及体现社会公众的利益诉求,但受起草主体自身能力以及客观条件的限制,法案的起草将遭遇到"先天性的障碍"。此种障碍可分为四种:其一,对事实的相对无知(relative ignorance of fact),即因社会的发展而出现当初起草人无法预见的事实,或因起草人认知能力的限制而未能就某一即存事实加以规范;其二,意旨的相对不确定(relative indeterminacy of aim),即客观上存在一些无法加以明确界定或限定范围的立法事物,只能使用不确定的法律概念作为法律的内容,然后授权执法人员于个案中斟酌情势予以判断;其三,语言先天的不确定性(inherent indeterminacy of language),法律概念不外是文字的使用,但以文字描述事物本身就带有"抽象化"的特点,无法表明事物的全部真相以及意义;其四,时间不够的压力(shortage of time),即为了配合某种紧急情势的需要,法案的起草只能在决策者限定的期限内匆匆完成。[94] 因此,要使法案起草主体在上述"先天性的障碍"下完成其应完成的任务,就必须保证或实现法案起草人的专业化,[95] 使其运用专业的能力、技术、职业精神来完成法案的起草工作。

本项指标旨在考察地方人大及其常委会组织法案起草人以及法案起草小组的实践情况,督促地方人大及其常委会选择专业化的法案起草主体,从起草主体的层面确保草案文本的质量。

---

〔94〕 参见罗传贤:《立法程序与技术》,台北,五南图书出版股份有限公司 2002 年版,第 114 ~ 116 页。

〔95〕 考虑到现代社会关系的复杂化,社会分工的高度专业化,法律调整对象的多样化,立法进一步专业化、技术化和规范化,以及其他一些因素,法案的起草一般只能由专业化的人士来承担。参见李林:《立法权与立法的民主化》,载《清华法治论衡》2000 年第 0 期。

2. 指标的评估内容

本指标的评估内容包含以下两点：

第一，法案起草人是否具备相应的条件或资质。以是否职业为分类依据，可将法案起草人分为职业起草人、半职业起草人和非职业起草人。[96] 但无论是哪一类型的起草人，在被选择或委托进行法案起草时，都应具备相应的条件或资质。理想的法案起草人应具备以下条件或资质，即丰富的立法实践经验、相当的立法技术水平、较高的立法理论修养。具体而言，这些条件或资质至少应当包括以下内容：一是具备扎实的法学理论功底和实践经验，掌握立法的一般方法与基本条件，这是起草法律草案的前提；二是具备所立之法的相关专业知识，这是起草法律草案的基础；三是熟悉和了解相关宪法、法律法规、政策的具体规定，熟悉和了解各有关立法主体的立法权限范围和立法职责，这是起草法律草案的重要环节；四是具备较好的文字能力，掌握一定的立法技术，熟练运用法的语言来表达和构建法案内的各种要素或部件，这是起草法律草案的重要保障。[97]

第二，法案起草小组（法案起草班子）的成员构成情况。在地方立法实践中，通常是由人大牵头政府等各方进行联合起草或合作起草，即以由人大专门委员会、法制工作委员会、政府有关部门、政府法制办以及社会组织、专家学者等共同组织成立立法起草小组，俗称“4 + 1”模式，共同完成草案的起草工作。[98] 其中，人大专门委员会可以提供决策并明确立法意图，法制工作委员会可以提供起草法案所需的专业技术和实践经验，政府有关部门、政府法制办以及社会组织可以为法案的起草提供所需的信

〔96〕 职业起草人，一般是立法主体中专门从事法案起草或主要从事法案起草工作的人员，也包括立法主体之外的以接受委托起草为职业的机构、团体或人员，如人大常委会的法制工作委员；半职业起草人，主要是从事立法研究，经常接受邀请或委托从事法案起草或参与法案起草的立法学者、专家，如地方人大与高校或其他机构共同组建的立法基地、立法智库；非职业起草人，是因为专业、业务或其他某方面的原因，参加或应邀参加法案起草的人员，该项法案起草完毕，或是完成了他在该项法案起草中所承担的任务后，他们就不再是法案起草人，如立法专家顾问。参见周旺生：《立法学》（第 2 版），法律出版社 2009 年版，第 447 页。

〔97〕 参见曹海晶：《中外立法制度比较》，商务印书馆 2016 年版，第 264 ~ 265 页。

〔98〕 参见阎锐：《地方立法参与主体研究》，上海人民出版社 2014 年版，第 72 页。

息和事实,专家学者则提供了法案起草所需的理论基础与专业知识。而在此一模式中,最为重要的是将具有较高水准的立法研究专家、学者纳入法案起草小组之中。“我们的许多法律、法规和其他规范性法律文件漏洞颇多,瑕疵颇多,不像法的样子,缺乏操作性,难以贯彻执行,以及存在其他许多毛病,很重要的一个原因便在于法案起草班子组成人员中没有或缺少有较高水平的立法研究专家、学者。”[99]

3. 指标的评分标准

根据上述评估内容,可将本指标的评分标准界定为:

(1)法案的起草人具备丰富的立法实践经验、相当的立法技术水平、较高的立法理论修养的,得 2 分;具备丰富的立法实践经验和相当的立法技术水平,但不具备较高的立法理论修养的,得 1 分;不具备丰富的立法实践经验和相当的立法技术水平的,得 0 分。

(2)法案起草小组(法案起草班子)由人大专门委员会、法制工作委员会、政府有关部门、政府法制办以及社会组织、专家学者等共同组成的,得 2 分;未包括立法研究专家、学者的,得 1 分;未组织法案起草小组(法案起草班子)的,得 0 分。

(二)起草过程主导化的评估

1. 指标的设置依据

人大主导立法是我国现阶段对人大立法提出的新要求、新目标,为实现这一要求与目标,必须加大人大主导法案起草的力度。[100] 但由于人大自行起草客观上存在局限性,[101] 以及政府起草和第三方起草具有的相对

---

[99] 周旺生:《论法案起草的过程和十大步骤》,载《中国法学》1994 年第 6 期。

[100] 参见汪全胜、卫学芝:《人大主导的联合起草法案模式析论》,载《上海政法学院学报(法治论丛)》2019 年第 3 期。

[101] 人大自行起草有其自身的局限性:一是地方人大及其常务委员会缺乏了解行政管理事务的专业人员,缺乏对公共管理事项的经验积累,尤其是掌控信息的能力不足。二是地方人大及其常务委员不仅要负责法案的起草工作,还要负责立项、审议、表决、公布等事项,人员配置上的不足使其在法案的起草方面力不从心。三是地方人大及其常委会在经费保障方面明显不足。参见朱述洋:《地方人大主导立法起草的困境与出路》,载《人大研究》2016 年第 5 期。

优势,[102]人大对法案起草的主导,并不代表将人大作为法案起草的唯一主体,也不意味着对部门起草以及第三方起草的否认或排斥。人大主导法案起草,强调的应是在继续保持此三种主要方式的同时,实现人大对法案起草的主导。在人大自行起草这一方式中,人大对法案起草的主导自不待言,那么如何在政府起草以及第三方起草中贯彻和落实人大对法案起草的主导,便成为实现人大主导法案起草的关键。

本项指标旨在考察地方人大及其常委会主导政府起草法案以及第三方起草法案的实践情况,督促地方人大及其常委会将人大主导法案起草的要求和目标落实到法案起草的全过程,加强人大主导法案起草的力度。

2. 指标的评估内容

本指标的评估内容包含以下两点:

第一,人大对政府起草法案的主导。人大对政府起草法案的主导,关键在于人大对政府起草法案过程的参与。在地方立法实践中,人大对政府起草法案过程的参与主要是通过其专门委员会以及法制工作委员会对政府起草法案的提前介入加以实现的。此一提前介入可大致分为以下两种情况:一是专门委员会以及法制工作委员会全程提前介入,通常的做法是专门委员会以及法制工作委员会的有关人员主动加入或受邀加入由政府起草部门所搭建的起草工作班子;二是专门委员会以及法制工作委员会在法规草案起草框架已基本形成的中后期提前介入,主要是政府起草部门在法规草案框架形成、初稿形成等节点,通过汇报会、读稿会(将政府部门起草的法规草案初稿逐条宣读并逐条讨论修改)等形式,向人大有关专门委员会、法制工作委员会汇报。[103]

---

〔102〕 部门起草有以下优势:一是地方性法规的内容多为行政管理事项,地方政府机关作为行政管理事项地方性法规最直接的适用者,更能了解立法需求、执法对象和方法,可以更好地解决法案起草中的专业性、技术性问题;二是地方政府机关对起草法规草案具备较高的积极性,加之其在组织机构、人员配置、经费保障上具有优势,能够保证法案起草的效率。参见朱述洋:《地方人大主导立法起草的困境与出路》,载《人大研究》2016 年第 5 期。同公众参与模式相比,委托第三方起草模式具有参与主体的专业性、参与阶段的主导性、参与地位的中立性等优势特征,能够推进立法民主化的真正实现以及促进立法科学化的有效提升。参见王书娟:《委托第三方起草之立法模式探析》,载《东南学术》2019 年第 1 期。

〔103〕 阎锐:《地方立法参与主体研究》,上海人民出版社 2014 年版,第 75 ~ 76 页。

第二，人大对第三方起草法案的主导。地方人大对第三方起草法案的主导，关键在于掌握委托工作中各阶段的主动权：在启动阶段，人大要积极参与委托项目、委托方式、受托机构的选择过程，掌握选择的主动权；在实施阶段，人大要科学、及时评估第三方制作的实施方案，并对委托工作的实时进展进行跟踪，提供必要的支持与指导，掌握监督的主动权；在完成阶段，人大要对起草完毕的法案进行严格把关与全面审查，给出是否符合要求的结论，掌握验收的主动权。[104]

3. 指标的评分标准

根据上述评估内容，可将本指标的评分标准界定为：

(1)在政府起草法案的过程中，专门委员会以及法制工作委员会全程提前介入的，得 2 分；专门委员会以及法制工作委员会在法规草案起草框架已基本形成的中后期提前介入的，得 1 分；专门委员会以及法制工作委员会未提前介入的，得 0 分。

(2)在第三方起草法案的启动、实施、完成阶段，人大完全掌握了选择的主动权、监督的主动权以及验收的主动权的，得 2 分；未完全掌握主动权的，得 1 分；未掌握任何主动权的，得 0 分。

(三)起草步骤科学化的评估

1. 指标的设置依据

科学的起草步骤是保证法案起草工作有序展开以及草案质量的前提。虽然对法案起草的过程而言，前述十个基本步骤是一个不可分割的整体；但从地方立法能力评估的角度来看，根据各个步骤所包含的内容以及具体作用，这十个步骤可进一步加以整合并归于不同的立法评估活动或立法能力评估指标之内。其中，“确定起草机关”和“组织起草班子”的步骤可归于“起草主体的专业化”这一评估指标，“进行调查研究”的步骤可归于“立法调研”这一评估指标，“搭架子和拟出法案提纲”“正式起草法案”“反复审查和修改法案草稿”“形成法案正式稿”这四个步骤则指向法案文本并通过立法前评估活动加以判断。因此，起草步骤科学化的评

[104] 参见李英：《地方性法规从“有”转“优”的实施路径——地方人大委托第三方参与立法的实践考察》，载《理论导刊》2016 年第 11 期。

估就包含以下三点内容：作出法案起草决策、明确立法意图、征求有关方面意见和协调论证。

本项指标旨在考察地方人大及其常委会在起草法案时是否遵循了科学的步骤，督促地方人大及其常委会采取科学的步骤起草法案，确保法案起草工作的有序开展。

2. 指标的评估内容

本指标的评估内容包含以下三点：

第一，法案起草决策的作出。作出法案起草决策是整个法案起草过程的初始环节，此一决策的科学与否，直接影响待起草的法案本身是否与立法的实际需求相适应。因此，地方立法主体应做到法案起草决策的科学化，避免法案起草决策的随意性和盲目性。要实现此一目标，需要注重以下两个方面的内容：首先，法案起草的决策应以客观根据为基础。在地方立法实践中，可以作为决策根据的主要有以下四种：国家的总政策以及上位法的要求、既定的立法规划（计划）、社会发展的具体需要、有权主体提出的立法建议（创议）；其中，国家的总政策以及上位法的要求、既定的立法规划（计划）是相对确定的根据，而社会发展的具体需要、有权主体提出的立法建议（创议）则属于相对不确定的根据。其次，法案起草的决策应通过正式的审议程序加以确定。在以相对确定的根据为决策基础时，法案决策者可直接根据要求和规划（计划）的具体内容加以确定；但在以相对不确定的根据为决策基础时，就需要法案决策者对是否起草进行充分的论证才能确定。也即虽然作出法案起草决策的审议程序可以适当简化，但却不能完全省略或被忽视。

第二，立法意图的明确。立法意图是法案的核心，法案的起草应当围绕立法意图加以设计并展开。一般而言，只有在法案正式起草之前对立法意图加以明确，才能保证法案起草工作的顺利、有效完成。在理想状态下，法案的立法意图应由提案者或法案的决策者加以明确，由法案的起草人加以理解和贯彻。但在地方立法实践中，这一理想状态却并不常见；在大多数情况下，提案者或法案的决策者往往并没有在法案正式起草之前提出明确的立法意图，而是由提案者或法案决策者与法案的起草人共同加以明确。[105] 虽然这种共同确定的方式最终也能对立法意图加以明确，但却在一定程度上加重了法案起草人的任务和责任，影响法案起草的整体效率。

第三，征求有关方面意见和协调论证。征求意见与协调论证的对象一般应包括法案的决策者、受法案直接或间接影响的社会公众、与法案相关的政府部门以及相关专家学者。其中，与法案相关的政府部门以及立法研究专家学者应作为征求意见与协调论证的重点主体。征求与法案相关的政府部门意见并使其参与协调论证，能够保证草案内容的可行性与针对性；征求立法研究专家学者的意见并使其参与协调论证，能够保证草案的内容和形式从一开始就趋向科学和完善的目标。此外，还需进一步强化人民政协在征求意见与协调论证过程中的地位和作用，其原因在于：人民政协具备的广泛代表性、包容性和中立性，为征求意见与协调论证的展开提供丰富的信息渠道和智识资源，从而便于联系社会各界、了解不同群体的利益诉求，避免或减少政府部门之间为一己之私而发生的利益争斗。[106]

3. 指标的评分标准

根据上述评估内容，可将本指标的评分标准界定为：

(1)法案起草决策有客观的根据，并通过正式的审议程序加以作出的，得 2 分；法案起草决策有客观的根据，但未经正式的审议程序加以作出的，得 1 分；法案起草决策没有客观根据的，得 0 分。

(2)在法案正式起草之前，由提案者或法案决策者对立法意图加以明确的，得 2 分；在法案正式起草之前，由提案者或法案决策者与法案的起草人对立法意图共同加以明确的，得 1 分；未在法案正式起草之前对立法意图加以明确的，得 0 分。

---

[105] 我们总是假定立法者会对将起草的法案有一个明确的意图，但事实并非如此。立法者通常只是对法案所需解决的问题有一个模糊的意见，或仅仅是收到了选民关于立法的一个简单意愿。在这些情况下，起草者就需要经过定义和阐述立法者的意见，或者逐渐丰富立法者的想法，然后才能进行法案的起草工作。See R. Purdy, *Professional Responsibility for Legislative Drafters: Suggested Guidelines and Discussions of Ethics and Role Problem*, Seton Hall Legislative Journal, Vol. 11:1, p. 67 – 120(1987).

[106] 参见彭凤莲、陈旭玲：《论人民政协立法协商》，载《法学杂志》2015 年第 7 期。

(3)在正式提交法案正式稿之前,就法案的内容征求有关方面的意见并进行协调论证的,得2分;有征求意见并进行协调论证,但未征求政府有关部门以及立法研究专家学者的意见并进行协调论证的,得1分;未在正式提交法案正式稿之前,就法案的内容征求有关方面的意见并进行协调论证的,得0分。

第五章

由法案到法阶段的能力评估指标

由法案到法的阶段,是立法主体通过正式程序产生法的阶段,也是最终决定法案质量及其命运的阶段。[1] 由法案到法阶段是整个立法过程的第二阶段,此一阶段一般包括草案的评估、审议、表决和公布等具体行为。从上述行为的内容和性质来看,该阶段的行为大多是围绕法案并决定其是否能被表决通过的行为,即对法案的质量以及实施效果进行评价和预测,对有关法案的意见和利益诉求进行收集与甄别,对法案进行充分审议和公正表决。因此,为保证所立之法能够最大限度地体现公共意志和利益并在实施过程中取得良好效果,在由法案到法的阶段,地方人大及其常委会应当具备立法前评估的能力、整合分歧的能力以及凝聚共识的能力。

第一节 立法前评估的能力及其评估指标

一、立法前评估的理论分析

(一)立法前评估及其定位

立法前评估,又称"法案评估"或"出台前评估",是指起草完成的法案在进入正式审议程序之前,就其必要性、出台时机、可行性、影响性等内容进行判断和预测,并将评估结果作为审议的参考和依据的专门活动。立法前评估在我国立法实践中运行的时间并不算长。在中央层面,第一次立法前评估的实践始于 2013 年 4 月全国人大常委会法制工作委员会对《旅游法》的评估,其后,立法前评估逐渐成为全国人大常委会立法通过前的"常规动作";[2] 在地方层面,立法前评估开始的较早,自 2011 年开始,青岛、天津、杭州、山东、广东等多个省市就陆续开展了立法前评估工作并取得了良好效果。中央和地方的立法实践表明,立法前评估"有利于把正向思维和逆向思维结合起来,既重视法律适用对象和专家学者的意

---

〔1〕 参见周旺生:《关于中国立法程序的几个基本问题》,载《中国法学》1995 年第 2 期。

〔2〕 参见乔晓阳主编:《〈中华人民共和国立法法〉导读与释义》,中国民主法制出版社 2015 年版,第 165 ~166 页。

见,也认真考虑法律执行部门的意见,使立法工作更加科学周全”。[3] 鉴于立法前评估在实践中的重要作用,我国《立法法》在2015年修正时新增第39条对其进行了专门规定,即“拟提请常务委员会会议审议通过的法律案,在法律委员会提出审议结果报告前,常务委员会工作机构可以对法律草案中主要制度规范的可行性、法律出台时机、法律实施的社会效果和可能出现的问题等进行评估。评估情况由法律委员会在审议结果报告中予以说明”。自此,立法前评估成为我国立法的正式制度。

但由于我国立法前评估的制度实践开展的时间较短,也并不充分,导致理论界和实务界对立法前评估的研究仍处于相对滞后的状态。[4] 因此,有必要对与立法前评估相关的概念进行辨析,使其与其他相似制度区分开来,从而明确立法前评估在立法过程中的地位。

1. 立法前评估与立法后评估

作为立法评估的两个重要组成部分,立法前评估与立法后评估在评估的内容、程序、方法等方面存在诸多相似之处。但从本质上来说,二者仍是两种不同的立法评估制度,并不能因为相似之处的存在而忽略二者之间存在的巨大差异。具体而言,立法前评估与立法后评估之间存在以下差异:一是评估的对象和发生的阶段不同。立法前评估是发生在正式审议程序之前对起草完成的法案的评估,而立法后评估则是发生在表决公布之后对已经生效实施的法的评估。二是评估的性质不同。立法前评估是一种前瞻性评估,虽然存在一定的事实依据,但总体上仍是对法案质量及其可能的实施效果的预见或预判;立法后评估则是一种回溯性评估,是建立在可观察的事实基础之上的、对法的自身质量以及实施效益的实证分析。[5] 三是评估的侧重点不同。相较而言,立法前评估侧重于对法案的质量(合法性、必要性、可行性、特色性等内容)进行评价,而立法后评估则侧重于对法的实施效益(实效性、可操作性、成本收益等内容)进行检验。四是评估的目的和作用不同。立法前评估的目的在于更好地预测草

---

〔3〕 张德江:《张德江在全国人民代表大会常务委员会上作的工作报告——二〇一四年三月九日在第十二届全国人民代表大会第二次会议上》,载中国共产党新闻网2014年3月17日,http://cpc.people.com.cn/n/2014/0317/c64094-24649505.html。

〔4〕 参见何盼盼:《立法前评估机制研究》,载《人大研究》2016年第7期。

〔5〕 参见崔卓兰等:《地方立法实证研究》,知识产权出版社2007年版,第412页。

案可能存在的问题及其潜在效果，从而为判断是否将其纳入正式审议程序以及具体审议程序的展开提供科学的依据和意见；而立法后评估的目的在于更好地了解法在实施过程中发生的情况，考察其实施所带来的真实效果和实际影响，从而为立法、执法、司法等活动的进一步完善提供科学的根据和建议。〔6〕 由此可见，虽然立法前评估与立法后评估都有益于立法质量的判断和提升，但却不能将立法评估等同于立法后评估、忽视立法前评估这一预先把控立法质量的重要环节，否则仅凭立法后评估对立法质量的把控，将很难在最大程度上避免低质量的法案被通过和实施，造成立法资源的浪费并损害法律的权威。

2. 立法前评估与立项论证

从整体上来看，立法前评估与立项论证之间存在以下差异：一是评估的对象和发生的阶段不同。立项论证是在制定立法规划（计划）之前对拟起草法案的评估，而立法前评估则是在正式审议程序之前对起草完成的法案的评估。二是评估的内容不同。（由于尚未起草法案）立项论证侧重于对拟起草法案整体的可行性、必要性、预期成本和收益等内容的评估，而立法前评估不仅是对法案的整体评估，更是对其具体规定的必要性、可行性、影响性等内容的评估，特别是对那些涉及范围广、争议较大的制度措施进行评估，因此，立法前评估的内容比立项论证的内容更为全面、具体和深入。三是评估结果的影响不同。立项论证的结果决定着是否将某一立法项目列入立法规划（计划）之中，而立法前评估的结果则直接影响该法案能否进入正式的审议程序并在一定程度上决定着待审议的法案最终能否通过。由此可见，立法前评估和立项论证是在正式审议程序之前对立法质量进行把控的两种不同制度。虽然两者在评估的目的、性质、方法等方面存在一定的相似性，但却不能将两者混同，否则就是对立法前评估的简单化，降低其在立法过程中的地位以及立法主体对其的重视程度。

（二）立法前评估的作用

立法前评估对地方立法而言有重要作用，其原因在于“地方立法由原

---

〔6〕 参见王保民：《立法评估：一种提高立法质量的有效途径》，载《中共青岛市委党校（青岛行政学院）学报》2007 年第 6 期。

来的‘搭架子’转为更重质量的‘精装修’,走精细化立法、科学立法之路,这就需要在立法前进行评估”。[7] 具体而言,立法前评估对地方立法的展开与完善有如下作用:

第一,有助于提升立法质量,避免“规制失灵”。所谓“规制失灵”,即法律法规在制定后不能在现实生活中得到有效实施,显规则被束之高阁,潜规则大行其道。[8] 地方层面存在“规制失灵”的原因在于,执法、司法、守法过程中的适用者自觉或不自觉地规避地方性法规的使用;但不可否认的是,客观上存在一些不能用、不管用、不好用的地方性法规,使法的适用者不得不放弃对其的主动适用,即所立之法自身的原因造成“规制失灵”。要解决这一问题,不但要求在地方性法规的实施过程中通过法的修改、补充、废止等活动使法进一步臻于完善,更要求其在进入实施过程之前就趋于完善。而要做到这一点,不仅需要在审议法案的过程中做好把控立法质量的工作,还需要将把控立法质量的关口前移,在草案进入正式审议程序之前就其必要性、可行性、影响性等问题作出科学的判断和预测,从而使所立之法满足社会生活发展的需要并为适用者所认可和采用。因此,对拟进入审议程序的法案进行评估,可以有效防止出台不能用、不管用、不好用的地方性法规,进而在立法层面避免“规制失灵”的发生。

第二,有助于审议、表决、通过程序的展开,提升立法效率。立法前评估的对象是拟提交立法主体进行审议的草案;通过评估,可以对草案的必要性、可行性、影响性等作出科学的判断和预测,发现草案中存在或可能存在的问题,为草案质量的评价、审议中的辩论、草案的完善与表决等一系列活动提供重要依据,促进后续立法程序的有效展开,缩短草案从审议到最终进入实施环节的时间。

第三,有助于降低立法成本,优化立法资源配置。通过立法前评估的方式将把控立法质量的关口前移,不仅能提前把那些不能用、不管用、不好用的草案排除在正式审议程序之外,还能够遏制地方立法主体搞应景式立法和攀比式立法的冲动,将有限的立法资源用于那些立得住、行得通、真管用的草案之上,实现立法资源的优化配置。

---

〔7〕 曹众、孙小灵、李占江:《立法前评估:减少试错成本》,载《浙江人大》2014 年第 7 期。
〔8〕 参见李向东:《行政立法前评估制度研究》,中国法制出版社 2016 年版,第 4 页。

（三）立法前评估面临的困难与完善

虽然立法前评估对地方立法的展开与完善有重要作用，但在将其付诸地方立法实践时，却不得不面临以下困难：其一，立法事项广泛，通常需要整合各方面的信息数据和利益需求，评估人员无法面面俱到；其二，专业技术性法案增多，评估人员无法对其质量及可能的实施效果作出准确判断；其三，政策问题往往具有很大争议性，难以作客观正确判断；其四，立法审议通常有时效性，留给立法前评估的时间不够充裕。〔9〕

因此，若要更好地发挥立法前评估的作用以及克服其可能遭遇的困难，仅靠地方立法主体加强对其作用和地位的认识是远远不够的，还需要对其加以改进和完善：其一，应当对立法前评估进行制度化建构，对评估的主体、程序、方法、时间等问题作出明确和具体的规定；其二，应当建构一套全面、可操作的立法前评估指标体系，对法案的质量及其可能的实施效果进行科学的评价和预测；其三，应当对评估结果的形成与回应加以规范，使立法前评估产生实效。

二、立法前评估的能力表现

（一）评估的制度化

1. 评估主体的组织

评估主体，是决定、实施、参与立法前评估的机关、团体或个人。作为立法前评估的决策者、实施者与参与者，评估主体在一定程度上决定着评估程序以及评估结论的科学性和客观性。

总结我国既有的地方立法前评估实践可知，内部主体模式、利益相关者模式、第三方主体模式以及公众参与模式是实践中常见的四种评估主体模式；而在理想情况下，应将这四种模式予以融合，建构以立法机关为主导的多元化评估主体模式，根据评估过程的不同阶段充分发挥不同主

---

〔9〕 参见罗传贤：《立法程序与技术》（第1版），台北，五南图书出版股份有限公司1996年版，第431页。转引自崔卓兰等：《地方立法实证研究》，知识产权出版社2007年版，第411页。

体的作用。[10] 这种人大主导、多方主体共同参与的多元化评估主体模式确应成为我国地方立法前评估主体的理想模式。但需注意的是，在组织评估主体时，应将法案的起草主体与法案的具体评估主体相分离。原因在于：基于对法案本身的了解，由法案的起草主体具体负责法案的评估虽然可以保证评估的效率，但也正因为这种了解，却可能导致评估结果失去客观性与中立性，使本应成为是否可行、是否必要的全面论证沦为对“当行性”的简单陈述，严重违背评估的初衷和目的。因此，为保证评估结果的客观和中立，就需避免具体负责评估的主体与法案的起草主体相同的情况，即当法案由第三方起草时，具体负责评估的主体应为行政机关或立法机关；当法案由政府起草时，具体负责评估的主体应为立法机关或其他第三方主体；当法案由人大自行起草时，则具体负责评估的主体应为第三方主体或行政机关。

2. 评估程序的设置

评估程序，是立法前评估应依照的先后次序与工作步骤。程序对立法前评估而言并非可有可无，因为“地方立法评估工作的开展涉及评估的目的能否实现，涉及对立法相关工作的具体评价，就不可避免地涉及相关人员的利益，因此，在开展地方立法评估时也不可避免地会带有人为选择的因素，干扰评估活动科学和客观的进行。”[11] 由此可见，评估程序的设置是保证立法前评估工作有效开展、防止评估过程中恣意和专断的前提与基础。一般而言，立法前评估的程序由启动阶段、实施阶段、完成阶段组成。其中，评估的启动阶段包括组织评估主体和制定评估方案，评估的实施阶段包括收集信息、处理信息、分析信息、形成评估结论与撰写评估报告，评估的完成阶段包括提交评估报告、审核评估报告以及运用评估报告。

3. 评估方法的选择

评估方法是评估主体进行立法前评估时采用的方式和方法。评估方法的选择直接关系着评估主体能否全面、客观、真实地对评估所需的信息

---

〔10〕 参见王方玉：《地方立法前评估的内涵与主体模式解析——基于对立法后评估的借鉴》，载《西部法学评论》2018 年第 6 期。

〔11〕 夏正林、王胜坤、林木明：《地方立法评估制度研究》，法律出版社 2017 年版，第 164 页。

进行收集和分析,从而影响评估结论的科学性和实效性。在我国地方立法前评估的实践中,评估方法主要包括定性分析法、定量分析法、系统分析法、成本效益分析法、对比分析法等。在选择地方立法前评估的方法时,应进一步加强对定量分析法的选择和运用。“从各地已经公开的立法评估报告中我们也可以看出,评估主体使用的主要是定性分析方法,很少运用定量分析及影响分析。在评估报告中客观量化指标较少,主观性评估成分较多。”[12]虽然定性分析法在评估法案的整体效果上有显而易见的优势,但单独使用却很难保证评估的过程和结论不受评估主体的主观影响。因此,在选择评估方法时,应坚持定性分析法与定量分析法相结合的方式,将法案的定性分析建立在定量分析的基础之上,对评估指标加以量化处理,从而最大限度地避免评估的过程和结论受评估主体的主观影响。

4. 评估时间的确定

评估时间,包括评估的启动时间以及完成时间两个方面的内容。合理的评估时间是地方立法前评估取得成功的关键因素:首先,在评估工作启动的时间方面,立法前评估的开始时间应在法案起草完成之后、提交正式审议程序之前,若开始的时间过晚,会直接影响正式审议程序的进度。其次,在评估工作完成的时间方面,若期限太短,则很难保证评估活动的全面和深入;但持续的时间过长,则会影响评估的时效性。由此可见,过长或过短的时间都会对评估及其结果的时效性和科学性产生消极影响。因此,应当对立法前评估的启动时间以及完成时间加以有序化和制度化,即评估应当在法案起草完成之后、提交正式审议程序之前的 1 个月内加以启动,并在 1 个月之内完成,若被评估的法案较为复杂或重要,则可适当延长,但不宜超过 3 个月。

(二)评估指标体系的建构

1. 指标体系的内容

评估指标体系的内容,是评估主体选定的将要进行评估的具体方面

---

〔12〕 何盼盼:《立法前评估机制研究》,载《人大研究》2016 年第 7 期。

或具体情形。一般而言,指标体系内的各级指标是按不同内容所涵射的外延大小进行的逐层分解。根据《立法法》第39条的规定,地方立法前评估指标体系应至少包括草案中主要制度规范的可行性、法律出台的时机、法律实施的社会效果和可能出现的问题等内容。虽然此三项内容已基本包含了法案所需评估的主要层面,但却不够全面,还需结合理论界和实务界对立法前评估指标体系内容的讨论和研究加以补充。对于地方立法前评估指标体系内容的选择,主要有以下代表性观点:立法前评估的指标体系应包含必要性、合法性、协调性等六项内容;〔13〕为保证评估结果的全面客观,可从相关基本情况(上位法及相关法的立法情况、本地相关工作情况、立法必要性、立法时机是否成熟)、立法成本分析、立法效益分析等七个方面确定评估指标体系的内容;〔14〕地方立法前评估指标体系应包括社会问题立法的界定(法案要解决的问题是否属于法律的调整范围及其严重程度)以及地方立法的可行性(立法内容的合法性、协调性及其预期影响)两个主要内容。〔15〕

综合以上研究可以发现,地方立法前评估指标体系大致可以分为两个方面的内容:一是对法案自身质量的评价,如法案的必要性、可行性、合法性、可操作性、协调性、特色性等内容;二是对法案实施效果的预测,如法案的影响性、成本与效益、可能出现的问题等内容。

2. 指标体系的层级

地方立法前评估指标体系是以各种指标的不同性质和指向来共同评价法案自身质量和预测法案实施效果的指标体系,其客观上存在多个层级,且每个层次还可以有更多个更小的层级。因此,地方立法前评估指标体系也需相应建立多层级的指标体系,并保证各个层级之间的规齐与整体结构的完整,进而更准确地反映各层级的内部结构以及层级之间的关系。以对法案自身质量的评估为例,可以将法案的质量作为一级指标,合法性、必要性、可行性、可操作性、协调性、特色性等作为二级指标,并根据

〔13〕 参见李冰强、杨越、张莹:《立法前评估指标体系的构建》,载《晋阳学刊》2017年第2期。

〔14〕 参见周怡萍:《立法前评估制度研究——以地方立法为视角》,载《人大研究》2014年第8期。

〔15〕 参见李丹:《地方立法前评估浅论》,载《人大研究》2014年第4期。

二级指标的目标和指向设定各自的三级指标(见表5-1)。

表5-1　地方立法前评估中法案质量的评估指标体系

一级指标	二级指标	三级指标
法案的质量	合法性	是否符合地方立法的权限
		是否与上位法的规定相抵触
		是否符合立法的程序要求
	可操作性	法案中具体条款的含义是否清晰
		法案中具体条款的规定是否完整
		法律责任的承担方式是否明确、适当
	必要性	是否已经存在相关的规范性法律文件
		是否已经存在其他调整手段
		制定以及出台的时机是否成熟
	可行性	是否与本地方的社会发展相适应
		是否具备相应的配套措施来保障实施
		是否与本地方的普遍认识相适应
	协调性	是否与上位法的既有规定相协调
		是否与本地方的其他规范性法律文件相协调
		是否与本地方的其他调整手段相协调
	特色性	法案的内容是否对本地方的事务进行了规定
		法案的内容是否对本地方的突出问题进行了规定
	其他指标	其他指标

3. 指标的构成

指标的构成,是组成一个指标的具体要素。一般而言,一个完整的指标由名称、内容、评估值三个要素组成。具体到立法前评估指标体系中的指标构成,包括:评估指标的名称,即与评估对象的基本属性和外延相对应的概念;指标的内容,即评估指向的具体方面或评估对象的具体表现形式;指标的评估值,即对分解后内容性质的直观反映。

(三)评估报告的形成与回应

1. 评估报告的形成

评估结果是立法前评估工作的结论性意见,而评估报告则是评估结果的表现形式。[16] 评估报告的形成对立法前评估而言有重要意义:首先,评估报告是对整个立法前评估工作的概括和总结,也是判断法案最终能否被审议通过的重要参考意见,“评估情况,作为法律草案是否成熟可行,是否适宜提请常委会会议表决通过的重要参考意见,要在法律委员会的审议结果报告中予以反映”。[17] 其次,评估报告的质量直接影响立法前评估目的的实现。美国学者邓恩认为,当评估的结果能转化为具体明确的评估报告,且所形成的评估报告能够反映决策的需求与价值时,评估的结果就更为容易受到决策者的青睐与采纳。[18] 因此,评估报告的质量决定着评估的结果能否被审议主体接受和采用,进而直接影响立法前评估目的的真正实现。

2. 评估结果的回应

评估报告的形成并不意味着立法前评估完成了其应当完成的使命,也不代表立法前评估实现了其欲实现的目的。原因在于,评估报告仅仅是对法案自身质量的评价以及可能实施效果的预测,而要将这种评价和预测转化为判断法案是否能够被表决通过或是否需要进一步完善的重要参考意见,还需审议主体对评估报告作出积极回应。评估报告的回应,即审议主体对立法前评估报告中所列明的评价和预测给予积极地反应和回复,使评估的结果成为判断法案是否能够被表决通过或是否需要进一步完善的重要参考意见,从而实现立法前评估的真正目的。从回应的形式来看,评估报告的回应可分为两种:一种是“形式性回应”,即审议主体对评估报告给予高度重视,积极作出肯定或否定答复;另一种是“实质性回应”,即审议主体将评估报告作为判断法案是否能够被表决通过或是否需

〔16〕 参见卓越主编:《公共部门绩效评估》,中国人民大学出版社 2004 年版,第 83 页。

〔17〕 乔晓阳主编:《〈中华人民共和国立法法〉导读与释义》,中国民主法制出版社 2015 年版,第 166 页。

〔18〕 参见李允杰、丘昌泰:《政策执行与评估》,北京大学出版社 2008 年版,第 164~166 页。

要进一步完善的重要参考意见,并在法律委员会的审议结果报告中予以反映。

三、立法前评估能力的评估指标

(一)评估的制度化

1. 指标的设置依据

立法前评估是《立法法》第 39 条确立的一项重要立法制度,其对判断法案的质量及其可能的实施效果、提升立法效率、优化立法资源配置而言起着十分重要的作用。而要使立法前评估的作用得到真正发挥,就必须对其加以制度化建构,从而避免其在组织评估主体、设置评估程序、选择评估方法、确定评估时间中的随意性和盲目性。

本项指标旨在考察地方人大及其常委会是否针对立法前评估进行了专门规定以及规定的情况如何,督促地方人大及其常委会制定和完善立法前评估的专门规定,避免立法前评估活动的随意性和盲目性。

2. 指标的评估内容

本指标的评估内容包括以下两点:

第一,对立法前评估是否进行了专门规定。作为立法这一系统工程的重要组成部分,立法前评估也应像法的新立、修改、废止一样具备法定的制度并加以严格遵循,仅在专门规范地方立法的条例中进行原则性规定是远远不够的。因此,地方立法主体应根据《立法法》第 39 条的规定,结合自身立法的特点与实际需要,建构一套系统规范的立法前评估制度,保障立法前评估工作的科学性和有效性。

第二,对立法前评估的规定是否全面。地方立法主体在对立法前评估进行专门规定时,应至少包含以下四个方面的内容:其一,评估主体的内容。地方立法主体应组织以人大为主导的、多方主体共同参与的多元化立法前评估主体,并注意将法案的起草主体与法案的具体评估主体相分离。其二,评估程序的内容。应对评估的启动阶段、实施阶段、完成阶段进行详细规定。其三,评估方法的内容。为保证地方立法前评估结论的科学性和实效性,评估主体应当选择并充分使用包括定性分析法、定量分析法、系统分析法、成本效益分析法、对比分析法等在内的多种评估方法,对评估信息进行全面、客观、真实地收集、处理和分析;应进一步强化定量分析法的选择和运用,将法案的定性分析建立在定量分析的基础之上,对评估指标加以量化处理。其四,关于评估时间的规定。应明确立法前评估的启动时间与完成时间,即评估应在法案起草完成之后、提交正式审议程序之前的 1 个月内启动,并在 1 个月内完成;若被评估的法案较为复杂或重要,则可适当延长,但不宜超过 3 个月。

3. 指标的评分标准

根据上述评估内容,可将本指标的评分标准界定为:

(1)有制定专门的立法前评估办法(规定)的,得 2 分;未制定专门的立法前评估办法(规定),但在专门规范地方立法的条例或其他类似规范中进行专门规定的,得 1 分;未制定专门的立法前评估办法(规定),也未在专门规范地方立法的条例或其他类似规范中进行专门规定的,得 0 分。

(2)对立法前评估的规定包括评估主体、评估程序、评估方法、评估时间的,得 2 分;仅对立法前评估作了部分规定,而未对上述四点内容进行完整规定的,得 1 分;未对立法前评估进行规定的,得 0 分。

(二)评估指标体系的建构

1. 指标的设置依据

立法前评估指标体系,不是孤立指标的简单组合,而是由一系列相互联系、相互制约的评估指标构成的协调统一整体,以各种指标的不同性质和指向来共同反映被评估对象的质量及其可能的实施效果。立法前评估指标体系的建构对立法前评估活动而言有重要意义:其一,立法前评估指标体系是对法案质量及其可能的实施效果的直观反映和系统展示,能够为立法前评估活动的展开提供有效指引;其二,评估指标体系中的指标虽包含定性指标和定量指标,但其基本特性都是对评估对象的性质及其重要程度的直观反映和客观描述,能够有效地将评估主体的主观因素和偏见排除在评估活动之外,保证评估结论的科学性和准确性。

本项指标旨在考察地方人大及其常委会是否建构了一套能够科学准确地评价法案质量、预测法案实施效果的评估指标体系,督促地方人大及其常委会完善立法前评估指标体系,从而为立法前评估活动的展开提供有效指引并保证评估结论的科学性和准确性。

2. 指标的评估内容

本指标的评估内容包括以下三点：

第一，指标体系的内容选择。地方立法前评估指标体系的内容可大致分为对法案质量的评价以及对法案实施效果的预测。从整体上看，虽然对法案实施效果的预测也属于对法案质量的判断，但由于其评估对象为法案进入实施阶段之后可能带来的影响和造成的成本收益，而针对此一内容所设定的指标无法像对法案质量的评价一样能够建立在相对确定的信息和数据之上，因此应当对二者予以区分。

第二，指标体系的层级安排。指标体系的层级安排是体现立法前评估指标体系科学性的一个重要方面。从整体效果上看，地方立法前评估指标体系的层级安排应实现各指标在逻辑上的相互独立、结构上的规齐完整、内容上的全面稳定。在具体层级的安排上，立法前评估指标体系的一级指标需反映和概括评估对象的基本要素，一般而言，应以法案质量以及法案可能的实施效果作为两个一级指标；二级指标的设定需在细化整体目标的指引下，对一级指标加以分解，并选取其中可行的、能够全面准确反映和描述一级指标的内容；三级指标的设定应抓住重点，在基本保证评估结果客观性、全面性的条件下，尽可能地选择能切实反映二级指标的内容和目标的核心指标，减少或舍去对评估结果影响不大的指标。

第三，指标的构成。立法前评估指标体系中的指标构成应满足以下要求：其一，指标的名称应是能够为人们的经验所认知的可操作化概念，如“可行性”“必要性”“可操作性”等；其二，指标的内容应全面、具体地反映评估指向的具体方面或评估对象的具体表现形式，如在对“可行性”的评估中，可将其内容界定为“是否与本地方的社会发展相适应”“是否具备相应的配套措施来保障实施”“是否与本地方的普遍认识相适应”等；其三，指标的评估值应直观准确地反映评估内容的重要程度，如“是否具备相应的配套措施来保障实施”的评估值可以设定为：“具备完善的配套措施保障法案有效实施的，得 2 分；保证法案实施的配套措施虽不完善，但能基本保证法案实施的，得 1 分；不具备相应的配套措施来保障法案实施的，得 0 分。”需要指出的是，相对于指标名称和指标内容，指标的评估值对指标的构成而言更为重要，因为只有在设定了直观准确的评估值之后，地方立法前评估的结果才能更为客观地反映法案质量以及可能的实施效果；同时，对我国既有地方立法前评估实践进行考察可以发现，关于指标评估值的设定是其指标构成中常常缺乏并亟须增加的部分。

3. 指标的评分标准

根据上述评估内容，可将本指标的评分标准界定为：

(1)地方立法前评估指标体系的内容包括法案质量评价(如法案的必要性、可行性、合法性、可操作性、协调性、特色性等内容)以及法案实施效果预测(如法案的影响性、成本与效益、可能出现的问题等内容)的，得2分；仅包括法案质量评价，不包括法案实施效果预测的，得1分；未建构地方立法前评估指标体系的，得0分。

(2)地方立法前评估指标体系的层级安排实现了各指标在逻辑上相互独立、结构上规齐完整、内容上全面稳定的，得2分；虽未对评估指标体系进行层级安排，但基本保证了各评估指标之间彼此独立、相互关联的，得1分；未对评估指标体系进行层级安排，也未保证各评估指标之间彼此独立、相互关联的，得0分。

(3)地方立法前评估指标体系中的指标是由具有可操作性的指标名称、全面具体的指标内容、直观准确的指标评估值构成的，得2分；仅包括指标名称和指标内容，未包括指标评估值的，得1分；未具体设定评估指标的，得0分。

(三)评估报告的形成与回应

1. 指标的设置依据

立法前评估的目的在于通过对法案质量以及其可能的实施效果的评价和预测，发现法案中存在或可能存在的问题，从而使评估的结果成为判断法案是否能够被表决通过或是否需要进一步完善的重要参考意见。因此，评估结果的形成和回应是实现评估目的的核心环节。首先，立法前评估工作的展开一定要与法案的审议相结合，将评估的结果作为判断法案是否能够被表决通过或是否需要进一步完善的重要参考意见；其次，要使立法前评估的结果与法案的审议相结合并成为其展开的重要依据，就必须保证所形成的评估报告能够全面评价法案的质量并预测其可能的实施效果，否则评估的结果将很难被审议主体所采信并得到有效运用。

本项指标旨在考察地方人大及其常委会是否形成了全面的评估报告并对评估报告作出了有效回应，督促地方人大及其常委会重视评估报告的形成与回应，确保立法前评估的实效性。

2. 指标的评估内容

本指标的评估内容包括以下两点：

第一，评估报告的内容是否全面。通常情况下，全面的立法前评估报告应包括以下内容：一是对评估活动的整体性概述，包括评估的背景、目的、对象、主体、方法、过程、指标以及其他评估所涉及的内容；二是对法案质量作出的客观评价，包括法案的必要性、可行性、合法性、可操作性、协调性、特色性等内容；三是对法案可能的实施效果进行的科学预测，包括法案可能造成的影响、可能产生的成本与效益、可能出现的问题等内容。

第二，评估报告是否得到回应。评估报告的回应不仅要求审议主体对评估报告作出形式意义上的回应，更要求其对评估报告作出实质意义上的回应；其原因在于，只有对评估报告作出实质意义上的回应，赋予评估报告以刚性而非视其为可有可无的“参考资料”，才能使立法前评估真正完成其应当完成的使命、实现其欲实现的目的，进而实现其常态化运行。[19]

3. 指标的评分标准

根据上述评估内容，可将本指标的评分标准界定为：

（1）评估报告的内容包括评估活动的整体性概述、法案质量的客观评价、法案实施效果的科学预测的，得 2 分；虽有制作评估报告，但报告的内容不全面的，得 1 分；未制作评估报告的，得 0 分。

（2）评估报告得到审议主体的实质性回应，即审议主体将评估报告作为判断法案是否能够被表决通过或是否需要进一步完善的重要参考意见的，得 2 分；仅得到形式性回应，即审议主体对评估报告给予高度重视并作出肯定或否定答复的，得 1 分；未得到任何回应的，得 0 分。

---

〔19〕 参见何盼盼：《立法前评估机制研究》，载《人大研究》2016 年第 7 期。

第二节　整合分歧的能力及其评估指标

一、分歧与立法

(一)分歧与立法的关系

根据罗尔斯对“判断负担”的解释[20],分歧意味着在充满差异和多元的世界,客观存在数个有关哲学、宗教、政治以及法律完备性观点之间的相互竞争。普遍存在的分歧不仅是立法所需面对的政治环境,更是立法得以产生的必要条件:分歧的存在以及持续存在的事实使无需政治的“乌托邦世界”不可能出现,通过立法来满足协调一致行动的需要才能成为我们所欲构建世界的核心要点。可见,分歧之于立法的意义恰如罗尔斯笔下稀缺性和有限利他之于“正义的环境”的意义一样,若离开对协调一致行动的进程应该是什么的普遍分歧,那么协调一致行动的需要就不会导致立法的出现。[21]

此外,对协调一致行动共识的需要,并不会否认或贬低分歧之于立法的意义;相反,立法工作的核心内容之一就是对那些影响立法的分歧进行内化,从而将其纳入凝聚共识的过程以及议会的制度结构之中。值得注意的是,分歧与立法之间的关系并非抽象的思考。在我国的立法实践中,中国特色社会主义法律体系的完善、地方立法权的扩容、农村集体土地使用权制度改革、胎儿继承权的确定……这些立法成就无一不是在普遍分歧的政治环境下取得的,“我们相信,我们应该把人数众多以及分散和分歧的事实作为我们立法哲学的核心。我们应当说,制定法实质上是——

[20] 在我们最重要的判断中,许多都是在这样一些条件下作出的,即我们不能期待正直的个人以其充分的理性能力(甚至是在经过自由讨论之后)总能达到相同的判断。参见[美]约翰·罗尔斯:《政治自由主义》,万俊人译,译林出版社2000年版,第61页。

[21] 参见宋方青、姜孝贤:《立法法理学探析》,载《法律科学(西北政法大学学报)》2013年第6期。

不仅仅是偶然——巨大而充满争议的议会之产品”。[22]

（二）分歧的类型划分

结合分歧与立法之间的关系，可将分歧划分为四种类型，即关于立法的一般分歧与严重分歧、合理分歧与不合理分歧。具体而言：

1. 一般分歧与严重分歧

关于立法的一般分歧，即公众虽对不同主体所提出的主张（意见、利益要求等）存在争议，但对这些主张本身的真实性却不存在分歧。以关于教育惩戒权的分歧为例。随着教师与学生、学生与学生、家长与学校之间因教师惩戒而发生纠纷的现象不断严重，对“惩戒教育”的讨论和争议也日渐增多。但在教育部颁布《中小学教育惩戒规则（试行）》（2021 年）之前，我国教育法律法规体系中尚未对教师惩戒权作出明确规定，加之关于学校和教师拥有的对违纪违规学生进行教育管理的权利的规定过于笼统和模糊，使教师在行使其教育管理权时极易出现两个极端的弊病——要么为了消极地避免纠纷而对学生不管不问、放任自流，要么有意或无意地模糊惩戒与体罚（或变现体罚）的界限而滥管滥罚、过度惩戒。[23] 在这种背景下，是否通过立法对教师及学校的教育惩戒权加以确认也就成为当时教育立法所关注的重点内容。[24] 从整体来看，作为教师管理权实质内容的教育惩戒权，在教师和学校教育过程中的必要性以及需由立法对教

---

〔22〕［美］杰里米·沃尔德伦：《法律与分歧》，王柱国译，法律出版社 2009 年版，第 13 页。

〔23〕参见谭晓玉：《教育惩戒权的法理学思考——兼评〈青岛市中小学校管理办法〉》，载《复旦教育论坛》2017 年第 2 期。

〔24〕值得注意的是，对教育惩戒权的呼吁以及由立法对其加以确认的现象并非我国教育立法所特有的现象。如在美国大约有 20 个州的法律明确了教师对学生具有惩戒的权力，并认为以维持教室秩序为目的而采取恰当的管教措施在教育上是必需的；2006 年英国颁布的《教育与督学法》明确赋予了教师允许打学生手心等一系列惩戒学生的权力；日本也在《日本学校教育法》中规定：“校长和教师，根据教育需要，可按照文部科学省的相关规定，对学生进行惩戒，但不允许体罚。”参见边仕英：《教育惩戒权——千呼万唤始出来》，载《教育与教学研究》2018 年第 3 期。

育惩戒权加以确认的共识已基本达成,[25]但对教育惩戒权的适用主体、对象、条件、内容、方式、程度、救济以及监督措施等问题尚存在争议。由此可见,关于立法如何确定教育惩戒权的各类主张之间虽仍存在争议,但就需由立法对教育惩戒权加以确认这一主张本身的真实性却并不存在分歧,使教师和学校在行使教育惩戒权时有法可依、有规可循是社会各界达成的基本共识。

关于立法的严重分歧,即公众不仅对不同主体提出的主张(意见、利益要求等)存在争议,而且还对这些主张本身的真实性存在争议。以是否应当恢复强制婚检制度的分歧为例,2012 年卫生部发布的《中国出生缺陷防治报告(2012)》显示,我国每年新增出生缺陷儿约 90 万例,出生缺陷的比例为 5.6%,以此数据为根据,自 2003 年取消强制婚检制度以来,我国新生儿的出生缺陷比例在十年间增加了将近 1 倍,婚检率的直线下降与新生儿出生缺陷率逐年上升是不争的事实。[26] 相关人士根据这一数据指出,新生儿出生缺陷率的逐年上升是"强制婚检"转为"自愿婚检"的必然结果,为降低新生儿出生缺陷的发生率,国家应恢复强制婚检制度。[27] 但与呼吁恢复强制婚检制度相伴随的是与其针锋相对的观点,认为"新生儿缺陷率的升高是取消强制婚检制度所导致的必然结果"是人们

---

〔25〕 教育惩戒权对教师和学校教育的必要性以及需要由立法加以确认的共识,在 2019 年 6 月中国共产党中央委员会与国务院联合发布的《中共中央、国务院关于深化教育教学改革全面提高义务教育质量的意见》中得到了认可,该意见明确指出应当"制定实施细则,明确教师教育惩戒权"。

〔26〕 以北京为例,虽然目前北京市已全部实施免费婚检,但婚检率始终在低位徘徊(2015 年婚检率仅为 9.44%);与此同时,新生儿的出生缺陷和疾病检出率却呈上升趋势。参见《中国取消强制婚检十年:每年新增 90 万缺陷儿》,载腾讯网 2016 年 9 月 12 日,https://xw.qq.com/amphtml/NEW2016091204750404。

〔27〕 如 2019 年,全国人大代表冯琪雅提出,《婚姻法》取消强制婚前检查的规定或是基于当时的考量,但"鉴于我国人口基数较大,而且区域范围较广,先天不足婴儿的出生率上升,将加重社会负担,严重影响人民群众生活的幸福感,因此我建议恢复婚前强制体检的制度"。参见《冯琪雅代表:建议恢复强制性婚检》,载百度网 2019 年 3 月 7 日,https://baijiahao.baidu.com/s?id=1627357163173650903&wfr=spider&for=pc。

的主观误解，两者之间并不存在直接的因果关系或必然的直接联系，[28] 国家不应恢复强制婚检制度。[29] 是以，在此一分歧中，公众不仅对国家是否应恢复强制婚检制度存在争议，更是对这些主张本身的真实性，即新生儿缺陷率的升高与取消强制婚检制度之间关系的真实性存在争议。

2. 合理分歧与不合理分歧

关于立法的合理分歧，即虽然不同主体对提出的主张（意见、利益要求等）存在分歧，但主张中并没有一个明显是对的或错的。以是否将基因工程（包括克隆、基因编辑、基因改良等）应用于人类的讨论为例。以欧洲议会（European Parliament）为代表的反对观点认为，在任何情形下将基因工程应用于人类的试验都是违法的、不应被允许的，任何允许基因技术运用于临床实验的法案都是不正当的、不可接受的；[30] 而以英美政治哲学家为代表的赞成观点则认为，基因工程应用于人类的尝试是区别于旧优生学的新"自由主义的优生学"，[31] 将基因工程应用于人类并不违反人类基本的伦理道德原则，也不会侵犯人类的尊严和基本权利。尽管两种观点截然对立，但它们却诉诸基本相同的道德性理由（人的尊严、自主性和

---

〔28〕 需要指出的是，虽然有学者基于统计学的数据分析得出，2005 年出生缺陷发生率是取消强制婚检前 2002 年和 2003 年合并出生缺陷发生率的 1.11 倍。但这一数据也只能表明国家取消强制婚检后，新生儿的出生缺陷发生率有所上升，取消强制婚检与这一趋势可能存在一定的关系，但并不表示新生儿缺陷率的升高与取消强制婚检制度之间存在直接的因果关系或必然的直接联系。参见王灏晨等：《强制婚检政策取消前后我国出生缺陷发生率变动的 meta 分析》，载《中国计划生育学杂志》2013 年第 2 期。

〔29〕 如北京大学生育健康研究所所长、卫生部生育健康重点实验室主任任爱国表示，出生缺陷率走高，一方面是监测能力提高，发现增多，漏报减少；另一方面是还有高龄产妇增多等多重因素。参见《我国取消强制婚检 10 年：婴儿出生缺陷率渐上升》，载新浪网 2016 年 9 月 12 日，https://news.sina.com.cn/c/2012-09-12/120525156760.shtml。

〔30〕 如欧洲议会五十多名议员致信英国时任首相卡梅伦，反对英国上议院通过的"三亲婴儿"技术法案，并要求其撤销该法案、停止进一步的实验行为。参见《欧洲议会议员致信卡梅伦　反对三亲婴儿法案》，载中国新闻网 2015 年 2 月 28 日，http://www.chinanews.com/gj/2015/02-28/7088643.shtml。

〔31〕 不同于曾造成种族灭绝和大屠杀的臭名昭著的旧优生学，英美政治哲学家认为这种优生学的含义为"不限制孩子自主性的非强迫基因增强"。See Michael J. Sandel, *The Case against Perfection: Ethics in the Age of Genetic Engineering*, Belknap of Harvard UP, 2007, p. 75.

权利)来反对或赞成人类基因的改良工程。[32] 由此可见,无论是赞成将基因工程应用于人类的观点,还是反对将基因工程应用于人类的观点,都不能被指责为不理性的或存在明显错误的;从这个意义上说,两种观点都是值得认真对待的观点,也即两种观点之间的分歧是合理的。

关于立法的不合理分歧,即在不同主体提出的争议主张(意见、利益要求等)中,有存在明显错误的分歧。以基因工程中人类胚胎基因编辑技术为例。即使是在以自由主义优生学为代表的完全赞同将基因编辑技术应用于人类的背景下,我们仍不能否认或忽视该技术因基因整体关系的不可预知性、致病基因判断的模糊性和不确定性、错误产生后的不可逆转性等原因,而造成潜在的生物学风险(健康风险、遗传风险、进化风险等)与社会伦理风险(对人类所固有的自决权、平等原则以及人性尊严的违背或挑战)。[33] 可见,人类胚胎基因编辑技术的发展与应用必须设置相应的"技术禁区",[34]使其在伦理与法律深层互动的动态规制体系下运用,实现价值理性对工具理性的制约与规范,从而防止人类胚胎基因编辑技术的异化,避免人类落入被工具化的危险境地。[35] 因此,有主张认为人类胚胎基因编辑技术的发展与运用应坚持绝对意义上的技术中立,而否认技术必然带有的价值属性并拒绝对其进行伦理正当性证成,进而反对通过立法对基因编辑行为加以规范和约束的,当然属于不合理分歧。

二、分歧的整合

(一)分歧整合的必要性

整合分歧,是将关于草案的诸种主张(意见、利益要求等)加以整合的

---

〔32〕 参见朱振:《反对完美?——关于人类基因编辑的道德与法律哲学思考》,载《华东政法大学学报》2018 年第 1 期。

〔33〕 参见陶应时、王国豫、毛新志:《人类胚胎基因编辑技术的潜在风险述介》,载《自然辩证法研究》2018 年第 6 期。

〔34〕 "技术禁区"有技术发展禁区与技术应用禁区两种基本含义。其中,"技术发展禁区"是指对于某种既有技术本身发展前进的某些禁止性规定,"技术应用禁区"是指对于某种既有技术应用所作的某些禁止性规定。参见高兆明:《技术祛魅与道德祛魅——现代生命技术道德合理性限度反思》,载《中国社会科学》2003 年第 3 期。

〔35〕 参见郑玉双:《生命科技与人类命运:基因编辑的法理反思》,载《法制与社会发展》2019 年第 4 期。

过程,即立法主体在充分尊重并认识立法中分歧普遍存在的前提下,对能够作为凝聚共识依据的或对共识的凝聚产生实质影响的各类主张(意见、利益要求等)进行收集、整理、甄别、选择的过程。对地方立法而言,分歧的整合有如下重要意义:

第一,有助于地方立法解决具体问题、满足实际需求。整合分歧,在本质上就是收集、整理、甄别、选择利害关系人、相关专家学者以及国家机关工作人员对草案的不同主张(意见、利益要求等),而这些不同的主张(意见、利益要求等)则直接反映着不同群体对地方立法的实际需求或指向亟待由地方立法解决的具体问题。在整合分歧的过程中,经由各方主体对其主张(意见、利益要求等)的陈述和论证,可以使地方立法主体在广泛获取不同主张(意见、利益要求等)的基础上展开草案的审议与抉择,从而使地方立法更好地解决地方发展过程中遇到的具体问题,满足公众对地方立法的实际需求。

第二,有助于促进共识凝聚的科学化。有学者曾说,人民作为一个整体并不具有像自然个体一样的理性器官,它的理性的声音需要极其复杂的制度和机制才能够呈现,而在没有获得这些之前,它的理性可能就仅仅呈现为不同个体之间彼此冲突的意见。对于立法而言,“理性的声音”意味着协调一致行动所需的共识,而“不同个体之间彼此冲突的意见”则表现为普遍存在的分歧,呈现共识所需要的“极其复杂的制度和机制”指的就是分歧的整合以及共识的凝聚。而分歧与立法之间的复杂关系决定了需要对纳入凝聚共识过程之中的分歧进行整合,即共识的凝聚需要建立在对影响共识达成的争议进行充分收集、整理、甄别、选择的基础之上。经过整合,可以更加全面地了解和掌握不同主体的各种主张(意见、利益要求等),提供对影响共识达成的争议进行表达与论证的机会,从而使共识凝聚的过程围绕主要问题、核心争议加以展开,促进共识凝聚的科学化。

第三,有助于实现公众对地方立法的直接参与。就参与到分歧整合过程的主体而言,除与草案相关的国家机关工作人员以及专家学者之外,最为重要的就是受草案直接或间接影响的广大社会公众。与制定立法规划(计划)、立法调研等立法过程中的公众参与不同,公众对分歧整合过程的参与是直接针对拟审议的法规草案进行的并能够在一定程度上影响草案的审议与决策的意见陈述和利益诉求表达，这也就意味着分歧整合过程中的公共参与是对社会利益分配过程的实际参与，而非仅仅是关于社会利益分配愿望的直接表达。因此，分歧的整合过程，也是实现公众（受草案影响的广大利害关系人）直接参与地方立法的一种有效途径。

（二）分歧整合的具体方法

依《立法法》第36条第1款[36]的规定，对分歧进行整合可以通过座谈会、论证会、听证会等具体方法加以实现，但其中最适宜作为整合分歧具体方法的应为听证会，即进行立法听证。

立法听证，是指立法主体在立法过程中，听取政府官员、专家学者、当事人、利害关系人以及其他人员的意见，从而为立法主体审议规范性文件提供依据和参考的一种制度。从这个概念可以看出：第一，立法听证发生在立法主体的立法活动中，是立法程序的一个阶段。第二，立法听证的内容是听取有关政府官员、专家学者、当事人、利害关系人以及其他人员对法案的意见。第三，立法听证的目的是为立法主体的立法提供依据和参考。[37] 作为一项制度设计，听证制度最早发端于英美普通法中的司法审判领域。[38] 后在制度实践的发展过程中，听证制度由司法审判领域延伸至立法领域，并逐渐形成了现代意义上的、为世界各国广泛认同和普遍采用的立法听证制度。

与论证会、座谈会等陈述意见和表达利益诉求的方法不同，立法听证的出发点在于让广大社会公众直接参与到地方立法的过程中并直接针对法规草案提出意见，从而使不同利益主体的分歧得到更为充分、更为公开的表达。因此，较之于论证会、座谈会，立法听证在程序理性、参与的广泛性、过程的透明度、对问题的调查深度和充分性等方面具备不可比拟的优

---

〔36〕《立法法》第36条第1款规定："列入常务委员会会议议程的法律案，法律委员会、有关的专门委员会和常务委员会工作机构应当听取各方面的意见。听取意见可以采取座谈会、论证会、听证会等多种形式。"

〔37〕参见汪全胜：《制度设计与立法公正》，山东人民出版社2005年版，第224页。

〔38〕参见王名扬：《美国行政法》（上），中国法制出版社1995年版，第382页。

越性。[39]

三、分歧整合能力的评估指标

（一）分歧整合的实践情况评估

1. 指标的设置依据

分歧与立法之间的复杂关系决定了需要对纳入凝聚共识过程中的分歧进行整合。在立法实践中，这一分歧集中表现为对能够作为凝聚共识所依据的或对共识的凝聚产生实质影响的各类主张（意见、利益要求等）之间的争议。这种分歧不仅包括对各类主张（意见、利益要求等）的指向、性质、内容等问题存在的争议，还包括对各类主张（意见、利益要求等）是否对凝聚共识产生影响及其影响的方式、范围、程度等问题存在的争议；特别是在与多元主体之间差异巨大的立场、观点、生活经验相结合时，这种关于主张（意见、利益要求等）的争议往往会进一步凸显甚至扩大到整个立法过程之中。当这种分歧进入立法并为立法者所认知时，就成为判断是否立法、立什么法、如何立法以及什么时候立法等核心问题的决定性依据。因此，分歧整合的效果就成为共识能否得以凝聚的关键。

从整体上看，分歧的整合过程可以划分为两个直接关联的部分，即对分歧进行的收集和整理以及对分歧进行的甄别与选择。这两个部分对分歧的整合有不同要求：其一，收集和整理的全面性。对分歧进行全面收集与整理，不仅意味着揭示与承认分歧存在的客观性和真实性，还意味着展现与尊重分歧内容的多元性和复杂性。这就要求在分歧的整合过程中，应最大限度地包容不同利益主体，特别是与草案内容相关的专家学者以及受草案直接或间接影响的广大社会公众，同时应允许不同利益主体对其意见和利益诉求进行充分的表达和阐述，从而使分歧尽可能得以全面体现。在我国立法实践中，对分歧整合全面性的要求主要体现在《立法法》关于向全国人大代表、地方人大常委会、有关部门、专家、社会公众等

---

〔39〕 参见乔晓阳主编：《〈中华人民共和国立法法〉导读与释义》，中国民主法制出版社 2015 年版，第 160 页。

方面征求意见或听取其意见的规定(如第16条、[40]第33条、[41]第36条、[42]第37条[43])。其二,甄别和选择的针对性。分歧与立法之间的复杂关系决定了并非所有的分歧都能够作为凝聚共识的依据或对共识的凝聚产生实质性影响。因此,对分歧进行整合,并非一个通过直接观察和直觉判断而得出结论的简单过程,而是在对分歧进行广泛收集和整理的基础上,通过对分歧本身的真实性、客观性、价值性、关联性、可采性等问题进行甄别和选择之后方可得出结论的复杂过程。这就要求在分歧整合的过程中,应保证不同利益主体对其意见和利益诉求加以充分地论证和辩护,并允许其他利益主体对不同于自己的意见和利益诉求进行驳斥和辩论,以使不同利益主体之间的矛盾或相互对立的意见更为充分、公开、真实地表现出来,从而使地方立法主体更为准确地对能够作为凝聚共识所依据的或对共识的凝聚产生实质影响的各类分歧加以甄别和选择,实现

[40] 《立法法》第16条规定:"向全国人民代表大会提出的法律案,在全国人民代表大会闭会期间,可以先向常务委员会提出,经常务委员会会议依照本法第二章第三节规定的有关程序审议后,决定提请全国人民代表大会审议,由常务委员会向大会全体会议作说明,或者由提案人向大会全体会议作说明。常务委员会依照前款规定审议法律案,应当通过多种形式征求全国人民代表大会代表的意见,并将有关情况予以反馈;专门委员会和常务委员会工作机构进行立法调研,可以邀请有关的全国人民代表大会代表参加。"

[41] 《立法法》第33条规定:"列入常务委员会会议议程的法律案,由法律委员会根据常务委员会组成人员、有关的专门委员会的审议意见和各方面提出的意见,对法律案进行统一审议,提出修改情况的汇报或者审议结果报告和法律草案修改稿,对重要的不同意见应当在汇报或者审议结果报告中予以说明。对有关的专门委员会的审议意见没有采纳的,应当向有关的专门委员会反馈。法律委员会审议法律案时,应当邀请有关的专门委员会的成员列席会议,发表意见。"

[42] 《立法法》第36条规定:"列入常务委员会会议议程的法律案,法律委员会、有关的专门委员会和常务委员会工作机构应当听取各方面的意见。听取意见可以采取座谈会、论证会、听证会等多种形式。法律案有关问题专业性较强,需要进行可行性评价的,应当召开论证会,听取有关专家、部门和全国人民代表大会代表等方面的意见。论证情况应当向常务委员会报告。法律案有关问题存在重大意见分歧或者涉及利益关系重大调整,需要进行听证的,应当召开听证会,听取有关基层和群体代表、部门、人民团体、专家、全国人民代表大会代表和社会有关方面的意见。听证情况应当向常务委员会报告。常务委员会工作机构应当将法律草案发送相关领域的全国人民代表大会代表、地方人民代表大会常务委员会以及有关部门、组织和专家征求意见。"

[43] 《立法法》第37条规定:"列入常务委员会会议议程的法律案,应当在常务委员会会议后将法律草案及其起草、修改的说明等向社会公布,征求意见,但是经委员长会议决定不公布的除外。向社会公布征求意见的时间一般不少于三十日。征求意见的情况应当向社会通报。"

分歧整合的针对性。在我国立法实践中,对分歧整合针对性的要求主要体现在《立法法》就草案存在的问题进行讨论的规定(如第21条、[44]第29条第5款[45])。因此,地方立法主体应参照此类规定,结合本地方的立法实践和实际需求,在充分收集、整理、甄别、选择的基础上,全面地、有针对性地将那些能够作为凝聚共识的依据或对共识的凝聚产生实质性影响的分歧加以整合。

本项指标旨在考察地方人大及其常委会是否对能够作为凝聚共识所依据的或对共识的凝聚产生实质影响的各类主张(意见、利益要求等)进行了有效的整合,督促地方人大及其常委会充分尊重和认识立法中普遍存在的分歧,确保分歧整合的全面性和针对性。

2. 指标的评估内容

本指标的评估内容包括以下四点:

第一,当对立法存在一般分歧时,意味着虽会对特定情况下如何制定协调一致行动所需的法律产生分歧,但仍会将立法视为协调一致行动所必须满足的条件而达成共识;也即分歧存在于立法以哪种形式、什么内容、何时制定等主张之中,而对需要立法这一主张的真实性条件达成了共识。因此,在对此类分歧进行整合时,可直接就各类主张的客观性、价值性、关联性、可采性等问题进行收集和甄别。

第二,当对立法存在重大分歧时,意味着不仅会对特定情况下如何制定协调一致行动所需的法律产生分歧,还会对是否将立法视为协调一致行动所必须满足的条件存在争议;也即不仅对立法以哪种形式、什么内容、何时制定等主张存在分歧,而且对是否需要立法这一主张的真实性条件也未达成共识。因此,在对此类分歧进行整合时,应首先将收集和甄别的重点放在是否需要立法这一主张之上,在明确此一主张的真实性之后,

---

[44] 《立法法》第21条规定:"列入全国人民代表大会会议议程的法律案,必要时,主席团常务主席可以召开各代表团团长会议,就法律案中的重大问题听取各代表团的审议意见,进行讨论,并将讨论的情况和意见向主席团报告。主席团常务主席也可以就法律案中的重大的专门性问题,召集代表团推选的有关代表进行讨论,并将讨论的情况和意见向主席团报告。"

[45] 《立法法》第29条第5款规定:"常务委员会审议法律案时,根据需要,可以召开联组会议或者全体会议,对法律草案中的主要问题进行讨论。"

再就其他各类主张的客观性、价值性、关联性、可采性等问题进行收集和甄别。

第三，当对立法存在合理分歧时，意味着虽对共识的达成存在争议，但针对达成共识所提出的主张本身是合理的，而不是基于明显的经验错误。因此，在对此类分歧进行整合时，需进行全面的收集和甄别，不能因主张提出的主体、人数、所代表利益的不同而区别对待，或简单地以证据不清楚、信息不充分、推理不正确或这些因素的组合为理由而拒绝将其纳入凝聚共识的过程。

第四，当对立法存在不合理分歧时，意味着为达成共识而提出的主张中有些是不理性的或存在明显错误的。因此，在对此类分歧进行整合时，应在充分收集和甄别的基础上将那些不理性的或存在明显错误的主张予以剔除。

3. 指标的评分标准

根据上述评估内容，可将本指标的评分标准界定为：

（1）对是否需要立法这一主张的真实性条件存在的分歧进行了收集和甄别，并对其他主张的客观性、价值性、关联性、可采性等问题中存在的分歧进行了收集和甄别的，得 2 分；仅对是否需要立法这一主张的真实性条件存在的分歧进行了收集和甄别，或仅对其他主张的客观性、价值性、关联性、可采性等问题中存在的分歧进行了收集和甄别的，得 1 分；未对分歧进行收集和甄别的，得 0 分。

（2）对合理的分歧进行了全面地收集和甄别，并将其中不合理的主张予以剔除的，得 2 分；仅就部分合理的分歧进行了收集和甄别，并将其中不合理的主张予以剔除的，得 1 分；未对分歧进行收集和甄别的，得 0 分。

（二）分歧整合具体方法的评估

1. 指标的设置依据

自 2000 年《立法法》正式确定立法听证制度之后，经过 15 年的制度实践与发展,于2015年修正的《立法法》第36条第3款〔46〕,对立法听证制度提出了更加明确的规定和要求,使其进一步完善和细化。〔47〕需要指出的是,我国地方立法听证制度虽取得了较大进步,如广东省、甘肃省、长沙市、哈尔滨市、福州市、汕头市等多个省市人大常委会制定了专门的立法听证条例(规则),但囿于实践经验不足、制度成本过高、技术手段低下等方面的原因,该制度在发展过程中仍存在一些不足,如听证范围不明确、听证程序不完善、听证规则不规范等。而上述不足则导致了地方立法听证在实践中的诸多问题:公众参与立法听证的积极性不高、保障力度不够;听证过程缺乏必要的时间保证以及质证环节,参与听证的人员难以就其意见和利益诉求进行据理力争,发言成为"汇报";经由立法听证加以制定的地方性法规很少;听证结果对立法的影响不大,甚至成为"听也白听"、毫无实效的"过场"。

虽然地方立法听证在听证范围、听证程序、听证规则等方面仍存在不足之处,但作为《立法法》明确规定的立法制度,立法听证在收集、整理、甄别、选择分歧时所具备的优于论证会、座谈会等其他方法的重要功能,决定了仍应将其视为最适宜对分歧进行整合的具体方法加以运用。具体而言,立法听证对分歧的整合有如下功能:

第一,立法听证扩大了地方立法主体在收集和整理分歧时的渠道与范围,使分歧的整合更加全面。立法听证在地方立法主体收集和整理分歧方面有独特的优势:一方面,地方立法主体在立法听证会正式召开之前会进行公告,说明举行听证会的目的、草案的基本情况以及听证事项,这就给听证会的各方参与主体提供了相对充足的时间进行准备,从而保证意见陈述和利益诉求表达的质量;另一方面,立法听证会的参与主体较为

〔46〕《立法法》第36条第3款规定:"法律案有关问题存在重大意见分歧或者涉及利益关系重大调整,需要进行听证的,应当召开听证会,听取有关基层和群体代表、部门、人民团体、专家、全国人民代表大会代表和社会有关方面的意见……"

〔47〕第一,明确要求必须召开听证会的情形。法律案有关问题存在重大意见分歧或者涉及利益关系重大调整,需要听证的,应当召开听证会。第二,对听证会的陈述人的选择作出了规定。为保证陈述人有充分的代表性,明确要求听证会要选取有关基层和群众代表、部门、人民团体、专家、全国人大代表和社会有关方面等各方面的陈述人参加。第三,规定听证会举行后,形成的听证报告要向常委会报告。参见乔晓阳主编:《〈中华人民共和国立法法〉导读与释义》,中国民主法制出版社2015年版,第161～162页。

多元，所能够提供的信息也较为全面，从而使地方立法主体获取更多的信息。[48]

第二，立法听证提高了地方立法主体在甄别和选择分歧时的效率，使分歧的整合更加具有针对性。在立法听证的过程中，经由参与各方对意见的陈述、辩论与举证，使不同利益的代表者在表达自己的意见和利益诉求的同时可以了解其他利益代表者的意见和利益诉求，并为自己的意见和利益诉求进行辩护或对其他利益主体的意见和利益诉求加以驳斥，从而将不同利益主体之间的矛盾或争议更为充分、公开、真实地表现出来，使地方立法主体更为清晰地了解和掌握不同利益主体之间分歧的焦点，减少整合分歧过程中的盲目性。

本项指标旨在考察地方人大及其常委会是否建构了行之有效的对分歧进行整合的方法，督促地方人大及其常委会进一步完善立法听证的体制机制，确保分歧整合的全面性与针对性。

2. 指标的评估内容

本指标的评估内容包括以下三点：

第一，立法听证的制度化情况。作为整合分歧的具体方法，立法听证的制度化情况直接影响着分歧整合的运行过程和实际效果。因此，地方立法听证应当像其他立法活动一样具备法定的制度并加以严格地遵循，这一制度至少应当对听证的范围、程序和规则作出详细明确的规定，仅在专门规范地方立法的条例中进行原则性规定是远远不够的。因此，地方立法主体应根据《立法法》第 36 条第 3 款的规定，结合自身立法的特点与实际需要，制定专门的立法听证条例（办法、规则），或在专门规范地方立法的条例中对听证的范围、程序和规则作出详细明确的规定，改变地方立法听证实践中存在的范围不明确、程序不规范、规则不完善等现状。首先是地方立法听证的范围方面。听证范围的不清晰，会使实践运行中的地方立法听证沦为作秀和炒作，而非常规的制度化运作。[49] 地方立法听证

---

〔48〕 参见武钦殿：《地方立法专题研究——以我国设区的市地方立法为视角》，中国法制出版社 2018 年版，第 365 页。

〔49〕 参见张利军：《政治参与视角下立法听证会的困境与机遇》，载《经济社会体制比较》2012 年第 4 期。

的范围，可以运用“对象标准”和“利益标准”加以确定：“对象标准”是根据法案针对的不同对象来决定是否适用听证程序，“利益标准”是根据法案针对对象的权益影响来决定是否适用听证程序。[50] 根据这一标准，地方立法听证的范围应当包括：涉及社会普遍关注的热点难点问题、对社会公众的普遍权益有重大影响、对草案的内容存在重大分歧等。[51] 其次是地方立法听证的程序和规则方面。听证程序是实现地方立法听证的制度功能与价值目标以及保障听证有效展开的基本前提[52]，而听证规则的完善程度直接决定着立法听证的质量和效果[53]。具体而言，地方立法听证应包括以下主要程序以及需遵循的配套规则：在听证决定与申请的环节，应兼顾“职权主义”与“申请主义”两种不同方式；在听证通知的公告环节，听证通知应载明听证的时间、地点、问题、目的等必要信息并以多种方式进行事先公告，以使有意参加听证的主体提前了解听证的内容并进行充分准备；在选择听证人与陈述人的环节，应坚持客观公正并不对任何一方存有偏袒或偏见，保证有利害关系和不同观点的各方人数基本对等；在意见陈述与辩论的环节，应区分举证、质证、辩论等不同阶段，给予各方陈述人充分表达意见与利益诉求的机会并使其表达有序进行；在制作听证记录与听证报告的环节，应客观、真实、准确、全面地对听证进行全过程记录，将与会人员提出的基本观点、争议焦点、主要意见、处理建议等内容制作成听证报告，并将听证报告及时印送地方立法主体以及听证陈述人。

---

〔50〕 参见汪全胜：《立法听证研究》，北京大学出版社 2003 年版，第 150～151 页。

〔51〕 如《甘肃省人民代表大会常务委员会立法听证规则》第 5 条规定：“听证机构可以就地方性法规案中的下列情形举行听证会：(一)与人民群众切身利益直接相关的；(二)依法设定行政许可、行政强制措施或者行政处罚罚款数额较大的；(三)对不同利益群体的权益有重大影响的；(四)在审议中有重大分歧意见的；(五)其他需要举行听证会的。具体听证问题由听证机构确定。”

〔52〕 立法听证制度保证了在立法审议的全部过程中，人大代表都能够通过不同形式参与立法审议，从一定程度上弥补了审议过程中信息不对称之缺陷，但这还需借助进一步的程序设计，保证在听证会中形成充分的意见交涉。参见宋方青、王翔：《论我国人大立法审议机制的功能与优化》，载《厦门大学学报(哲学社会科学版)》2018 年第 6 期。

〔53〕 立法听证规则在规范与保护两个层面发挥作用，其中，规范是指立法听证规则约束地方人大立法听证组织者的行为，使其按规矩、按程序办事，防止立法听证会流于形式；保护是指立法听证规则可以保护立法听证会陈述人的权利，使其真实表达意见。参见武钦殿：《地方立法专题研究——以我国设区的市地方立法为视角》，中国法制出版社 2018 年版，第 375 页。

第二,立法听证过程中的辩论情况。一般而言,只有在不同利益主体为自己的意见和利益诉求进行辩护并对其他利益主体的意见和利益诉求加以驳斥的情况下,才能将不同利益主体之间的矛盾或争议更为充分、公开、真实地表现出来,进而使地方立法主体更为清晰地了解和掌握不同利益主体之间分歧的焦点。因此,要保证分歧整合的效果,地方立法的听证过程就应当允许不同利益主体进行相互辩论,或至少要保证各利益主体能充分对其意见和利益诉求予以论证和说明,而不能仅进行简单的陈述。

第三,立法听证的参与主体情况。立法听证的参与主体,是经听证机构确定并在听证会上陈述事实、发表意见的公民、法人或其他组织的代表,也即听证陈述人。地方立法听证中的参与主体大体可以归纳为以下三类,即普通公众陈述人、专家陈述人和机关陈述人。〔54〕 一般而言,普通公众陈述人以及法案的起草主体是地方立法听证中必须参与的听证陈述人:若无法案起草主体参加,那么立法听证的程序将很难展开,其实际效果也将大打折扣;而若无普通公众陈述人参加,那么立法听证所欲实现的目的和作用将沦为"空想"。此外,确定立法听证的参与主体还需注意以下两个问题:其一,当无法确定普通公众陈述人或因申请参加听证的人数较多而很难确定普通公众陈述人时,可以借鉴日本立法听证中关于公述人选拔的做法,〔55〕由组织或实施听证的机构在公正客观、不偏袒任何一方的前提下,按照持不同观点的各方人数基本相当的原则加以确定,〔56〕

〔54〕 参见饶世权:《论公众参与视阈中的地方立法听证制度》,载《湖北社会科学》2013 年第 10 期。

〔55〕 根据《日本宪法》规定,委员会为审查议院或议长交付的议案,可以召开公听会,此举为预备审查议案;委员会召开公听会时,必须征得议长同意;如议长同意举行公听会,则由委员长公布公听会的开会时间、拟在公听会听取意见的方案、拟在公听会听取意见之利害关系人和学识经验者(统称"公述人");委员会在预先提出申请者及其他欲参会人员中决定,并通知其本人;预先提出申请者,对该案有赞成或反对者时,应不偏袒任何一方,公正选拔公述人……公述人经委员会同意后,得由代理人代为陈述意见或以书面形式表示其意见。从《日本宪法》的规定可以看出,由于参加立法听证的代表人数众多,立法机关在公正客观、不偏袒任何一方的情况下,推选出赞成或反对该法案的一定的代表人数(公述人)参加立法听证,这些公述人可以委托代理人参加。参见汪全胜:《制度设计与立法公正》,山东人民出版社 2005 年版,第 234~235 页。

〔56〕 如《广东省人民代表大会常务委员会立法听证规则》第 17 条规定:"听证陈述人由听证机构根据行业特点、专业知识和报名顺序等,按照持不同观点的各方人数基本相当的原则确定。人数一般不少于十五人。"

或通过申请参加立法听证的当事人自主推选的方式加以确定。其二,应注重政协作为机关陈述人在立法听证中的地位和作用,特别是当听证事项涉及社会重大问题以及人民群众普遍关心的问题时,听证的组织者应主动邀请政协组织或政协委员参加立法听证。

3. 指标的评分标准

根据上述评估内容,可将本指标的评分标准界定为:

(1)制定了专门的立法听证条例(办法、规则),或在专门规范地方立法的条例中对听证的范围、程序、规则作出明确规定的,得 2 分;仅对立法听证作原则性规定,或对立法听证作出的具体规定不够全面的,得 1 分;未作出相关规定的,得 0 分。

(2)地方立法听证的过程允许不同利益主体之间进行相互辩论的,得 2 分;未进行相互辩论,但保证了各利益主体的意见和利益诉求得以充分论证和说明的,得 1 分;仅就其意见和利益诉求进行简单陈述的,得 0 分。

(3)参与地方立法听证的主体包括普通公众陈述人、专家陈述人和机关陈述人(含法案起草机关)的,得 2 分;未包括普通公众陈述人,或未包括法案起草主体的,得 1 分;普通公众陈述人以及法案起草机关都未包括的,得 0 分。

第三节 凝聚共识的能力及其评估指标

一、共识与立法

立法的尊严、其权威的基石及获得公众尊重的要求,三者均涉及立法所取得的成就;我们对立法的尊重,部分是我们应该对在现代生活环境中取得一致、协作、协调或集体行动的赞颂。[57] 现代生活环境中一致、协作、协调或集体行动的实现,需要一个关于共同行动的框架加以保障,也

〔57〕 参见[美]杰里米·沃尔德伦:《法律与分歧》,王柱国译,法律出版社 2009 年版,第 129 页。

即需要对不同议题或领域下协调一致行动达成共识。[58] 然而，达成协调一致行动所需的共识并不容易，即使在参与者同意采取某一行动并抱有相同行动偏好的情况下，共识也会因无时无处不在的分歧而难以达成。因为在任何一种为达成共识而提出的主张（意见、利益要求等）中都不免包含源于其个人立场、观点和生活经验的独特判断，这种独特判断不仅包括对价值问题所作出的权衡和排序，甚至还包括对社会事实本身真实性所进行的识别和选择，这也就意味着人们在达成共识的过程中存在分歧是自然的和不可避免的。“在理性的个人中间，产生理性分歧的各种根源——判断的负担——乃是许多偶然未知因素，这些因素包含在我们于政治生活的日常进行中正确地（和正直地）实行我们的理性能力和判断能力的实践之中。”[59] 特别是这种普遍分歧的客观事实与现代自由主义社会的特点（普遍性、利益联盟、理想与现实的间离）相结合时，[60] 达成协调一致行动所需共识的愿景就变得更为困难。因此，当协调一致行动所需的共识，在这一可能对行动展开的目标、方向、举措等任何问题的认识和偏好都存在分歧的政治环境中达成时，立法也就因其不仅是对理想状态下生活的假设或模拟而获得了其应有的权威和尊重。

此外，达成协调一致行动所需的共识也使立法因体现和表达了共识

---

[58] 共识本身不是特别难以定义。首先，共识不是实际的同意：它不是指每 90 个人对某件事情的主动同意。其次，虽然我们称为共识的现象大体上可以说是指接受，即泛泛的和基本属于消极意义上的共识，但无论如何，共识与接受有不宜分开的、一般而言明确的“共有特征”。那么共有的是什么呢？就民主理论而言，至少有三个需要明确加以区分的可能共有或有可能一致的对象：一是终级价值，如自由和平等，它们构成了信仰体系；二是游戏规则或程序；三是特定的政府及政府的政策。这些共识或异见的对象，按伊斯顿的说法，可分别转化为共识的三个层次：共同体层次的共识，或曰基本共识；政体层次的共识，或曰程序共识；政策层次的共识，或曰政策共识。参见［美］乔万尼·萨托利：《民主新论》（上卷），冯克利、阎克文译，上海人民出版社 2015 年版，第 145～146 页。

[59] ［美］约翰·罗尔斯：《政治自由主义》，万俊人译，译林出版社 2000 年版，第 58 页。

[60] 对社会生活形态的比较表明，在自由主义社会内，意识与存在的核心问题就是三个因素相互依赖的特定关系。第一因素是社会集团数目的增多与每一个集团所控制的个人生活领域的缩小。角色虽然都专业化了，但每个人却不只具有一种专业。自由主义的第二个基本特点则是陌生人与内部人之间严格的界限逐渐消失了。社会秩序变成了利益同盟的关系，而它则掩盖了人们对他人支持这种需要的本质。第三个特点就是理想与现实的对立。参见［美］R. M. 昂格尔：《现代社会中的法律》，吴玉章、周汉华译，译林出版社 2001 年版，第 161～162 页。

而具备了正当性基础，从而获得社会主体对立法的自觉接受和内心服从。法律作为一种带有强制性的行动系统，其性质决定了社会主体在选择行动时需接受法律这一带有强制执行效力的约束，但具备自由意志的社会主体为何会服从这一外在规范对自身的约束并接受其强制执行的效力，仍需要加以正当性证成。首先，法律作为一种行动系统，其制定必然会改变社会主体的既有行为倾向，并为社会主体的行为提供新的规范指引。而社会主体既有行为倾向的改变以及对新规范指引的接受，都必须存在正当理由；否则，这种改变和接受将不可能发生，或成为纯粹强制下的结果。在现代民主政治的语境中，这一正当理由只能是随着社会生活的发展而变化的共识，因为共识本身以及凝聚共识的过程构成了对各种行为指引进行审慎协商之后的解释。因此，当立法体现和表达共识时，即当立法是由民主协商的办法获得并为大家所接受、能为大家都带来好处时，[61]就解释了社会主体为何要改变其既有行为倾向并接受新规范指引的原因，进而促成社会主体对立法的自觉接受。其次，法律作为一种带有强制性的行动系统，其性质决定了社会主体在选择行动时需服从法律的约束。"法是一种强制秩序……都是这样一种社会技术，在相反行为时通过强制措施的威胁来促使人们实现社会所希望有的行为。"[62]但社会主体对其强制执行效力的接受，并不仅源于对惩罚的恐惧，更多是因为此一效力产生的来源，"法的国家强制性是其特征之一。但这种强制的基础是合意，即立法必须是建立在绝大多数社会成员共同同意的基础上才能取得强制执行的效力。否则，立法就无异于政治专横"。[63] 由此，当立法体现和表达共识时，这一强制执行的效力便因其建基于绝大多数社会成员的共同同意之上而获得认可并得以生效。

---

〔61〕 参见严存生：《"法治"之法的协商性与公意性》，载《法商研究（中国政法学院学报）》2000 年第 3 期。

〔62〕 [奥]凯尔森：《法与国家的一般理论》，沈宗灵译，中国大百科全书出版社 1995 年版，第 19～20 页。

〔63〕 侯淑雯主编：《新编立法学》，中国社会科学出版社 2010 年版，第 30 页。

二、共识的凝聚

（一）共识（公意）何以凝聚[64]

从西方政治学传统来看，凝聚共识一般有两种不同的思路：一种是卢梭式“私私得公”的共识凝聚思路，即将个人意志作为公共意志的前提和基础，并在个人利益与个人利益相互抵消的过程中实现共识的凝聚；在这种思路下，共识的形成离不开个人的意志，个人意志既是共识的出发点又是归宿点，共同利益则是个别利益的共同部分并寓于个别利益之中。另一种是罗尔斯式“公公得公”的共识凝聚思路，即在参与者对自己以及社会条件一无所知的“无知之幕”下，通过“公共理性”的运用并在平等协商的程序中实现共识的凝聚；在这种思路下，共识与私意截然对立，只有在大家都出于公心并在抛弃个人意志（个别利益）之后才能形成共识。[65]

在具体的立法实践中，两种凝聚思路都有其无法避免的方法难题。首先，在“私私得公”的共识凝聚思路中，共识源于个人利益与个人利益间的相互抵消，也即个人偏好的聚集。但个人偏好的聚集却需面对这样一个问题：在承认个体可以拥有一切逻辑可能的偏好的前提下，从个人偏好出发能否达到社会最优？[66]根据阿罗（Kenneth J. Arrow）在《社会选择与个人价值》中对聚集个人偏好基本方法的界定，[67]在立法的语境下，当聚集个人偏好的需求涉及多个不同意志的集体选择时，独裁的方式、传统

---

〔64〕“共识”与“公意”在本部分的论述中只是用词的不同，二者并无实质上的差别。因此，为了论述的方便，在下文讨论“凝聚共识”这一问题的过程中，会交替使用“公意”和“共识”两个概念。

〔65〕参见严存生：《“法治”之法的协商性与公意性》，载《法商研究（中国政法学院学报）》2000 年第 3 期。

〔66〕参见苏振华、郁建兴：《公众参与、程序正当性与主体间共识——论公共利益的合法性来源》，载《哲学研究》2005 年第 11 期。

〔67〕个人偏好的聚集有以下四种基本方法：（1）通常用于“政治”决策的投票方法；（2）通常用于“经济”决策的市场机制；（3）独裁，在理想的独裁体制中，个人偏好的聚集只包括一个人或极少数人的意志；（4）传统，在理想的传统社会中，个人偏好的聚集只根据神的或全体个人的共同意志作出。在聚集个人偏好的独裁方式和传统方式中，当任何个人的选择都是理性地作出时，这种方式也是理性的，同时在它们的正式结构中具有投票方式和市场机制所不具备的明确性。参见［美］肯尼思·阿罗：《社会选择与个人价值》，陈志武、崔之元译，四川人民出版社 1987 年版，第 3～4 页。

的方式、市场机制都很难保证非理想状态下个人选择和集体选择间的协调性,这时就需采用能够汇聚多个不同偏好(意志、趣味)的投票方法作为聚集个人偏好的方法。这种民主的多数投票方法也是卢梭论述的立法中确定公意时所运用的方法,即“当有人在人民的集会上提议一项法律时,他不问在场的人是同意还是否定这项法律,而是问这项法律是否符合公意,于是大家用投票的方法来表达他们对这项法律的意见,最后以票数计算的结果宣告公意”。[68] 然而,从已知的个人偏好出发,即使是投票方法也很难作为形式化的推导集体选择的模式或程序。[69] 因此,按照社会选择理论的分析,事实上并不存在一个能从个体偏好推导出社会偏好的理想社会选择机制,即单纯的投票不能作为从个意中凝聚共识的理想方式(阿罗不可能性定理)。其次,在“公公得公”的共识凝聚思路中,共识源于原初状态下对个人私利的摒弃。但利益分歧是立法所处的政治环境中主要的分歧之一,而追求个人利益或个别群体的利益则是特定主体参与立法的主要目的;在面对真实的立法环境时,即使是在共识达成之后,这一关于利益的分歧也不会就此消失,也就更谈不上在分歧达成之前就对此主动摒弃。因此,按照其“思想实验”的性质,事实上并不存在一个满足其预设的完全出于公心参与立法的前提,即“公公得公”的思路在真实的立法环境中并不能实现共识的凝聚。

虽然上述思路在立法实践中都有实现上的困难,但都为共识的凝聚提供了可资借鉴的内容。“私私得公”的共识凝聚思路指出了公意需从个人意志与个人利益之中产生这一共识凝聚的必然条件,同时明确了民主多数投票这一在个人意志与个人意志之间、个人利益与个人利益之间出

---

〔68〕 [法]卢梭:《社会契约论》,李平沤译,商务印书馆 2011 年版,第 120 页。

〔69〕 假定一个由三个投票者所组成的共同体,这个共同体需就是否对堕胎行为进行处罚以及如何处罚进行投票;设刑事处罚(A)、行政处罚(B)、不处罚(C)是三个备选方案,甲、乙、丙是三个投票者。其中,甲的偏好顺序为 A 优于 B 优于 C,乙的偏好顺序为 B 优于 C 优于 A,丙的偏好顺序为 C 优于 A 优于 B。于是可以得出,刑事处罚(A)以甲和丙的两票优于行政处罚(B),行政处罚(B)以甲和乙的两票优于不处罚(C),然而刑事处罚(A)并没有优于不处罚(C),因为不处罚(C)以乙和丙的两票优于刑事处罚(A)。因此,从逻辑上来看,民主的多数投票方法也难以成为从个人偏好推导出集体偏好的模式或程序。

现分歧时所应采取的确定共识的主要方式。[70] “公公得公”的共识凝聚思路指明了理性论争对形成公意的重要作用，并强调共识的凝聚是在审慎思考和充分协商的过程中实现的。因此，如何吸纳两种不同思路的借鉴意义并克服其在立法实践中的方法难题，便成为在真实立法环境中实现共识凝聚的关键。

（二）审慎的协商

阿罗不可能性定理以及利益分歧无时无处不在的客观现实，在事实上否认了卢梭式或罗尔斯式的共识凝聚思路在真实立法环境中的有效性和可行性。那么，作为规则形成基础的“共识”还能得以凝聚吗？根据公共选择理论的分析，对规则本身的选择和规则之下的行为选择是两种遵循不同行为逻辑的行为选择类型，规则之下的行为选择可因规则本身的正当性而获得其自身的有效性和可行性。[71] 这里，可以将共识的凝聚视为“规则之下的行为选择”，将凝聚共识所需的条件和程序视为“规则的选择”。按照这一思路，就可以将共识凝聚的问题转化为如何确定凝聚共识的规则并在此一规则的指引下对共识加以凝聚的过程。这也就意味着若能确定凝聚共识所遵循的规则（这个规则规定了凝聚共识必须满足的条件和程序），那么在此一规则下进行的共识凝聚就有了可行性和有效性（至少是逻辑上的可行性和有效性）。因此，如何确定并建构使意志分歧得到充分理性论证的程序，便成为凝聚共识的关键。

现代立法机关不是一个寻求哲学建议的个人，而是汇集社会中各种主要竞争观点，并在这种观点的竞争和争议之中进行审慎协商和作出决

---

〔70〕 一种意志要成为公意，并不总是需要全体一致，但对所有的票数都要加以计算，把任何一票排斥在外，都会破坏它的概括性。参见［法］卢梭：《社会契约论》，李平沤译，商务印书馆2011年版，第30页。

〔71〕 公共选择理论认为存在两类行为选择：对规则的选择和规则之下的行为选择。首先是确认规则，而后是在规则之下采取行动，这是两类不同的行为逻辑。即便是由于不同的个体之间存在利益冲突，因而达成一个包容所有人利益的集体行动是不可能的，但只要能首先确认一个规则，这个规则规定了采取集体行动必须满足的条件和程序，那么如果这个规则得到了一致同意，则执行这个规则而形成的任何决议逻辑上也就是一致同意的结果。参见苏振华、郁建兴：《公众参与、程序正当性与主体间共识——论公共利益的合法性来源》，载《哲学研究》2005年第11期。

定的代表大会。[72] 在现代法治国家，这一审慎协商的过程（商议民主或审议民主）就是凝聚共识所需的保障意志分歧得到充分理性论证的程序，“针对单纯投票无法获得公意，一个可能的弥补办法就是在投票之前增加讨论协商的过程”。[73] 哈贝马斯指出，这一审慎协商程序的实质在于：包容所有可能受影响的个体，排除任何有损参与者平等的强制，以理性论辩的形式获取共识。[74] 借鉴尼诺（Carlos Santiayo Nino）对慎议民主认识论价值的讨论，这一审慎协商的程序对凝聚共识有如下功能[75]：

第一，促进对他人利益的了解。确定人们的利益是一个选择的问题。共识无法凝聚，往往并非因实际参与立法的主体在社会和政治过程中的自私倾向，而是因其对其他与自己无关的参与者利益的无知或忽视。协商就是运用实践理性对各种观点进行不受约束的争论交流，这一过程总是有可能导致偏好的转变。[76] 审慎的协商能够促进对他人利益的了解，并在此基础上纠正自身利益主张中存在的错误判断，从而有可能在凝聚共识的过程中为了他人的利益或避免自我的挫败而改变自己的选择。

第二，增强对主张正当性的探求。利益主张的正当性证明，是决定审慎讨论的真正品质并将其作为非正式道德实践替代物的必然要求。审慎讨论的参与者必须向其他参与者表明自己利益主张的理由和证据，从而

---

〔72〕 参见［美］杰里米·沃尔德伦：《法律与分歧》，王柱国译，法律出版社2009年版，第29页。

〔73〕 戴木茅：《从众意到公意：民主的进路——以卢梭的公意论为视角》，载《哲学动态》2009年第12期。

〔74〕 民主的协商程序包括以下四个条件：（1）协商过程之发生的形式是论辩。也就是说，是提出建议的一方和批判地检验建议的一方之间对信息和理由的有序交换。（2）协商是包容的、公共的。原则上没有任何人可以排除在外，有可能被决策所影响的任何人都具有同等的机会进入和参加讨论。（3）协商是排除外在强制的。对参与者的约束仅仅是交往的预设和论辩的规则，就此而言他们是拥有主权的。（4）商议是排除任何可能有损于参与者之平等的内在强制的。每个人都有平等的机会去被人倾听、去引入议题、做出贡献、提出建议和批评建议。“是”/“否”立场之采取的唯一动力，是更好的论据的无强制的强制。参见［德］哈贝马斯：《在事实与规范之间：关于法律和民主法治国的商谈理论》，童世骏译，生活·读书·新知三联书店2014年版，第378页。

〔75〕 参见［阿根廷］卡洛斯·桑迪亚戈·尼诺：《慎议民主的宪法》，赵雪纲译，法律出版社2009年版，第148~158页。

〔76〕 See Maeve Cooke, *Five Arguments for Deliberative Democracy*, Political Studies, Vol. 48:5, p. 947 – 969 (2000).

将真实和真正讨论中所需的主张与假的或明显与真正讨论的基础规则不一致的主张相区别。审慎的协商为参与者提供了证明自己主张正当性的机会和条件,从而将那些仅是表达需要或描述利益的、仅仅描述事实的或与实际明显不一致的主张在凝聚共识的过程中予以摒弃。

第三,发现解决方法中的事实错误与逻辑错误。一个解决方案被认为是不公正的,通常并不是因为它隐藏了自私的动机,也不是因为它没有代表其他参与者的利益,而是因为这一解决方案本身忽略了某些相关的事实或犯了某些逻辑谬误。审慎的协商是参与者就各自所掌握的事实与信息进行充分披露和交流的过程,而在这一过程中,参与者就有可能发现并指出某一解决方案中存在的事实错误与逻辑错误,使共识的凝聚趋向于获得更为理性的结论。

第四,控制情感因素的发挥。情感因素在凝聚共识的过程中发挥着正反两个方面的作用,其消极作用在于模糊或迷惑参与者对主张正确性和正当性的判断,阻碍共识的凝聚;其积极作用在于能够引导我们进入凝聚共识的过程,并促使我们说服他人相信我们主张的正确性和正当性,推动凝聚共识过程的展开。因此,我们不能因情感因素的消极作用而否认其凝聚共识的重要功能。审慎的协商能够激发参与者对他人利益的同理心和避免社会谴责的愿望,进而抑制情感因素对共识凝聚的消极影响,发挥其对共识凝聚的积极作用。

第五,强化谈判的民主基础。谈判是凝聚共识过程中不可或缺的环节或步骤,但建立在强力和自我利益诉求上的谈判,不仅会失去其应当具备的助长辩论以及多数主义的价值,还会破坏结果公正的假定基础。协商过程的民主性不仅基于多数人的意愿,还基于集体理性反思的结果,这种集体理性反思的结果则是通过政治上的平等参与以及尊重所有公民道德实践的政策决定活动来实现的。[77] 审慎的协商能够迫使谈判中处于优势地位的参与者对自己的利益诉求进行反思,并为了获取多数人的支持而尽可能多地关注其他参与者的利益诉求,从而使凝聚共识的过程更加民主。

---

〔77〕 参见陈家刚:《协商民主:概念、要素与价值》,载《中共天津市委党校学报》2005 年第 3 期。

第六,使集体决策更趋向公正。投票决定共识的模式实际预设了参与者的选择非对即错,但在真实的立法环境中,参与者的主张往往是多元的,单纯的投票虽最终得出了“绝对正确”的选择,但正当合理的利益诉求也可能因此遭到忽视或否认,这也就使这一对共识的集体决策偏离了公正的要求。〔78〕 从上述讨论可以看出,审慎的协商能够引导个人对公正的追求;而根据孔多赛原理的假定,当每一个参与决策的成员倾向于追求公正的概率增加时,决策趋向公正的概率也会随这一概率的增加而增加。因此,从这一角度来看,审慎的协商为最终投票设置了一个必要的前置程序,是对单纯以投票方式决定共识进行的修正,从而使共识凝聚过程中的集体决定更趋向公正。

(三)必要的妥协和不必要的妥协

分歧普遍存在的客观事实,一方面使共识成为社会得以形成、维持和发展的必要条件;另一方面又在一定程度上阻碍共识的产生。因此,社会生活的维持与发展,离不开必然与达成共识相伴随的妥协。〔79〕 同理,对凝聚立法所需的共识而言,妥协也是审慎协商过程中无法避免或不可或缺的条件。“没有妥协,立法机关就很难果断决策,立法就很难科学和充分地反映人民的意志和利益。民主的立法过程,是一个由讨论到说服到理解再到妥协的过程。”〔80〕

---

〔78〕 参见戴木茅:《从众意到公意:民主的进路——以卢梭的公意论为视角》,载《哲学动态》2009 年第 12 期。

〔79〕 这种在制度、行动以及信念上的妥协方针,对一个经历着由持续的成长发展而引起的转折时期的社会来说,是必要的。那些大量存在于通行的观念和现存的计划之中的不合理和荒诞之处,在不断地重新调整以适应不断变化的环境的过程中是无法避免的。那些适应于过去的社会状态但与新的社会状态不相容的观念和制度,继续在这一它们使之成为可能的新的社会状态中存在,只有当新的社会建立起它自己的观念和制度时才会消失,在它们继续存在并和新的观念和制度冲突的过程中,它们是必需的——并且为人们的思想和行为提供了必需的矛盾的因素。并且,为了社会生活继续下去,只要新的东西尚未准备好,旧的就必须继续存在,这种永恒的妥协是正常发展必不可少的伴随物。参见[英]赫伯特·斯宾塞:《社会学研究》,张红晖、胡江波译,华夏出版社 2001 年版,第 358 页。

〔80〕 刘松山:《立法是一种妥协》,载《法制日报》2004 年 10 月 21 日,第 5 版。

“若要做出有用的行动，行动的生活必定是妥协的生活。”[81]但凝聚共识中的妥协却是一个矛盾的概念，对其性质以及在协商中功能的认识始终存在两个完全相反的方向。[82] 凝聚共识中的妥协存在两种形式，即必要的妥协和不必要的妥协。必要的妥协和不必要的妥协代表了凝聚共识过程中两种截然不同的思想态度，一种阻碍共识的凝聚，另一种则促进共识的凝聚：它可能意味着故意压制或反对某种主张，以便使其符合传统思想或特定对象的流行偏见，无论这一主张是什么；它还可能表示理性的默认一个事实，即其他多数参与者尚未准备好接纳新主张，或者按新主张的建议改变当下的行为方式。在不必要妥协的情况下，参与者舍弃了最高真理或假装自己不赞同它，延长了偏见的支配时间，减缓了凝聚共识的速度。而在必要妥协的情况下，参与者为了自己的主张勇敢地坚持真理，解除了偏见的统治，缩短了凝聚共识的时间；同时，他们既不强迫又不期待其他参与者全部立刻接受自己的主张，如果需要公众的积极支持但时机尚未成熟，他们也不会坚持匆忙地进行改变。因此，必要的妥协是这样一种情况，“虽然目前我们不期待你们实现这种改善，或放弃那种偏见。但是无论如何，如果情况仍未改善或遭到拒斥，那不是我的错。至少应当有一个人放弃偏见，不隐藏真实”；而不必要的妥协是这样一种情况，“我无法说服你接受我的真实，因此我就假装接受你的谎言”。[83]

由于妥协客观存在正反两个方面的影响，凝聚共识过程中的妥协就应极力避免不必要的妥协及其消极影响，使其成为促成更多交互作用和形成解决方案的正当模式，“实现公平的妥协还必然要求改变政治活动的特性，不过性质与人们熟悉的意见一致略微不同。它要求从纯粹的个人主义和工具性的政治转换到更多交互作用和解决问题的模式。这种途径

---

〔81〕 Thomas Babington & Lord Macaulay, “*War of the Succession in Spain*” in *Critical and Historical Essays Contributed to the Edinburgh Review*, LongMan, Brown, Green and LongMans, 1833, p. 91.

〔82〕 妥协既是一个象征着人与人之间合作的积极概念，同时又是一个随着背离高尚原则的消极概念；在某些情况下，妥协被认为是一种善意的表达，而在其他场合却又表现为没有诚意。参见[以色列]艾维樹·马格里特：《妥协与卑劣妥协》，陈特安、王如君、吴迎春译，人民日报出版社2012年版，第5页。

〔83〕 [英]约翰·莫雷：《论妥协》，启蒙编译所译，上海社会科学院出版社2014年版，第121～122页。

不是仅仅将其他人的利益和价值观视为自行其是——应该只做最小的让步——的限制,而是尝试寻找整合参与各方所关心的各种各样的事物的解决方案”。[84] 同时需要指出的是,在凝聚共识的过程中,即使是必要的妥协也应有其发生的限制范围。根据戴戈(Richard Dragger)对共识的划分,[85]这一必要的妥协只能发生在依据投票而产生的具体性共识之中,不能对原则性共识进行妥协。因此,要实现上述凝聚共识对妥协的要求,就必须在审慎协商的程序中做到尊重分歧、尊重个人与尊重公众,具体而言:

第一,尊重分歧。尊重分歧,意味着承认真实世界是充满差异的、多元的,数个有关哲学、宗教、政治以及法律完备性的观点之间的相互竞争,是客观又可欲的;意味着承认我的思考不是对我们面对和将要面对问题的唯一有价值的思考,还存在大量和我一样甚至比我更有智慧的人;意味着认识到有理性的其他人会有不同观点。在审慎协商的程序中,尊重分歧就是要尊重并期待理性的人将存在不同的意见。同时,尊重分歧也要求我们去承认,通过立法来协调统一行动的需要并不能使普遍分歧的事实消失;相反,只有在分歧最剧烈的情形下达成的共识才能作为决定或影响立法的共同基础,那些存在于理想状态下的共识对立法而言很难产生实质作用,建立于假想或拟制共识之上的立法也很难满足社会对其的实际需求。

第二,尊重个人。尊重个人,意味着承认每一个个体天生都具有道德上的协商能力、能够从其他人的观点中明白事物的能力以及超越沉溺于自己个体或集团利益之上能力的“思想主体”;意味着相信每一个个体能够负责任地思考、选择、践行所涉及的任何道德、政治、法律议题;意味着不需要也不应该援引恶意、无知和自私来解释与我不同的其他个体意见。在审慎协商的程序中,尊重个人,最重要的就是尊重个人参与立法的权

---

〔84〕 Richard Bellamy, *Liberalism and Pluralism: Towards a Politics of Compromise*, Routledge, 1999, p. 138.

〔85〕 戴戈将公意划分为原则性公意(the general will)和具体性公意(a general will)。原则性公意,是指所有的公共决策必须考虑公民利益的总体性原则,具体性公意,则是指通过投票产生出来的、满足公意原则的某一具体政策。See Richard Dragger, *Understanding the General Will*, The Western Political Quarterly, Vol. 34:3, p. 359 – 371(1981).

利,“每一个人的伟大权利,权利中的权利,就是分享制定法律——全体善使遵循法律成为他的义务——的权利”。[86] 根据“每个人是对其自身利益的最佳判断者”的理论,当理性的权利持有者在对他们拥有什么权利以及如何行使他们拥有的权利存在分歧时,尊重和保障参与权的实现就成为解决该分歧的最佳方法。对于凝聚共识中的妥协,参与的权利也意味着为参与者提供了在这一过程中自我理解、自我妥协、表现自己以及判断风险的机会。[87] 同时,这种参与权的实现既要求充分性,又要求平等性:充分性要求在每一项将会影响到我的权益、权利和义务的事务中,即使我的意见最后没有被采纳,但我的观点一定要能够表达;平等性要求我或其他所有人在影响到我们的权益、权利和义务事务的讨论中被视为平等的个体来对待,没有任何人或任何观点得到先在的优势。

第三,尊重公众。尊重公众,意味着相信公众是由每一个长时间地、认真地、负责地思考问题的个人组成的,彼此之间存在的分歧是真诚的;意味着相信受问题影响的每一个人有权对该问题的解决发言,那么就只有设定一个程序以包容和论证这些人的意见;意味着相信代表制是作为一种通过尊敬每一个人的方式来实现现代民主的制度,而不是简单地作为全民公决不可行后的一种替代性方式。在审慎协商的程序中,尊重公众就是去相信多数人可能通过汇集洞见和经验得出优于少数人决策的结果。[88] 当然,我们可以不赞成这个推论或否定这种可能性,但无论公众能还是不能保证凝聚的共识趋向社会对立法的真实需求,为了使立法成为公共意志与公共利益的体现,需要做的也只能是尊重参与立法的公众并促成多种利益诉求的表达与协商,而非对少数人的意见进行压制。

三、凝聚共识能力的评估指标

共识的凝聚来自将尊重分歧、尊重个人与尊重公众内化于其中的审慎协商过程。因此,对凝聚共识能力的判断就可以转化为对审慎协商程

---

〔86〕 [美]杰里米·沃尔德伦:《法律与分歧》,王柱国译,法律出版社 2009 年版,第 304 页。

〔87〕 参见[美]阿林·弗莫雷斯科:《妥协——政治与哲学的历史》,启蒙编译所译,上海社会科学院出版社 2016 年版,第 12 页。

〔88〕 参见[古希腊]亚里士多德:《政治学》,吴寿彭译,商务印书馆 1965 年版,第 146 页。

序的判断,即审慎协商程序对主体结构、议事规则、表决机制的安排和建构能否实现共识的凝聚。

(一)审慎协商程序的主体结构

1. 指标的设置依据

共识凝聚的过程,从本质上来讲,是一个以从普遍的利益和意志分歧中凝聚公共利益和公共意志为目标的过程;而此一目标的达成,离不开代表不同利益和意志的主体对凝聚共识过程的充分参与。从角色理论的观点来看,在共识凝聚过程中代表不同利益和意志(期待和需求)的参与主体,就是不同的立法角色。立法角色,即"因为一个人占据了立法者的位置,所引起的权利和义务的期待,包括立法者本人以及他人(如选民、政党领袖、行政首长、游说人员等)对其所占位置的期待"。[89] 立法中的参与主体在面对来自四面八方的利益与意志(期待和需求)分歧时,会因许多不同角色的出现而形成一个角色网格,而共识凝聚过程中的参与主体则处于网格的核心位置。

从整体上来看,共识凝聚过程中的参与主体一般可以界定为以下五种不同角色:目的角色(Purposive Roles)、[90] 代表角色(Representational

〔89〕 Allan Kornberg et al., *Legislatures in Developmental Perspective*, Duke University Press, 1970, p. 463.

〔90〕 该角色是以立法者自身为中心观念的角色,指的是立法者在进行立法工作时所追求的实质目的。根据所追求的实质目的不同,目的角色又可分为四类:其一,民众保护者角色(Tribune)。持此种角色的立法者,以听取民意,并在议会内伸张民意、保护民意为其主要的职责。其二,发现者角色(Inventor)。持此种角色的立法者,以主动发掘民间疾苦,解决人民问题为己任。其三,墨守成规者角色(Ritualist)。持此种角色的立法者,重视议会本身的工作,并且重视法律条文中权利和义务履行的情形。其四,经纪人角色(Broker)。持此种角色的立法者,于立法发生障碍难行的窘境时进行妥协、交易,担任居间调停的角色。See Matthews et al., *The Legislative System: Explorations in Legislative Behavior*, Wiley, 1962, p. 14.

Roles)、[91]区域角色(Areal Roles)、[92]政党角色(Party Roles)、[93]团体角色(Group Roles)。[94] 因此,立法角色以及其代表利益和意志(期待和需求)分歧的复杂性决定了,共识凝聚的过程应实现参与主体的多元化并保证参与主体之间地位的平等性。在我国立法实践中,对主体结构的安排和建构主要体现在《立法法》关于邀请有关全国人大代表、专门委员会成员列席会议的规定(如第28条第2款[95]、第32条第2款[96]、第33条第2款[97])。地方立法主体应参照此类规定,结合本地方的立法实践和实

[91] 该角色是以立法者与选民之间的关系为中心观念的角色,指的是立法者在议会内作决策时所持的态度。就其在议会内作决策时所持的态度而言,代表角色又可分为三类:其一,代表人角色(Delegate)。持此种角色的立法者在立法时以选民的意思为决策的依据。其二,委托人角色(Trustee)。持此种角色的立法者在立法时凭自己良知与判断来作决定。其三,政治人角色(Politico)。持此种角色的立法者在立法时会根据实际的情形来决定是以选民的意思作为决策的依据,还是依据自己的良知与判断来作决定。See Matthe - ws et al. , *The Legislative System*: *Explorations in Legislative Behavior*, Wiley, 1962, p. 14.

[92] 该角色是以立法者与其代表的区域范围为中心观念的角色,指的是立法者所认知的其代表区域范围的大小。有些立法者认为,其仅代表个别选区;有些立法者则认为,其不仅代表自己的选区,尚且代表全省(或州),乃至全国。See Matthews et al. , *The Legislative System*: *Explorations in Legislative Behavior*, Wiley, 1962, p. 14.

[93] 该角色是以立法者与其所属的政党为中心观念的角色,指的是立法者对其所属政党所抱有的态度。因对其所属政党所持的态度不同,政党角色又可分为三类:其一,政党人角色(Party Man)。持此种角色的立法者在立法时忠于政党,对政党的指示唯命是从。其二,独立者角色(Maverick)。持此种角色的立法者在立法时不受政党约束,且其在议会内的行为相当特立独行,甚至我行我素。其三,中庸者角色(Neutral)。持此种角色的立法者在立法时可能接受政党指示,亦可能自作决定。See Matthews et al. , *The Legislative System*: *Explorations in Legislative Behavior*, Wiley, 1962, p. 14.

[94] 该角色是以立法者与利益团体为中心观念的角色,指的是立法者对利益团体所抱有的态度。因立法者对利益团体所持之态度的不同,团体角色可分三类:其一,亲善者角色(Facilitator)。持此种角色的立法者在立法时对利益团体甚为友善,且可能采纳利益团体的政策立场。其二,抵制者角色(Resister)。持此种角色的立法者在立法时对利益团体不甚友善,甚至可能对之加以排斥。其三,中庸者角色(Neutral)。持此种角色的立法者在立法时对利益团体既不特别照顾,也不刻意加以排斥。See Matthews et al. , *The Legisl - ative System*: *Explorations in Legislative Behavior*, Wiley, 1962, p. 14.

[95] 《立法法》第28条第2款规定:"常务委员会会议审议法律案时,应当邀请有关的全国人民代表大会代表列席会议。"

[96] 《立法法》第32条第2款规定:"有关的专门委员会审议法律案时,可以邀请其他专门委员会的成员列席会议,发表意见。"

[97] 《立法法》第33条第2款规定:"法律委员会审议法律案时,应当邀请有关的专门委员会的成员列席会议,发表意见。"

际需求，对审慎协商程序的主体结构加以安排和建构，实现参与主体的多元化并保证参与主体之间地位的平等性。

本项指标旨在考察地方人大及其常委会对审慎协商程序中参与主体的安排是否能够满足凝聚共识的要求，督促地方人大及其常委会将代表不同利益和意志（期待和需求）的主体纳入凝聚共识的过程之中，确保主体结构的多元化和平等性。

2. 指标的评估内容

本指标的评估内容包括以下两点：

第一，参与主体的多元化。从上述分类可知，共识凝聚过程中参与主体的角色在各种社会角色中最为复杂；其复杂性在于参与主体所处的特殊位置需面对来自政党、行政机关、社会公众、利益团体等诸多行为者的诸多利益和意志（期待和需求）分歧。政党要求参与者将其意志上升为法律从而获得正当性；行政机关要求参与者通过其提出的立法案从而使其政策方案获得法律效力；社会公众、利益团体则期望参与者在立法时能最大限度地为他们争取利益，通过有利于他们的法案。因此，凝聚共识的过程应在尽可能尊重利益与意志分歧的前提下，保证参与主体能够真正代表来自不同党派、地区、层次、身份、团体的主张和利益诉求并形成一定规模，即实现凝聚共识过程中参与主体的多元化，否则"当法治变为立法者统治时，从原则上说也就打开了通向最巧妙的压制形式的方便之门：'以法律的名义'进行的压制"。[98] 其中，应特别注重人民政协对共识凝聚过程的参与，因为"政协委员来自不同单位、不同阶层和不同群体，其意见建议可以客观地反映社会各界的意见诉求，帮助提高立法质量，扩大民意基础，是立法协商必不可少、不可替代的重要渠道"。[99]

第二，参与主体的平等性。凝聚共识过程中的多元参与主体，虽在角色、职务、知识背景等方面存在差异，但都是不同利益和意志（期待和需求）的代表，其在共识凝聚过程中所处的地位并不能因客观存在的差异而有所区别，每个参与者都应与其他参与者享有同等的权利、遵循同样的义

---

〔98〕［美］乔万尼·萨托利：《民主新论》（下卷），冯克利、阎克文译，上海人民出版社 2015 年版，第 508 页。

〔99〕殷鲁谦：《探索协商形式　提高协商成效》，载《人民政协报》2014 年 7 月 23 日，第 4 版。

务,如平等地表达观点并为自己的观点辩护、平等地参与讨论、一人一票且每票的权重相同(对凝聚共识过程的实质影响相同)等。因此,凝聚共识的过程除应实现参与主体的多元化外,还应当保证参与主体间地位的平等性,确保不同参与主体(个人、团体或机构)的主张和利益诉求不具有先在的、未经过辩论的优越性。即便是享有立法权的人大及其常委会也只能作为平等参与的一方,否则审慎协商就失去了意义。[100]

3. 指标的评分标准

根据上述评估内容,可将本指标的评分标准界定为:

(1)审慎协商程序中主体结构的安排实现了参与主体的多元化的,得2分;未能实现参与主体的多元化,但实现了主要利益和意志的代表参与到共识的凝聚过程的,得1分;未能实现参与主体的多元化,也未能实现主要利益和意志的代表参与到共识的凝聚过程的,得0分。

(2)审慎协商程序中主体结构的安排保证了参与主体地位平等的,得2分;未能保证参与主体地位平等的,得0分。

(二)审慎协商程序的议事规则

1. 指标的设置依据

在多元社会中,对公共利益以及协调一致行动所需共识的追求,并不意味着要在参与者之间达成单一的一致,也并不要求所有参与者出于相同的理由而同意;对共识的追求,只是要求参与者在审慎协商的过程中实现持续地合作与妥协。[101] 结合前文的论述可知,审慎协商程序中议事规则的安排与建构决定了这一持续地合作与妥协是否能够实现;而共识凝聚过程中参与者间的关系,则决定了这一议事规则应以何种方式加以安排和建构。

那么,他们之间的关系如何?彼此是朋友关系还是陌生人关系?朋友关系意味着参与者之间彼此了解、有共同的基础,从而具有某种默契,

---

〔100〕 参见苏绍龙:《地方立法协商制度机制刍议》,载《暨南学报(哲学社会科学版)》2015年第5期。

〔101〕 参见陈家刚:《协商民主:概念、要素与价值》,载《中共天津市委党校学报》2005年第3期。

使他们之间的互动能够避免剧烈的分歧而取得共识,或者能够采用一种非正式的交谈模式来取代在人数众多、多元社会中所必须采用的形式。而陌生人关系则意味着承认这是一个极其分散的社会,以至于参与者不仅代表不同的团体和地区,彼此之间在经验、信仰、伦理、文化背景和利益诉求等方面可能存在巨大差异;他们完全不可能像朋友关系那样彼此了解、有共同的基础,也不可能分享信任、设定前提以及接受细微差别,这也就意味着若不在高度形式化(包括确定化、标准化、科学化、民主化、合理化)的审慎协商程序中进行交谈,他们将一事无成。显而易见的是,在真实的立法环境中,共识凝聚过程面对的参与者是高度分散化和多元化的,共识只有在高度形式化的议事规则所安排和建构的、有助于交流和互动有序进行的环境中才能得以凝聚。在我国立法实践中,对议事规则的安排和建构主要体现于《立法法》第二章第二节、第三节对全国人大及其常委会立法程序的规定之中,如三审制(第 29 条〔102〕)、统一审制(第 20 条〔103〕、第 33 条〔104〕)等。地方立法主体应参照此类规定,结合本地方的立法实践和实际需求,对审慎协商程序的议事规则加以安排和建构,从而形成有助于交流和互动有序进行的协商环境。

本项指标旨在考察地方人大及其常委会对审慎协商程序中议事规则

---

〔102〕《立法法》第 29 条规定:“列入常务委员会会议议程的法律案,一般应当经三次常务委员会会议审议后再交付表决。常务委员会会议第一次审议法律案,在全体会议上听取提案人的说明,由分组会议进行初步审议。常务委员会会议第二次审议法律案,在全体会议上听取法律委员会关于法律草案修改情况和主要问题的汇报,由分组会议进一步审议。常务委员会会议第三次审议法律案,在全体会议上听取法律委员会关于法律草案审议结果的报告,由分组会议对法律草案修改稿进行审议。常务委员会审议法律案时,根据需要,可以召开联组会议或者全体会议,对法律草案中的主要问题进行讨论。”

〔103〕《立法法》第 20 条规定:“列入全国人民代表大会会议议程的法律案,由法律委员会根据各代表团和有关的专门委员会的审议意见,对法律案进行统一审议,向主席团提出审议结果报告和法律草案修改稿,对重要的不同意见应当在审议结果报告中予以说明,经主席团会议审议通过后,印发会议。”

〔104〕《立法法》第 33 条规定:“列入常务委员会会议议程的法律案,由法律委员会根据常务委员会组成人员、有关的专门委员会的审议意见和各方面提出的意见,对法律案进行统一审议,提出修改情况的汇报或者审议结果报告和法律草案修改稿,对重要的不同意见应当在汇报或者审议结果报告中予以说明。对有关的专门委员会的审议意见没有采纳的,应当向有关的专门委员会反馈。法律委员会审议法律案时,应当邀请有关的专门委员会的成员列席会议,发表意见。”

的设置是否能够满足凝聚共识的要求，督促地方人大及其常委会形成有助于交流和互动有序进行的协商环境，确保程序规则和议事方法的形式化。

2. 指标的评估内容

本指标的评估内容包括以下两点：

第一，程序规则的形式化。程序规则的形式化，就是要求不能将程序规则简单地看作一种限制或约束参与者的规则，而是需要通过程序规则的形式化构建公共决策的平台。这个平台强调公民积极参与和审慎协商的重要性，并通过设立一种互动模式，使参与成为可能。在这种模式中，参与者正当、合理的主张和利益诉求都能得到尊重并进行充分表达，或至少不应感到被忽视或受到排斥，从而使有关所有人的“决定”能够成为所有人的决定。

第二，议事方法的形式化。议事方法的形式化，就是要求在多元化与普遍分歧的背景下，建构一种能够促进公共讨论在平等、公开、公正的环境中充分有序进行的议事方法，使有关凝聚共识的议题能够通过审慎协商的方式加以解决。在以这种议事方法建构的协商环境中，参与者们提出自己的主张，表达他们的利益诉求，并向他人证明其利益的正当性；这一凝聚共识的讨论并不只是个人独立反思的汇总，而是一个集体过程，在这一过程中，每个参与者的主张与其他参与者的主张进行有序的交流和互动，每个人的反思都由于其他人的反思而更加丰富、充实并在更高的层次上集中起来。[105] 具体而言，可将立法辩论作为表决的必经程序，[106] 通

---

〔105〕 参见[阿根廷]卡洛斯·桑迪戈·尼诺：《慎议民主的宪法》，赵雪纲译，法律出版社 2009 年版，第 184 页。

〔106〕 审议过程中的辩论制度，是指在法规案的审议过程中，由人大代表之间或常委会组成人员之间对法规案中的重大问题或个别有争议的条款进行辩驳和论证，以辨明真伪，弄清是非的制度。审议过程中的辩论不同于一般意义上的讨论发言。凡是审议过程中经过辩论的条款，进入表决程序后，应当先表决这些有争议的条款，然后再就整个法规草案进行整体表决。通过这种交锋搞清楚不同的意见中，哪种更正确，更符合实际，使法规案的内容尽可能体现大多数代表和常委会组成人员的意志，促进立法的民主化，增强法规内容的科学性、合理性和可行性。参见汤唯等：《地方立法的民主化与科学化构想》，北京大学出版社 2006 年版，第 186 页。

过理性地论辩与让步实现彼此诉求的沟通与共识的达成,[107]避免凝聚共识过程中占据优势一方的主张和利益诉求未经充分的论证而直接进入表决环节,同时通过发言权的合理分配以及规范行使来消除参与主体的紧张、保障其平等发言的机会并实现协商的有序进行。“议会的理存在于一种‘动态辩论’之中,也就是说,存在于一个各种分歧和意见的交锋过程……所以说,议会的本质是公开审议论证和反驳,是公开争论和辩论。”[108]

3. 指标的评分标准

根据上述评估内容,可将本指标的评分标准界定为:

(1)审慎协商程序中议事规则的设置保证了参与主体正当、合理的主张和利益诉求进入程序,并通过审议议程和方法的设置,实现了充分表达的,得2分;仅保证了参与主体的主张和利益诉求进入程序,但未实现充分表达的,得1分;未能保证参与主体的主张和利益诉求进入程序的,得0分。

(2)审慎协商程序中议事规则的设置促进了参与主体之间就核心分歧进行交流和互动,并制定了相关议事流程(如何提问、如何表达主张、如何辩论等),使这一交流和互动有序进行的,得2分;仅促进了参与主体之间的交流和互动,但未使这一交流和互动有序进行的,得1分;未能促进参与主体之间交流和互动的,得0分。

(三)审慎协商程序的表决机制

1. 指标的设置依据

对共识的表决直接关系到其能否得以凝聚这一核心问题,同时也是凝聚共识这一过程的最终环节,因为表决“不但是反映最大多数意见达成最理想决议的合法途径,也是解决会场纠纷与议事争端唯一且最佳的办法。”[109]这就要求表决机制的建构能够重视最终决策环节中存在的差别,

---

〔107〕 参见宋方青、王翔:《论我国人大立法审议机制的功能与优化》,载《厦门大学学报(哲学社会科学版)》2018年第6期。

〔108〕 [德]卡尔·施米特著、刘小枫编:《合法性与正当性》,冯克利、李秋零、朱雁冰译,上海人民出版社2015年版,第39~40页。

〔109〕 罗志渊编著:《立法程序论》,台北,正中书局1974年版,第10页。

而不是以政治技巧来掩盖凝聚共识过程中存在的争议或以哲学手段让多元性和分歧的事实消失;在这一集体表决的环节中,每个表决主体的投票都应是基于自身理性进行的自主选择以及意见的真实表达,而非来自任何外在的或内在的强制和压力。

本项指标旨在考察地方人大及其常委会对审慎协商程序中表决机制的建构是否能够满足凝聚共识的要求,督促地方人大及其常委会建构与程序民主的要求相符合的表决机制,确保表决方法和表决规则的科学化。

2. 指标的评估内容

本指标的评估内容包括以下两点:

第一,从表决方法上看,民主科学的表决方法是决定共识能否有效凝聚的关键。一般而言,表决方法可归纳为举手表决、口头表决、计票表决、电子表决器表决等。[110] 以是否显示表决主体的态度为标准,可将表决方法分为不记名表决和记名表决两种。从地方立法的实践来看,两种类型的表决方法各有利弊:在不记名表决中,由于表决主体的态度不为他人所明确知晓,故而有利于其排除外在的压力和干扰,独立自主地表达意志,但却有可能导致表决主体的懈怠和麻木,成为“表决机器”或少数利益集团的代言人,进而滋生立法腐败,最终背离民主立法的要求;在记名表决中,由于表决主体的态度能够为他人所明确知晓,这就有利于对表决主体及其表决过程进行监督,增强他们的使命感和责任心,促使他们尽心尽责,维护公众利益,但这对不愿公开自己态度的表决主体却带来了很大压力,从而有可能导致他们在表决时不能独立自主地表达意志,使表决的结果不能真实地反映表决者的态度。[111] 基于上述原因,有学者建议将立法表决的方式由不记名表决改为记名表决,不过在笔者看来,此一建议(从长远上看)虽有助于表决接受民众的监督和促进表决主体认真履行职责,但在当下地方立法实践中却不宜采纳,其原因在于我国尚未建立起完善

---

〔110〕 参见罗传贤:《立法程序与技术》,台北,五南图书出版股份有限公司 2002 年版,第 607 页。

〔111〕 参见王建华、杨树人:《地方立法制度研究》,四川人民出版社 2009 年版,第 100 ~ 101 页。

的激励措施和政治环境来敦促并保障表决主体履行其表决责任。[112] 因此，在现阶段的地方立法表决中，仍应采用无记名表决为主、记名表决为辅的表决方法，从而保证表决主体的自主性和表决意见的真实性。

第二，从表决规则上看，我国地方立法在进行表决时一般采取整体表决的规则，即由有权进行投票的参与主体对整部法案进行一次性表决。整体表决虽有助于提高凝聚共识的效率，但却在一定程度上难以完全准确反映表决主体的真实意愿，因为表决者可能只是赞同被表决法案中的部分内容。尤其是在对被表决法案中的部分条款存在重大意见分歧时，若继续进行整体表决，无疑会使表决主体左右为难，最终可能导致表决主体非常勉强地作出决定，甚至作出与自己真实想法相反的决定，这都有违科学立法的基本原则。[113] 因此，地方立法应根据《立法法》第 41 条的规定，[114] 结合自身立法的特点与法案的实际情况，采取整体表决与单独表决相结合的表决规则，即当有权进行投票的参与主体对提请表决的法案中某些条款或章节存在较大分歧时，应先就该条款或章节进行单独表决，然后再对整个法案进行整体表决，从而平衡表决的科学性与效率性，使所凝聚的共识更加客观、全面地反映表决主体的真实意愿。

3. 指标的评分标准

根据上述评估内容，可将本指标的评分标准界定为：

（1）审慎协商程序中允许多种表决方法共存，并以无记名表决为主、记名表决为辅，充分保证了表决主体的自主性和表决意见的真实性的，得 2 分；虽然只允许单一表决方法的存在，但基本保证了表决主体的自主性和表决意见的真实性的，得 1 分；未能保证表决主体的自主性和表决意见

---

〔112〕 参见浦增元主编：《宪治征程——纪念现行宪法实施 20 周年》，中国法制出版社 2003 年版，第 289 页。

〔113〕 参见王建华、杨树人：《地方立法制度研究》，四川人民出版社 2009 年版，第 100 页。

〔114〕 《立法法》第 41 条规定："法律草案修改稿经常务委员会会议审议，由法律委员会根据常务委员会组成人员的审议意见进行修改，提出法律草案表决稿，由委员长会议提请常务委员会全体会议表决，由常务委员会全体组成人员的过半数通过。法律草案表决稿交付常务委员会会议表决前，委员长会议根据常务委员会会议审议的情况，可以决定将个别意见分歧较大的重要条款提请常务委员会会议单独表决。单独表决的条款经常务委员会会议表决后，委员长会议根据单独表决的情况，可以决定将法律草案表决稿交付表决，也可以决定暂不付表决，交法律委员会和有关的专门委员会进一步审议。"

的真实性的，得 0 分。

（2）审慎协商程序采取整体表决与单独表决相结合的表决规则，保证了表决主体的真实意愿得以全面反映的，得 2 分；虽然仅采取整体表决的表决规则，但保证了表决主体的真实意愿得以基本反映的，得 1 分；未能保证表决主体的真实意愿得以反映的，得 0 分。

第六章

立法完善阶段的能力评估指标

立法完善阶段,是使已经进入实施环节的法进一步臻于科学化,更宜于体现立法目的,适应不断变化发展的社会需求的阶段。[1] 立法完善阶段是整个立法过程的第三阶段,此一阶段一般包括法的修改、补充、废止、清理、评估等具体行为。从上述行为的内容和性质来看,该阶段的行为大都是针对已经实施一段时间的法自身存在的缺陷或结合法在实施过程中出现的新情况、新问题而进行完善的行为,即对法的质量以及实施效益进行的客观评价和实证判断,对法进行的清理、修改、补充、废止等。因此,为实现所立之法的内在协调性与外在适应性并使其进一步臻于完善,在立法完善阶段,地方人大及其常委会应当具备立法后评估的能力以及完善立法的能力。

第一节　立法后评估的能力及其评估指标

一、立法后评估的学理基础与制度实践

(一)立法后评估的学理基础

1. 理性建构模式的限度

理性建构模式代表着立法者欲通过其理性的设计和把控来满足立法需求的强烈期许。[2] 然而,理性建构模式的自身限度却制约了实践中的立法对此一期许的完全实现:首先,由于对立法调整事项所涉及的各种内外因素及其相互关系等问题认知的有限性,作为利益调整手段和行为规范工具的法律并不一定能够充分有效地实现其欲实现的立法目的;其次,由于事实认知的有限性,诸如新法是否落实了其应当落实的政治价值、新

---

〔1〕 参见周旺生:《关于中国立法程序的几个基本问题》,载《中国法学》1995 年第 2 期。

〔2〕 这种模式突出地反映在我国立法机关对法律体系建设的认识和实践之中。“中国政府尤其是立法机关在法律体系的认识和实践上首先表现出来的技术特征,是在基本思路上所呈现的理性主义的建构态度。在这种态度下,立法者从事和完成法律体系建设的能力和手段被肯定,经过事先的立法努力而达成自足圆满的法律体系的目标被确信——事在人为、志在必成。”参见张志铭:《转型中国的法律体系建构》,载《中国法学》2009 年第 2 期。

法与既有法律秩序之间是否融贯、衔接等问题往往无法通过一次立法活动予以完全解决；最后，法律体系内部的融贯性关系以及法律体系与社会内生秩序之间的融贯性关系通常并不能在事前的研究活动中得到完整、准确地揭示，其间产生或可能产生的诸多问题只能在法律适用的过程中逐渐暴露并被发现。[3] 由此可见，理性建构模式并不能完全制定出科学的法律来实现立法的目的，所立之法也做不到与现实的"无缝对接"。这就给立法者采用渐进的、通过不断探索和试错的方式使立法逐步臻于完善留下了空间，而这恰恰就是立法后评估——要求在立法后对立法的实际效果加以评价，以期在未来的法律修订中予以改善——的认知论基础。[4]

2. 对法的实效的追求

一般而言，立法质量包含两个方面的要求：一是对法的文本的要求，即所立法之法应与依法立法、科学立法、民主立法的原则相符合；二是对法的实效的要求，[5]即所立法之法管不管用、能不能满足社会公众对立法的实际需求、能不能解决实际问题。立法质量不能离开对法的实效的要求，因为"社会现实与法律条文之间，往往存在一定的差距"。[6] 然而，受个人综合素质水平、实施体制、实施环境以及法律本身等因素的限制，[7]法的实际效力与法欲实现的效力之间总是存在一定差距。因此，如何弥补两者之间的差距，实现应然效力向实然效力的转化便成为立法者应考虑的问题。然而，这种转化并不是一次立法就能完成的工作，而是要对所立之法在实施过程中的实际效果进行科学判断，发现两者之间存在的差距，并通过有针对性的修改、补充、废止等专门活动方能实现。

---

〔3〕 参见裴洪辉：《合规律性与合目的性：科学立法原则的法理基础》，载《政治与法律》2018年第10期。

〔4〕 参见裴洪辉：《合规律性与合目的性：科学立法原则的法理基础》，载《政治与法律》2018年第10期。

〔5〕 法的实效，是指具有规范效力的制定法在实际社会生活中被执行、适用、遵守的善，即法的实际有效性。参见张文显主编：《法理学》，高等教育出版社2003年版，第263页。

〔6〕 瞿同祖：《中国法律与中国社会》，中华书局1981年版，第2页。

〔7〕 参见沈宗灵主编：《法理学》，北京大学出版社1999年版，第314～316页。

3. 立法后评估的功能

立法后评估，是按照一定的方法和步骤，对法律和法规等规范性文件的质量以及实效进行判断，从而为法的制定、修改、废止等提供意见的专门活动。对法的完善而言，立法后评估主要有以下功能：

第一，有助于对法的实效以及质量作出科学判断。法的实效如何、立法所预期的目标是否得到实现、所立之法是否得到良好适用等问题，只有通过一种可以被量化的、标准的评估制度才能作出判断。[8] 而立法后评估制度无疑为这一判断的作出提供了一个有效手段，通过对法律法规的绩效、成本收益、利益影响、可操作性等实际效果与质量的勘验，发现其在实施过程中的真实状态，从而对法的实效以及质量作出科学判断。

第二，能够为法律法规的制定、修改和废止提供参考依据。立法—评估—立法是一个动态的循环过程，立法后评估无疑是这一过程的重要环节。[9] 在立法后评估的过程中，可以及时发现既有规定中存在的或可能存在的各种问题，审视既有规定是否符合社会发展的实际需求，从而为法律法规下一步的制定、修改和废止提供参考依据。

第三，有利于通过实践来检验立法的理论、思路和方法。实践—理论—实践的认识过程是马克思主义哲学认识论的基础，而这一理论联系实践的认识论落实到具体的立法工作之中，就表现为通过总结和反思法在实施过程中的实际效果来检验立法的理论。[10] 通过立法后评估，可以对法律法规的科学性、可操作性、有效性等进行全面的总结和反思并作出客观评价，进而检验现有立法理论、思路和方法，为进一步加强和改进立法工作提供参考和思路。

（二）立法后评估的制度实践

在美国，立法后评估在 20 世纪 80 年代以前就受到了广泛关注，并在 80 年代以后进入快速发展的阶段；在德国，立法后评估的应用与制度化

〔8〕 参见夏正林、王胜坤、林木明：《地方立法评估制度研究》，法律出版社 2017 年版，第 46 页。

〔9〕 参见孙晓东：《立法后评估的原理与应用》，中国政法大学出版社 2016 年版，第 9 页。

〔10〕 参见史建三主编：《地方立法后评估的理论与实践》，法律出版社 2012 年版，第 3 页。

在20世纪70年代便已开始,经过发展与完善,联邦政府内政部于2001年发布《立法效果评估手册》对评估的工具与程序作出具体说明与推广;日本政府于1997年引入再评价制度,2002年正式实施的《日本政策评价法》标志着立法后评估制度的全面确立。[11] 除上述国家外,欧盟自20世纪80年代中期就开始运用立法效果评估的相关工具对某些方面或领域的立法进行评估,并在2001年公布的报告中要求其成员国按照各自的方式进行立法效果评估;随着2003年综合评估程序的引入,欧盟就法律对经济、社会和环境的影响展开了全面评估(每年都有20~30部新法律得到评估),并于2005年将立法效果评估确定为立法的标准化程序。[12]

立法后评估制度在我国的确立以及应用相对较晚。从整体上看,我国立法后评估的制度实践表现出以下两个特点:其一,在制度化层面,行政立法后评估早于人大立法后评估。在行政立法后评估方面,早在2004年国务院发布的《全面推进依法行政实施纲要》(国发〔2004〕10号)第六部分第18项就正式提出了立法后评估制度,[13] 而后于2008年修订的《国务院工作规则》第22条更进一步明确了该制度;[14] 在人大立法后评估方面,则是在2015年修正的《立法法》第63条中才正式提出立法后评估制度。[15] 其二,在具体实践层面,地方立法后评估先于中央立法后评

---

〔11〕 参见史建三主编:《地方立法后评估的理论与实践》,法律出版社2012年版,第13~42页。

〔12〕 莫纪宏:《中国立法工作中的公众参与》,载中国法学网2009年8月21日,http://iolaw.cssn.cn/bwsf/200908/t20090821_4603459.shtml。

〔13〕 《全面推进依法行政实施纲要》第六部分第18项规定:"建立和完善行政法规、规章修改、废止的工作制度和规章、规范性文件的定期清理制度。要适应完善社会主义市场经济体制、扩大对外开放和社会全面进步的需要,适时对现行行政法规、规章进行修改或者废止,切实解决法律规范之间的矛盾和冲突。规章、规范性文件施行后,制定机关、实施机关应当定期对其实施情况进行评估。实施机关应当将评估意见报告制定机关;制定机关要定期对规章、规范性文件进行清理。"

〔14〕 《国务院工作规则》(2008年修订)第22条更进一步明确了该制度,即"制定行政法规,修改或废止不相适应的行政法规、行政措施或决定。拟订和制定与群众利益密切相关的法律草案和行政法规,原则上都要公布草案,向社会征求意见。行政法规实施后要进行后评估,发现问题,及时完善"。

〔15〕 《立法法》第63条规定:"全国人民代表大会有关的专门委员会、常务委员会工作机构可以组织对有关法律或者法律中有关规定进行立法后评估。评估情况应当向常务委员会报告。"

估。2000年伊始，山东、甘肃、云南、重庆、上海等省（市）的人大常委会便陆续开始对本地方的地方性法规进行立法后评估，[16]而全国人大常委会的立法后评估实践则在2010年才正式开展。

二、立法后评估的能力表现

（一）评估的制度化

1. 评估主体的组织

评估主体，是决定、实施和参与立法后评估的机关、团体或个人。在地方立法后评估主体的组织上，有三种主流观点：一是单一主体模式，即只有享有立法权的人大常委会本身才适合作为立法后评估的主体，其他机关、团体或个人只能在地方立法后评估工作中发挥协助作用；[17]二是独立第三方模式，即以与被评估对象和服务使用者不存在身份上的隶属关系也不产生利益关联的中立第三方作为立法后评估的主体；[18]三是多元主体模式，即以包括立法机关、行政机关、第三方以及社会公众在内的多种主体共同作为立法后评估的主体。[19]

在笔者看来，多元主体模式是地方立法后评估最适宜采用的模式。原因在于，相较于单一主体模式和独立第三方模式，多元主体模式下的立法后评估有如下优势：一是可以节约评估经费、降低成本。多元评估主体，尤其是社会公众，可以更便利地反映立法在社会中的实际问题，这种信息获得方式更为经济和方便。二是可以加强评估活动的实效。多元评估主体可以从各自的视角出发，分析立法在现实运行中的实际问题，特别是立法机关可以快速地将这些问题反馈给立法决策主体，并通过地方性法规的制定、修改、废止活动加以反映。三是可以优势互补，相互取长补

---

〔16〕 如2000年山东省人大常委会对《私营企业和个体工商户权益保护条例》、2004年重庆市人大常委会对《林业行政处罚条例》、2005年上海市人大常委会对《上海市历史文化风貌区和优秀历史建筑保护条例》等进行的立法后评估。

〔17〕 参见史建三主编：《地方立法后评估的理论与实践》，法律出版社2012年版，第65～67页。

〔18〕 参见江国华、刘新鹏：《法律制度实施效果第三方评估机制》，载《江汉论坛》2019年第8期。

〔19〕 参见汪全胜等：《立法后评估研究》，人民出版社2012年版，第178～182页。

短,提高评估活动的科学性、客观性和公正性。立法机关的优势是经费充足、专业知识丰富,而其他评估主体的优势在于更容易获得地方性法规在实施中的信息并站在中立的角度对信息进行处理和评价。四是可以提高评估活动的效率。立法机关具有较强的组织能力,可以要求其他部门予以必要的协助,为第三方和社会公众等评估主体提供其难以收集的信息,并安排专业人员对收集到的信息进行分析和评价;行政机关作为地方性法规的直接适用者,能够更有效地发现既有规范在实施过程中存在的问题和不足,提出具有针对性的意见;第三方和社会公众等评估主体则可以高效率地收集有益的评估信息。[20] 需要指出的是,此模式虽强调多元主体共同作用于立法后评估工作,但并不意味着所有主体在评估过程中处于同等地位,而是要根据不同主体的不同性质与功能进行具体任务的分配,其中,立法机关应作为评估的主导者,行政机关应作为评估的协助者,第三方和社会公众应作为评估的实施者。

2. 评估程序的设置

评估程序,是立法后评估应遵循的先后次序与工作步骤。评估程序的设置是保证立法后评估工作有效开展、防止评估过程中恣意和专断的前提与基础。一般而言,地方立法后评估程序应包括评估前的准备、评估方案的确定、评估的实施以及评估结果的形成四个步骤。[21]

3. 评估方法的选择

评估方法,是评估主体在进行立法后评估时采用的方式和方法。评估方法的选择直接关系着评估主体能否全面、客观、真实地对评估所需的信息进行收集和分析,从而影响评估结论的科学性和实效性。立法后评估的方法主要有:定性分析法、定量分析法、系统分析法、成本效益分析法、对比分析法、实证分析法等。地方立法后评估在选择评估方法时,应特别注意定性分析法、定量分析法以及实证分析法的选择和运用。首先,

---

〔20〕 参见孙晓东:《立法后评估的原理与应用》,中国政法大学出版社 2016 年版,第 19 页。

〔21〕 评估前的准备包括确定评估对象、组织评估主体和确立评估经费;评估方案的确定包括阐明评估目的、划定评估内容、界定评估指标、明确评估时间以及选择评估方法;评估的实施包括收集评估信息、整理评估信息与分析评估信息;评估结果的形成包括形成评估结论、撰写评估报告和公布评估报告。参见汪全胜等:《立法后评估研究》,人民出版社 2012 年版,第 65 ~69 页。

定性分析法与定量分析法是在理论上并行不悖、功能上相互补充的两种评估方法,在选择立法后评估的方法时,应注意将两者妥当地结合起来,即在对法的实效进行定性分析的基础上进行指标的选择、设计与细化,同时运用定量方法对收集的数据信息进行计算和判断。其次,立法后评估只有在全面收集信息、听取意见的前提下才能作出科学判断,因此要特别注重实证分析法的运用;加之其涉及的主体范围非常广泛,这就需要灵活地运用包括公众问卷、定向调查、实地考察、专家组评估、座谈会调查、听证会评估、典型个案调查在内的多种实证分析方法,保证不同主体都能充分、高效地参与到评估工作之中。

4. 评估时间的确定

评估时间,包括评估的启动时间以及完成时间两个方面的内容。合理的评估时间是地方立法后评估取得成功的关键因素。这是因为,首先,在评估的启动时间方面,如果评估启动过早(地方性法规的实际效果尚未完全显现,可能产生的问题尚未彻底暴露),不但会致使评估达不到理想效果,还会增加立法成本、浪费立法资源;相反,如果评估启动过晚,则可能导致地方性法规在实施过程中产生的问题得不到及时、有效的处理与纠正,进而在一定程度上激化社会矛盾、削弱法规权威。[22] 其次,在评估的完成时间方面,若期限太短,则很难保证评估活动的全面和深入;而持续的时间过长,则会影响评估的时效性。由此可见,过长或过短的时间都会对评估及其结果的时效性和科学性产生消极影响。因此,应当对立法后评估的启动时间与完成时间加以有序化和制度化,其中,评估的启动时间应为立法实施后的3~5年;评估工作应在3个月之内完成,若被评估的地方性法规较为复杂或重要,则可适当延长,但不宜超过6个月。

(二)评估指标体系的建构

1. 指标体系的内容

评估指标体系的内容,是评估主体选定的将要进行评估的具体方面或具体情形。一般而言,指标体系内的各级指标就是按不同内容所涵射

---

〔22〕 参见夏正林、王胜坤、林木明:《地方立法评估制度研究》,法律出版社2017年版,第93~94页。

的外延大小进行的逐层分解。

对于地方立法后评估指标体系的内容选择，理论界和实务界进行了较为深入的探讨和研究。在理论界，有学者认为地方立法后评估指标体系由法理标准、价值标准、实践标准以及技术标准四项评估内容组成；[23]也有学者指出地方立法后评估的主要参考指标包括合法性指标、合理性指标、实效性指标等七项内容；[24]还有学者主张立法后评估是全方位的系统评估，其指标体系的内容应主要涉及实施的宏观效果以及微观效果两个方面，具体包括实施绩效、立法内容、立法盲点、立法技术以及评估主体认为的其他内容。[25] 在实务界，甘肃省人大法工委对《甘肃省实施〈中华人民共和国人民防空法〉办法》进行立法后评估时，选择了地方特色、可操作性、技术规范等八项具体评估内容并设置了相应指标；[26]在上海市人大常委会委托上海社科学院法学研究所对现行有效的 142 部地方性法规进行的整体评估中，将合法性、适应性、操作性等六项内容作为评估的具体指标；[27]在重庆市进行的立法后评估中，选择了合法性、合理性、协调性等五项标准并设置了相应指标。[28]

归纳理论界与实务界的探讨和研究可以发现，地方立法后评估指标体系的内容大致可以分为两种类型：一类是对文本质量的评估，如对合法性、合理性、可操作性、特色性等内容的评估；另一类是对文本实施效益的评估，如对绩效性、实效性、成本收益等内容的评估。

2. 指标体系的层级

地方立法后评估指标体系是以各种指标的不同性质和指向来共同反

---

[23] 参见王亚平：《论地方性法规的质量评价标准及其指标体系》，载《人大研究》2007 年第 2 期。

[24] 参见史建三主编：《地方立法后评估的理论与实践》，法律出版社 2012 年版，第 91 ~ 101 页。

[25] 参见夏正林、王胜坤、林木明：《地方立法评估制度研究》，法律出版社 2017 年版，第 103 ~ 104 页。

[26] 参见《省人大常委会法工委进行甘肃省实施人民防空法办法立法后评估》，载甘肃人大网 2015 年 1 月 21 日，http://www.gsrdw.gov.cn/html/2015/jdgz_0121/3105.html。

[27] 参见沈国明等：《在规则与现实之间：上海市地方立法后评估报告》，上海人民出版社 2009 年版，第 19 ~ 22 页。

[28] 参见俞荣根主编：《地方立法后评估研究》，中国民主法制出版社 2009 年版，第 17 ~ 18 页。

映地方性法规的质量及实施情况的指标体系,其客观上存在多个层级,且每个层次还有更多个更小的层级。因此,地方立法后评估指标体系也需建立多层级的指标体系,并保证各个层级之间的规齐与整体结构的完整,进而才能更有效地反映各层级的内部结构以及层级之间的关系。以对文本实施效益的评估为例,可将法的实施效益作为一级指标,实效性、可操作性、成本收益等作为二级指标,并根据二级指标的目标和指向设定各自的三级指标(见表6-1)。

表6-1　地方立法后评估中文本实施效益的评估指标体系

一级指标	二级指标	三级指标
文本实施效益	实效性	各项制度和措施是否达到了制定时的预期
		法规是否被社会公众所知晓并自觉遵守
		法规是否在执法、司法的过程中得到充分的适用
	可操作性	是否因法规过于笼统而影响具体的实施
		是否因法规缺乏针对性而影响具体的实施
		是否因法规不够全面而影响具体的实施
	成本收益	法规实施后的实际成本是否超出预期成本
		法规实施后的实际收益是否达到预期收益
		法规实施的实际收益是否高于实际成本
	其他指标	其他指标

3. 指标的构成

指标的构成,是组成指标的具体要素。一般而言,一个完整的指标由名称、内容、评估值三个要素组成。具体到立法后评估指标体系中的指标构成,包括评估指标的名称,即与评估对象的基本属性和外延相对应的概念;指标的内容,即评估指向的具体方面或评估对象的具体表现形式;指标的评估值,即对分解后内容性质的直观反映。需要指出的是,由于立法后评估很难完全用定量化的数值描述评估对象,这就需要用定性化的评估值来反映评估对象的性质和重要程度;因此,指标的评估值既可以是对评估内容进行定量化之后确定的数值,也可以是对评估内容进行定性化之后界定的描述要素。[29]

（三）评估报告的形成与回应

1. 评估报告的形成

评估结果是立法后评估工作的结论性意见，而评估报告则是评估结果的重要表现形式。评估报告的形成对立法后评估有重要意义。首先，评估报告是对整个立法后评估工作的概括和总结，也是使立法臻于完善的重要依据。[30] 其次，评估报告的质量直接影响立法后评估真正目的的实现。美国学者邓恩认为，当评估的结果能转化为具体明确的评估报告，且形成的评估报告能够反映决策的需求与价值时，评估的结果就更容易受到决策者的青睐与采纳。[31] 因此，评估报告的质量决定着评估的结果能否被立法主体接受和采用，进而直接影响立法后评估真正目的的实现。

2. 评估结果的回应

评估报告的形成并不意味着立法后评估完成了其应完成的使命，也不代表立法后评估实现了其欲实现的目的。原因在于，评估报告仅仅指出了法在实施过程中存在的问题并提出有益的完善建议，即评估报告虽然为立法、司法、执法的完善提供了潜在的可能性，但要将这种可能性转化为现实性，则需要相应国家机关对评估报告作出积极回应。

评估报告的回应，是国家机关对立法后评估报告中反映的问题和提出的建议作出反应和回复，使立法后评估报告成为立法机关制定、修改、废止法律法规的依据，成为执法机关、司法机关加强相关措施的依据，从而实现立法后评估的真正目的。[32] 从回应的形式来看，评估报告的回应可分为两种：一种是“形式性回应”，即相应国家机关对立法后评估报告给予高度重视，积极地作出肯定或否定的答复；另一种是“实质性回应”，即

---

〔29〕 参见孙晓东：《立法后评估的原理与应用》，中国政法大学出版社 2016 年版，第 61 页。

〔30〕 评估报告可以使评估结论与立法者、执法者、其他参与者和公众见面，发挥评估的诊断、监督、反馈、完善和创设的功能，提高法律法规的科学性和实用性，并使有关部门了解法律法规实施的最终情形，据此决定法律法规的修改、废止和持续。参见汪全胜等：《立法后评估研究》，人民出版社 2012 年版，第 191 页。

〔31〕 参见李允杰、丘昌泰：《政策执行与评估》，北京大学出版社 2008 年版，第 164 ~ 166 页。

〔32〕 参见汪全胜等：《立法后评估研究》，人民出版社 2012 年版，第 193 页。

相应国家机关根据立法后评估报告指出的问题和提出的建议，有针对性地加以改进，使评估报告对立法、司法、执法的完善产生实际意义。[33]

三、立法后评估能力的评估指标

（一）评估的制度化

1. 指标的设置依据

立法后评估是《立法法》第 63 条确立的一项重要立法制度，其对判断立法的实效、提高立法的质量、完善立法的整个过程而言起着十分重要的作用。而要使立法后评估的作用得到真正发挥，就必须对其加以制度化建构，避免其在组织评估主体、设置评估程序、选择评估方法、确定评估时间中的随意性和盲目性，“地方立法评估是一项重要的立法制度，应当将其规范化、制度化，才能收到实际效果，因此，必须构建我国的地方立法评估制度”。[34]

本项指标旨在考察地方人大及其常委会是否针对立法后评估进行了专门规定以及规定的情况如何，督促地方人大及其常委会制定和完善立法后评估的专门规定，避免立法后评估活动的随意性和盲目性。

2. 指标的评估内容

本指标的评估内容包括以下两点：

第一，有无专门对立法后评估进行规定。作为立法这一系统工程的重要组成部分，立法后评估也应像法的制定、修改、废止一样具备法定的制度并加以严格遵循，仅在专门规范地方立法的条例中进行原则性规定是远远不够的。因此，地方立法主体应根据《立法法》第 63 条的规定，结合自身立法的特点与实际需要，建构一套系统规范的立法后评估制度，保障立法后评估工作的科学性和有效性。

第二，对立法后评估的规定是否全面。地方立法主体在对立法后评估进行专门规定时，应至少包含以下四个方面的内容：其一，评估主体的内容。地方立法主体应组织以立法机关为主导的、多种主体共同参与的

---

〔33〕 参见孟庆瑜主编：《地方立法与国家治理现代化》，法律出版社 2016 年版，第 224 页。
〔34〕 王建华、杨树人：《地方立法制度研究》，四川人民出版社 2009 年版，第 116 页。

多元化立法后评估主体，“多元化立法后评估主体是我国立法后评估完善化的制度选择，它不仅是避免单一化的内部评估主体的缺陷而作出的选择，也是因为法律作为社会公共政策的公共性基础，以及社会主体利益多元化的必然结果”。[35] 其二，评估程序的内容。应对评估前的准备、评估方案的制定、评估的具体实施、评估结果的形成四个步骤进行详细规定。其三，评估方法的内容。为保证地方立法后评估结论的科学性和实效性，评估主体应选择并充分使用包括定性分析法、定量分析法、实证分析法等在内的多种评估方法，全面、客观、真实地收集与分析评估信息，尤其应注意定量分析法与实证分析法的选择和运用。其四，评估时间。应明确立法后评估的启动时间与完成时间，评估的启动时间应为立法实施后的3~5年，评估工作应在3个月之内完成，若被评估的地方性法规较为复杂或重要，则可适当延长，但不宜超过6个月。

3. 指标的评分标准

根据上述评估内容，可将本指标的评分标准界定为：

(1)有制定专门的立法后评估办法(规定)的，得2分；未制定专门的立法后评估办法(规定)，但在专门规范地方立法的条例或其他类似规范中进行专门规定的，得1分；未制定专门的立法后评估办法(规定)，也未在专门规范地方立法的条例或其他类似规范中进行专门规定的，得0分。

(2)对立法后评估的规定包括评估主体、评估程序、评估方法、评估时间的，得2分；仅对立法后评估作了部分规定，而未对上述四点内容进行完整规定的，得1分；未对立法后评估进行规定的，得0分。

(二)评估指标体系的建构

1. 指标的设置依据

立法后评估指标体系，不是孤立指标的简单组合，而是由一系列相互联系、相互制约的评估指标构成的协调统一整体，以各指标的不同性质和指向共同反映被评估对象的质量及实施情况。立法后评估指标体系的建构对立法后评估活动而言有重要意义：其一，立法后评估指标体系是对法

---

〔35〕 汪全胜等：《立法后评估研究》，人民出版社2012年版，第65页。

案自身质量及其实施效果的直观反映和系统展示，能够为立法后评估活动的展开提供有效指引；其二，评估指标体系中的指标虽包含定性指标和定量指标，但其基本特性都是对评估对象的性质及其重要程度的直观反映和客观描述，能够有效地将评估主体的主观因素和偏见排除在评估活动之外，保证评估结论的科学性和准确性。[36]

本项指标旨在考察地方人大及其常委会是否建构了一套能够科学准确地评价文本质量及其实施效益的评估指标体系，督促地方人大及其常委会完善立法后评估指标体系，为立法后评估活动的展开提供有效指引并保证评估结论的科学性和准确性。

2. 指标的评估内容

本指标的评估内容包括以下三点：

第一，指标体系的内容选择。地方立法后评估指标体系的内容可分为对文本质量的评估以及对文本实施效益的评估两种类型。但对其具体内容进行分析可知，对文本质量的评估与立法前评估中的指标是部分重合的，这就使地方立法后评估指标体系的设置存在一定问题，因为以“法律法规立法后的必要性、合法性、协调性和可操作性作为评估的主要内容，可能会失去评估法律法规以及探索立法后评估的本来意义”。[37] 但从我国地方立法实践来看，此一问题的存在并不能否认将文本质量的评估指标纳入地方立法后评估指标体系的必要性，其原因有三：首先，由于我国地方立法前评估实践的相对缺乏，文本质量的高低需通过立法后评估来进行判断；其次，地方立法后评估担负着完善立法的重要任务，通过评估发现文本质量中存在或可能存在的问题，是判断所立之法是否需要修改、补充、废止的重要依据；最后，诸多关于文本质量的问题只能在实施过程中才会发生或被发现，这也就意味着仅凭立法前评估并不能保证对文本质量的全面判断。因此，在选择立法后评估指标体系的内容时，虽然文本实施效益的评估指标是重点选择对象，但仍应对文本质量的评估指

---

〔36〕 参见孙晓东：《立法后评估的原理与应用》，中国政法大学出版社 2016 年版，第 47 ~ 49 页。

〔37〕 席涛：《立法评估：评估什么和如何评估（上）——以中国立法评估为例》，载《政法论坛》2012 年第 5 期。

标加以必要保留。

第二,指标体系的层级安排。指标体系的层级安排是体现立法后评估指标体系科学性的一个重要方面。从整体效果上看,地方立法后评估指标体系的层级安排应实现各指标在逻辑上的相互独立、结构上的规齐完整、内容上的全面稳定。在具体层级的安排上,立法后评估指标体系的一级指标需反映和概括评估对象的基本要素,一般而言,应以文本质量以及文本实施效益作为两个一级指标;二级指标的设定需在细化整体目标的指引下,对一级指标加以分解,选取其中可行的并能够全面准确反映和描述一级指标的内容;三级指标的设定应抓住重点,在基本保证评估结果客观性、全面性的条件下,尽可能地选择能切实反映二级指标的内容和目标的核心指标,减少或舍去对评估结果影响不大的指标。

第三,指标的构成。立法后评估指标体系中的指标构成应满足以下要求:其一,指标的名称应是能够为人们的经验所认知的可操作化概念,如“实效性”“地方特色”“可操作性”等;其二,指标的内容应全面、具体地反映评估指向的具体方面或评估对象的具体表现形式,如对“可操作性”的评估中,可将其内容界定为“是否因法规过于笼统而影响具体实施”“是否因法规缺乏针对性而影响具体实施”“是否因法规不够全面而影响具体实施”等;其三,指标的评估值应直观准确地反映评估内容的重要程度,如“是否因法规缺乏针对性而影响具体实施”的分值可以设定为:未出现因法规缺乏针对性而导致的难以操作现象的,得 2 分;偶有出现因法规缺乏针对性而导致的难以操作现象的,得 1 分;多次出现因法规缺乏针对性而导致的难以操作现象的,得 0 分。[38] 需要指出的是,相对于指标名称和指标内容,指标的评估值对指标的构成而言更为重要,因为只有在设定了直观准确的评估值之后,地方立法后评估的结果才能更为客观地反映地方性法规的质量和实效;同时,对我国既有地方立法后评估实践进行考察可以发现,关于指标评估值的设定是其指标构成中常常缺乏并亟须增加的部分。

---

〔38〕 参见俞荣根主编:《地方立法质量评价指标体系研究》,法律出版社 2013 年版,第 29 ~ 33 页。

3. 指标的评分标准

根据上述评估内容，可将本指标的评分标准界定为：

（1）地方立法后评估指标体系的内容包括文本质量评估（如合法性、合理性、可操作性、特色性等内容）以及文本实施效益评估（如绩效性、实效性、成本收益等内容）的，得 2 分；仅包括文本实施效益评估，不包括文本质量评估的，得 1 分；未建构地方立法后评估指标体系的，得 0 分。

（2）地方立法后评估指标体系的层级安排实现了各指标在逻辑上相互独立、结构上规齐完整、内容上全面稳定的，得 2 分；虽未对评估指标体系进行层级安排，但基本保证了各评估指标之间彼此独立、相互关联的，得 1 分；未对评估指标体系进行层级安排，也未保证各评估指标之间彼此独立、相互关联的，得 0 分。

（3）地方立法后评估指标体系中的指标是由可操作的指标名称、全面具体的指标内容、直观准确的指标分值构成的，得 2 分；仅包括指标名称和指标内容，未包括指标分值的，得 1 分；未具体设定评估指标的，得 0 分。

（三）评估报告的形成与回应

1. 指标的设置依据

评估结果的回应是立法后评估的实质目的所在，而实现这一目的的前提则是形成全面的评估报告。首先，立法后评估工作的展开一定要与法的制定、修改、废止、执行等评估结果的运用活动结合起来，否则“高成本的立法后评估活动就难以促进立法质量的提高，同样会走入与‘观赏性立法’一样‘为评估而评估’的‘观赏性评估’的形象工程歧途，那将是法治建设事业的又一个悲哀”。[39] 其次，要使立法后评估的结果与法的制定、修改、废止、执行等活动结合起来，就必须要保证形成的评估报告能够全面反映和评价法的实施状态并针对发现的问题提出有建设性的完善建议，否则评估结果将很难被立法主体采信并得到有效运用。

本项指标旨在考察地方人大及其常委会是否形成了全面的评估报告

〔39〕 俞荣根：《立法后评估：法律体系形成后的一项重要工作》，载《西南政法大学学报》2011 年第 1 期。

并对评估报告作出有效回应,督促地方人大及其常委会重视评估报告的形成与回应,确保立法后评估的实效性。

2. 指标的评估内容

本指标的评估内容包括以下两点:

第一,评估报告的内容是否全面。评估报告的制作应在不受任何特定利益左右的情况下,以一种可以被理解和遵循并考虑一切相关因素的方式,全面陈述和评价所立之法与可观察的社会现实之间真实存在的关系,并针对发现的问题提出有建设性的完善建议。[40] 通常情况下,全面的立法后评估报告应包括以下内容:一是对评估活动的整体性概述,包括评估的背景、目的、对象、主体、方法、过程、指标以及评估涉及的其他内容。二是对评估对象的质量与实施效果作出的客观陈述与评价,包括法规实施的总体情况、法规的合法性、各项制度的合理性和可操作性、法规的地方特色和技术规范等。三是对完善立法和加强法规实施提出的结论性建议,结论性建议包括两个方面的内容:对于实施效果好的地方性法规,要给予肯定性评价并总结成功经验,从而进一步推广;对于实施效果不好的地方性法规,要重点分析缺点和不足,找出问题的原因,指出修改和完善的方向,为地方性法规下一步的修改和完善工作提供有益建议。[41]

第二,评估报告是否得到回应。评估报告的回应不仅是要求国家机关对评估报告作形式意义上的回应,更是要求其对评估报告作实质意义上的回应;因为只有对评估报告作实质意义上的回应,才能使立法后评估真正完成其应当完成的使命、实现其欲实现的目的。具体而言,对评估报告作实质意义上的回应包括以下三个方面:一是立法机关作出的回应,即当评估报告指出现实的社会关系缺乏相应地方性法规调整或既有地方性法规对现实社会关系的调整效果欠佳时,立法机关应及时按照法定程序进行针对性调整,将评估报告中提出的建议落实到制定、修改、补充、废止等完善地方性法规的活动之中。二是执法机关作出的回应,即当评估报

〔40〕 参见王保民:《立法评估:一种提高立法质量的有效途径》,载《中共青岛市委党校(青岛行政学院)学报》2007 年第 6 期。

〔41〕 参见孙晓东:《立法后评估的原理与应用》,中国政法大学出版社 2016 年版,第 43 页。

告指出执法机关在执行地方性法规的制度和内容存在问题时（如相关行政管理部门之间的职责划分不清、权限不明、协调配合不够等），执法机关应及时作出调整，将评估报告中提出的建议落实到加强执法措施和力度的具体行为之中。三是司法机关作出的回应，即当评估报告指出司法机关在适用地方性法规的制度和内容存在问题时（如总体适用率低、地方特色规定适用少、先行先试规定适用不足等），司法机关应及时作出调整，将评估报告中提出的建议落实到改变司法理念与方法的具体行为之中。由此，对评估报告的回应要将评估报告中指出的问题和提出的建议作为进一步提高立法、司法、执法质量与水平的客观根据和有效路径，并真正落实到具体的完善行为之中。

3. 指标的评分标准

根据上述评估内容，可将本指标的评分标准界定为：

（1）评估报告的内容包括评估活动的整体性概述、对评估对象的质量和实施效果作出的客观陈述与评价、完善立法和加强法律实施的结论性建议的，得 2 分；虽有制作评估报告，但报告的内容不全面的，得 1 分；未制作评估报告的，得 0 分。

（2）评估报告得到相应国家机关的实质性回应，即立法机关、司法机关和执法机关根据评估报告中指出的问题和提出的建议进行针对性完善的，得 2 分；仅得到形式性回应，即相应国家机关对评估报告给予高度重视并作出肯定或否定答复的，得 1 分；未得到任何回应的，得 0 分。

第二节 完善立法的能力及其评估指标

一、立法的完善

法的制定完成并不意味着立法过程的结束，已进入实施阶段的法仍需要修改、补充、清理等一系列活动的有效展开，以使其进一步完善。因此，立法的完善，是指在所立之法公布实施后，为使其与不断发展变化着的社会生活相适应、弥补存在（或可能存在）的缺陷、维护法律体系的内在秩序，所进行的立法活动和立法辅助工作。对已进入实施阶段的法而言，

立法的完善有如下功能:

第一,有助于使所立之法与不断发展变化着的社会生活相适应。“尽管立法者总是不遗余力地将未来可能出现的法律问题以及解决方式包容到法律条款之中,但是随着法律适用时间的延长,就日益显现出滞后的特征。”[42] 这就要求立法者运用解释、修改、补充等方法对所立之法进行完善,避免其因情势和环境的变化而失去其应发挥的引领、规范、协调社会生活的作用,使其与不断发展变化着的社会生活相适应。

第二,有助于弥补所立之法存在(或可能存在)的缺陷。受主观因素与客观条件的限制,即使立法者尽到了最大注意,所立之法仍存在无法避免的缺陷。这就要求立法者运用清理、修改、废止等方法对所立之法进行完善,弥补所立之法存在(或可能存在)的缺陷,使立法更加科学、民主和有效。[43]

第三,有助于维护法律体系的内在秩序。法律体系自身的完备与整体协调是维护其内在秩序的前提;而当规则少而不完备、多却不协调时,法律体系的内在秩序就会变得支离破碎或杂乱无章。[44] 这就要求立法者运用修改、补充、废止等方法对所立之法进行完善,避免因情势变更、上位法变动等情况的出现导致的法律体系不完备或不协调,维护法律体系的内在秩序。

对地方立法而言(特别是设区的市的地方立法),立法的完善有特别重要的意义,其原因在于现有的法规体系中存在诸多质量不高的地方性法规,如因立法经验和立法能力上的不足而产生的立法抵触、立法重复和立法抄袭,因对地方立法缺乏科学的认识而将地方保护主义和部门保护主义法制化,将执法不到位问题作为立法问题来解决,搞应景式立法和攀比式立法所制定的不能体现地方立法特色和需求、不能解决地方实际问题、实践中难以执行的地方性法规等。这就亟须通过清理、修改、补充、废止等方式对上述质量不高的地方性法规进行完善,改变或剔除现有地方

---

〔42〕 汤唯等:《地方立法的民主化与科学化构想》,北京大学出版社2006年版,第254页。

〔43〕 参见张文显:《法治中国在砥砺中前行——张文显教授访谈》,载《南京社会科学》2013年第3期。

〔44〕 参见王建华、杨树人:《地方立法制度研究》,四川人民出版社2009年版,第105页。

性法规中与社会生活发展不相适应、与立法的基本要求不相符合、与其他规范相互冲突的部分，使其更好地发挥引领、规范、协调社会生活的作用。

二、完善立法能力的组成

（一）对法进行的清理

法的清理是有权国家机关，在其职权范围内，以一定的方式，对一定范围内存在的规范性法律文件进行审查，确定它们是否继续适用或是否需要加以变动（修改、补充或废止）的专门活动。[45] 对法进行清理的目的在于通过对现行规范性法律文件的收集、整理、审查和分析，发现哪些规范性法律文件可以继续适用、哪些规范性法律文件需要修改或补充方能继续适用、哪些规范性法律文件已经失效并需要废止，并在此基础上作出修改、补充或废止的决定。

通过梳理我国1949年以来法律法规的清理实践可以发现，法的清理在具体施行过程中存在以下不足：第一，以不定期清理为主，缺乏定期清理。第二，以集中清理为主，虽然某些法律出台时，会伴随相关规范性法律文件的清理，但是新法一出台就启动清理程序的做法尚未成为惯例。第三，以立法后清理为主，几乎没有在立法过程中就开展法的清理、公布新法时一并公布清理结果的事例。第四，随意性大，缺乏规范化、制度化的清理。

（二）对法进行的修改与补充

1. 法的修改与法的补充之间的关系

法的修改，是对现行法的规定进行改动的专门活动；法的补充，是在保持现行法的规定不变的情况下，增加新内容的专门活动。法的修改与法的补充都是为了使已制定并实施的法臻于完善而作出的变动，但对于两者的关系却有不同认识。第一种观点认为，“法的修改”与“法的补充”是两种不同的制度，有各自不同的内容，两者之间是并列关系；第二种观点认为，“法的修改”与“法的补充”虽含义不同，但可以认为“法的补充”

---

〔45〕 参见周旺生：《立法学》（第2版），法律出版社2009年版，第507页。

是“法的修改”的一种，并且给二者确定了一个上位概念，即“法的修正”；第三种观点认为，“法的修改”包含“法的补充”，两者之间是包含与被包含的关系。[46] 在上述三种关系中，笔者赞成第二种观点中的部分认识，即“法的补充”是“法的修改”的一种。原因在于，虽然从两者的表现来看，法的补充不同于法的修改，但从两者的实际效果来看，法的补充是对既有法的内容进行的增补，法的内容会因补充而发生改动，因此，法的补充也是对法进行的修改。这也可能就是《立法法》第 2 条未将“补充”作为一种特定的立法权运行方式与“制定”“修改”“废止”相并列的原因。[47] 同时，虽然将“法的补充”界定为“法的修改”的一种，但却不适宜将“法的修正”作为两者的上位概念，因为这与我国立法实践以及理论研究中将“法的修正”与“法的修订”作为“法的修改”具体类型的一般认识不相符合。

2. 对法进行修改与补充的原因分析

一般而言，引起法的修改与补充的原因可分为直接原因和间接原因。其中，间接原因包括社会、政治、经济、技术、文化的变化发展。直接原因包括：第一，执政党政策的变化；第二，出现新法或相关法进行了修改、补充、解释、废止；第三，立法时存在疏漏或不科学之处；第四，由于法本身暂行或试行的性质，需进行变动以使其过渡到正式形式；第五，有关主管机关或执行机关发生变更。[48]

3. 对法进行修改与补充的主要方式

根据不同的分类标准，可将法的修改与补充分为不同方式。具体而言，以修改和补充内容的分量、比重为标准，可分为整体（全局）修改和补充与部分（局部）修改和补充；以修改和补充的明晰程度为标准，可分为明示（直接）修改和补充与默示（间接）修改和补充；以修改和补充的时机为标准，可分为优先修改和补充与滞后修改和补充；以修改和补充的位阶顺位为标准，可分为同位（级）修改和补充与错位（级）修改和补充；以是否

---

〔46〕 参见刘莘主编：《立法法》，北京大学出版社 2008 年版，第 306 ~ 307 页。

〔47〕 《立法法》第 2 条规定：“法律、行政法规、地方性法规、自治条例和单行条例的制定、修改和废止，适用本法。国务院部门规章和地方政府规章的制定、修改和废止，依照本法的有关规定执行。”

〔48〕 参见李林：《立法理论与制度》，中国法制出版社 2005 年版，第 218 ~ 222 页。

由法的制定主体自己进行修改和补充为标准，可分为自行修改和补充与代为修改和补充。〔49〕

（三）对法进行的废止

1. 法的废止的含义

法的废止是使现行法失去效力的专门活动。法的废止可分为狭义上的法的废止和广义上的法的废止两种。〔50〕 值得注意的是，法的废止指向的是某一完整的法，还是某一法中的部分规定或内容？若只是使某一法中的部分规定或内容失效，那么此一活动是否属于法的废止？〔51〕在笔者看来，法的废止指向的只能是完整的法，而不能是法中的部分规定或内容，将部分规定或内容失效界定为法的废止，是对法的废止与法的修改的混淆。因此，为了保持法的废止与法的修改间的严格区分，使部分规定或内容失效应作为对法进行修改的具体方式（删除），而非将其界定为法的废止。

2. 对法进行废止的原因

对法进行废止的根本原因在于，法不能适应社会发展的需要或不能满足公众对立法的需求。对法进行废止的直接原因在于：其一，因机构裁

〔49〕 参见周旺生：《立法学》（第2版），法律出版社2009年版，第500～502页；刘莘主编：《立法法》，北京大学出版社2008年版，第311～314页；李林：《立法理论与制度》，中国法制出版社2005年版，第224页；朱力宇、张曙光主编：《立法学》，中国人民大学出版社2001年版，第191～193页。

〔50〕 狭义的法的废止，是指立法主体依照法定的权限和程序，对现行有效的法予以明确的废弃，使其失去法的效力的专门活动。广义的法的废止，除包括狭义的法的废止之外，还包括当然废止。所谓法的当然废止，是指在法的内容中明确地规定了废止的期限或条件，该法因期限的届满或条件的达成而废止；法的当然废止，不必经由狭义的法的废止所必需的立法程序，只需由立法主体加以审查公布即可。参见李林：《试论法律废止》，载《宁夏社会科学》1991年第4期。

〔51〕 如周旺生教授在其《立法学》第二十二章第二节讨论法的废止的特征时，将法的废止指向的是某一完整的法作为其主要特征之一，"它所指向的对象只能是完整的法，如果只是使一个法中的部分规定或内容失效，就不是法的废止，而属于法的修改的范畴"。但他在讨论法的废止的方式时，却又认为使一个法中的部分规定或内容失效（部分废止）亦属于法的废止，"法的废止方式主要有两种类别的区分：一是整体废止与部分废止的不同。这是按废止的比重、程度所做的一种区分。整体废止是指一个法整个地失去效力。部分废止是指一个法的某些或某个规范失去效力……"。参见周旺生：《立法学》（第2版），法律出版社2009年版，第503～504页。

并,作为其依据的法无保留的必要;其二,因法所规定的事项已执行完毕,或因情势变更,与该事项相关的法无继续实施的必要;其三,因法的废止或修改而使以其为依据的相关法失去依据,且无单独实施的必要;其四,因某一事项已有新法加以规范并已公布实施,规定同一事项的旧法无继续实施的必要;其五,因超越权限、违反上位法、违背法定程序等原因,致使法被有权机关予以撤销。[52]

值得注意的是,有学者将“有权机关予以撤销”作为废止的具体方式,而非废止的原因。[53] 但笔者认为,“有权机关予以撤销”只能作为废止的原因,而不能作为废止的具体方式。原因在于:首先,虽被撤销的法与被废止的法在结果上都意味着法的效力丧失,但两者在是否具有溯及力上的差异决定了法的撤销与法的废止并不等同。法的废止,意味着被废止的法正式失去其效力,但该效力的终止仅及于未来发生的行为或事件,对效力终止前已发生的行为或事件仍具有拘束力;而根据《立法法》第 96 条的规定,[54] 法的撤销属于效力终止的“非正常”形式,《立法法》未就被撤销的法是否溯及既往的问题作出明确规定,这就意味着被撤销的法并不能被认定为与被废止的法一样,当然地被视为其效力终止于被撤销之日,而非溯及至该法制定之日。[55] 其次,从立法作为一个系统工程的性质来看,法的废止并不仅是使法失去其效力的简单形式,同时也是立法这一系统工程的重要组成部分。因此,虽然法的撤销与法的废止在结果上都意味着法的效力的丧失,但有权机关作出的撤销决定并不能取代被撤销的法的制定主体应进行的废止程序。这也就意味着,当法被有权机关撤销

---

[52] 参见罗传贤:《立法程序与技术》,台北,五南图书出版股份有限公司 2002 年版,第 372 ~ 375 页。

[53] 周旺生教授将此一具体方式表述为“以法定国家机关宣布撤销的方式实行废止”。这里的撤销即为废止,行使这种撤销权就是实行法的废止。参见周旺生:《立法学》(第 2 版),法律出版社 2009 年版,第 504 页。

[54] 《立法法》第 96 条规定:“法律、行政法规、地方性法规、自治条例和单行条例、规章有下列情形之一的,由有关机关依照本法第九十七条规定的权限予以改变或者撤销:(一)超越权限的;(二)下位法违反上位法规定的;(三)规章之间对同一事项的规定不一致,经裁决应当改变或者撤销一方的规定的;(四)规章的规定被认为不适当,应当予以改变或者撤销的;(五)违背法定程序的。”

[55] 参见杨登峰:《新旧法的适用原理与规则》,法律出版社 2008 年版,第 196 ~ 197 页。

并丧失效力后，其制定主体仍应按法定程序予以废止，虽然这一程序可因有权机关的撤销决定而作出相应简化，但这一程序本身却不能省略。

3. 对法进行废止的具体方式

根据不同的分类标准，法的废止方式大体可分为明示废止、自行废止、默示废止。[56] 明示废止，是法因有权主体公布的规范性法律文件而被废止。结合我国的立法实践，明示废止的具体方式主要有以下两种：其一，在新法中明文规定废止旧法；[57] 其二，以有权机关发布专门文件的形式明令宣布废止。[58] 自行废止，是指法的内容中明确规定了效力终止的期限或条件，自该期限届满或条件达成时，该法因自行失效而废止。自行废止包括两种情况，一种情况是因废止期限届满而自行废止；[59] 另一种情况是因废止条件的达成而自行废止。[60] 默示废止，是指在法的内容中不存在自行废止的期限或条件，也没有被明示废止的情况下，根据新旧法更替的同源性、后立法权的优越性、法制的统一性，不论旧法的制定主体是否有被废止的默许或是否情愿被废止，而直接推定或默许新法废止旧法效力的方式，即因后法（新法）废止前法（旧法）的推定原则而使前法（旧法）失去法律效力的方式。[61]

除上述具体方式外，有学者指出司法机关运用“新法优于旧法”（“后法优于前法”）的原则，在具体适用法的过程中以新法或后法为准，而主动拒绝适用旧法或前法的，实际上就等同于新法默示地废止旧法。[62] 这种

〔56〕 参见杨登峰：《新旧法的适用原理与规则》，法律出版社 2008 年版，第 198 页。

〔57〕 如 1996 年修正的《统计法》第 34 条规定：“本法自 1984 年 1 月 1 日起施行。1963 年国务院发布的《统计工作试行条例》即行废止。”

〔58〕 如 2009 年第十一届全国人民代表大会常务委员会第九次会议通过的《全国人民代表大会常务委员会关于废止部分法律的决定》中，明确废止了 1954 年第一届全国人民代表大会常务委员会第四次会议通过的《公安派出所组织条例》以及《城市街道办事处组织条例》。

〔59〕 如 2006 年国务院公布的《北京奥运会及其筹备期间外国记者在华采访规定》（失效）（中华人民共和国国务院令第 477 号）第 9 条规定：“本规定自 2007 年 1 月 1 日起施行，2008 年 10 月 17 日自行废止。”

〔60〕 如 2003 年长春市人民政府发布的《长春市防治非典型肺炎暂行规定》（失效）（长春市人民政府令第 2 号）第 25 条规定：“本规定自公布之日起施行，疫情得到控制后，即行废止。”

〔61〕 参见杨登峰：《新旧法的适用原理与规则》，法律出版社 2008 年版，第 199～203 页。

〔62〕 参见朱力宇、张曙光主编：《立法学》，中国人民大学出版社 2001 年版，第 193 页。

认识是错误的,错误的原因在于其混淆了法律的效力与法律的实效。法律的效力与法律的实效,是两个相关但不同一的概念:法律效力表明法律的存在及其约束力,属于“应然”的范畴;法律实效则表明法律在实际生活中的状况,属于“实然”的范畴。〔63〕虽然“法律的生命力在于实施”,但并不当然意味着未实施或不再实施的法律不再具有法的效力,能判定法律是否“死亡”的只能是专门的立法活动。这也就意味着即使旧法或前法因司法机关的拒绝适用而失去法律实效,但也只有通过专门的立法程序对不再实施或不宜实施的法律予以废止,才能真正决定某一法律的“生死”,使其正式失去法的效力。〔64〕因此,司法机关在具体适用法的过程中主动拒绝适用旧法或前法,并不能作为废止的具体方式,其只能作为废止的原因而存在。

三、完善立法能力的评估指标

(一)法的清理

1. 指标的设置依据

从法治的整体角度来看,强调对法进行及时清理有以下必要性:

第一,实现科学立法。其一,对现行地方性法规进行清理,能够为新法的制定准备条件。通过清理,地方立法主体可以从过往的立法实践中总结经验教训,发现内含于其中的立法规律,看清利弊得失,对其优点予以发扬,对其缺点加以克服,避免在制定新法的过程中走弯路。其二,对现行地方性法规进行清理,在一定程度上讲,是地方立法进行修改、补充与废止的前置程序。地方立法清理的目的在于通过对现行有效的地方性

---

〔63〕 法律效力,即法律的约束力,指人们应当按照法律规定的那样行为,必须服从;一般而言,法律的效力来自制定它的合法程序和国家强制力。法律实效,是指人们实际上按照法律规定的行为模式去行为,法律被人们实际遵守、执行或适用。参见沈宗灵主编:《法理学》,北京大学出版社 1999 年版,第 307~310 页。

〔64〕 “如果需要废止,应通过立法程序来完成并实现,立法者有时会忽略这一点:他们认为现实中的法律已经实际地停止了实施,处于‘死亡’状态,这就意味着法律实际被废止了,而形式上是否废止并不重要。这种看法是极为错误和有害的。一项法律在现实中死亡并不等于在法律上已不复存在,一旦实践涉及这一‘死亡’之法律的法律问题,它的危害就会显现出来。”参见李林:《立法理论与制度实践》,中国法制出版社 2005 年版,第 236 页。

法规进行收集、整理、审查和分析,确认其在数量、分类、时效、内容等方面的客观情况,[65]从而作出科学的、具有针对性的修改、补充或废止决定。其三,对现行地方性法规进行清理,能够为地方立法规划(计划)的编制提供科学根据。对地方立法进行清理,就是发现哪些现行地方性法规可以继续适用、哪些现行地方性法规需经修改或补充方能继续适用、哪些现行地方性法规已经失效并需加以废止,以及需由地方性法规加以调整的社会关系哪些已经进行了相应立法、哪些尚属空白、哪些需要进一步补充,也即了解现行地方性法规的基本情况,从而为地方立法规划(计划)的编制提供科学根据。

第二,维护国家法制统一。法制统一是《宪法》与《立法法》确定的一项立法基本原则,它要求制定的各类规范性法律文件在本质上、内容上、形式上保持和谐、有序、一致。但由于立法主体的多元化以及立法模式的多层次化,不同立法主体制定的规范性法律文件之间或不同层次的规范性法律文件之间相互矛盾或抵触的情况难以避免。要最大限度地消除这种相互矛盾或抵触,就需要对各类规范性法律文件进行清理,以便适用那些可以继续适用的、修改或补充那些应进行修改或补充的、废止那些应当予以废止的,从而维护国家的法制统一。

第三,控制立法质量。法的清理是内部监督立法效力的一个过程,地方立法主体通过清理可以实现对立法质量的把控,定期对某一时期或范围内的地方性法规进行清理,有利于发现现行地方性法规中是否存在"死法""笨法""恶法",以及抵触立法或重复立法等混乱情况,进而及时进行纠正。[66]

第四,优化法的实施。立法的目的之一在于使所立之法得到有效实施,但长期以来在法的实施过程中存在的诸多问题,往往与法的自身质量不高有密切关联。通过清理,发现现行地方性法规存在的缺陷,并进行相应的修改、补充与废止,无疑有利于法的实施。因此,地方立法主体应加

---

〔65〕 参见顾捷:《行政法规清理功能探讨》,载《法治论丛(上海政法学院学报)》2008 年第 6 期。

〔66〕 参见汤唯等:《地方立法的民主化与科学化构想》,北京大学出版社 2006 年版,第 277 页。

强对现行地方性法规的清理,并逐步实现法规清理工作的规范化和制度化。

本项指标旨在考察地方人大及其常委会开展的清理活动是否满足使地方立法进一步臻于完善的要求,督促地方人大及其常委会及时、主动地对地方性法规进行清理,确保清理活动的规范化和制度化。

2. 指标的评估内容

本指标的评估内容包括以下四点:

第一,清理的规范性。清理虽不会直接影响现行地方性法规的效力或变动现行地方性法规的内容,但作为决定现行地方性法规是否继续适用或是否需要变动的专门活动,法的清理也应像其他立法活动一样具备法定的制度并加以严格遵循。这一制度至少应对清理的主体及其权限、情形、程序、时间作出详细明确的规定,仅在专门规范地方立法的条例中进行原则性规定是远远不够的。因此,地方立法主体应结合自身立法的特点与实际需要,在专门规范地方立法的条例中对清理的主体及其权限、情形、程序、时间作出详细明确的规定,改变地方立法在法的清理中存在的清理不及时、随意性大、程序不规范等不堪现状。首先,法的清理是立法主体行使其职权的一项专门活动,只能由相应的立法主体在其职权范围内进行。一般来讲,法的清理遵循"谁制定,谁清理"的基本原则,即法的清理主体应为地方人大及其常委会以及由其授权的其他主体。具体到地方立法实践,一般应由人大常委会的工作机构或相应的专门委员会负责具体清理工作,由人大常委会对提出的清理意见或报告加以审查和处理。[67] 同时,地方人大及其常委会以及由其授权的其他主体应在自己的职权范围内进行地方性法规的清理工作,不得超出其有权制定的法的范围而清理其他地方立法主体所立之法。其次,应明确清理的具体情形。如在全国人大及其常委会或国务院提出清理要求、上位法作出较大变动

[67] 如《吉林市地方立法条例》第63条对法的清理主体作出规定:"有关的专门委员会、常务委员会工作机构应当根据各自职责范围,组织对地方性法规进行清理。常务委员会组织开展地方性法规清理的,由常务委员会法制工作机构汇总各方面意见后,提出修改或者废止的清理意见,由常务委员会主任会议研究处理。国家机关、社会团体、企业事业组织以及公民,可以向常务委员会提出法规清理的建议。"

时,地方人大常委会应及时组织法规清理工作。[68] 再次,应对清理的正式程序加以详细规定。这一规定应包括清理案的提出、审议以及通过的具体程序,并及时将清理的结果予以公布。[69] 最后,应确定一个合理的时间段作为清理工作固定时间。

第二,清理的科学性。根据清理所欲实现的目的,可将其划分为梳理法的阶段与处理法的阶段。[70] 对前一阶段的展开而言,最为关键的是准确划定需清理的地方性法规的范围,避免把不需要清理的地方性法规或不属于本次清理对象的地方性法规列入清理的范围。对后一阶段的展开而言,最为关键的则是确定清理案的审议标准,以对其范围内的地方性法规是否继续适用、是否需要修改或补充、是否需要废止作出正确判断。[71]

第三,清理的及时性。我国法律的清理可分为一般清理和专项清理、

---

〔68〕 如《重庆市地方立法条例》第 78 条对应当及时进行清理的具体情形作出了规定,即:"有下列情形之一的,市人大常委会应当组织法规清理工作:(一)全国人民代表大会常务委员会、国务院或者法律、行政法规要求进行清理的;(二)国家制定、修改或者废止法律、行政法规,涉及较多法规,需要进行清理的;(三)因经济社会发展,有较多法规存在明显不适应情形,需要进行清理的;(四)市人大常委会认为需要进行清理的。"

〔69〕 法的清理结果的内容,通常包括:(1)宣告哪些法律继续有效;(2)宣告哪些法律已经失效并予废止,清理之前已自行失效的或已被明令废止的一般也应当一并宣告废止;(3)宣告哪些法律需要修改并尽可能地确定由谁修改。参见郭道晖主编:《当代中国立法》(下册),中国民主法制出版社 1998 年版,第 1411 页。

〔70〕 在梳理法的阶段,其基本任务在于通过对现存规范性法律文件的收集、整理、审查和分析,搞清楚各种现行法的基本情况,确定哪些可以继续适用,哪些需要修改或补充,哪些需要废止。在处理法的阶段,其基本任务在于对可以继续适用的,列为现行法;对需要修改或补充的,提上修改或补充的日程;对需要废止的,加以废止。参见周旺生:《立法学》(第 2 版),法律出版社 2009 年版,第 507 页。

〔71〕 一般而言,在审议清理中的地方性法规是否继续适用、是否需要修改或补充、是否需要废止时,应当遵循以下几个标准:(1)是否适合本地的社会发展需要,是否适应变化了的客观情势,在多大程度上适合;(2)与现行《宪法》、国家大政方针和上位法是否一致或相抵触,在多大程度上一致或相抵触;(3)本身在内容、文字表述和其他有关方面是否存在问题,问题的严重程度如何。参见周旺生:《立法学》(第 2 版),法律出版社 2009 年版,第 510 页。

定期清理和不定期清理、及时清理和集中清理。[72] 相较而言，及时清理、定期清理和专项清理更具有及时性。原因在于：其一，集中清理虽可对一定范围内的大量现行地方性法规进行集中的收集、整理、分析和审查，一次性解决较多、较大的问题，但集中清理却要以较长（甚至很长）一段时间和较大（甚至很大）范围内的现行地方性法规之间的混乱、冲突为代价。其二，与不定期清理相比，定期清理有利于及时调整各类地方性法规之间的关系，保持地方性法规与社会情势变化以及立法需求之间的动态平衡，避免立法冲突引起的适用或遵守混乱。其三，与一般清理相比，专项清理的优势在于针对性强，有利于集中精力解决某一时期或范围内的突出问题，使现行地方性法规关于某一方面或某一领域的问题达到高度统一与协调。[73] 因此，根据地方立法的实际情况，地方立法主体应及时、主动地对地方性法规进行清理，摆脱"运动式"、被动式的集中清理模式，采取定期清理和专项清理相结合的方式进行主动清理。其中，定期清理适宜以三年为时限，地方立法主体可以确定三年内的某个时间段作为清理地方性法规的工作时间，并制定相应的清理工作计划和目标；专项清理则可以在此一期间内确定某一特定调整事项或特定形式的地方性法规进行专门清理。

第四，清理的协助和参与层面。立法清理是一项涉及面广、技术性强的工作，它不可能由某个部门包揽，只有多方主体的通力配合与积极参

〔72〕 从我国法律的清理的具体实践来看，法的清理方法一般分为三类：第一，按照清理的内容不同，可以分为一般清理和专项清理。一般清理，是指对调整不同事项或不同形式的各种现行规范性法律文件进行的清理；专项清理，是指专门针对某一特定调整事项或特定形式的现行规范性法律文件进行的清理。第二，按照清理的规律性不同，可以分为定期清理和不定期清理。定期清理，是指把法的清理常规化、制度化，每隔一段时间就对一定范围内的现行规范性法律文件进行清理的一种有规律性的清理活动；不定期清理，是指在某些特殊情况出现时才进行的一种不具有规律性的法的清理活动，一般而言，不定期清理通常发生在新法颁布之后或者定期清理没有正常运作导致现行规范性法律文件之间的矛盾和冲突过多而不得不进行清理的情况下。第三，按清理的及时性不同，可以分为及时清理和集中清理。及时清理，是指有权主体及时地清理某一类现行规范性法律文件；集中清理，是指有权主体对较长时间段内的、较多的或一定立法主体所立各方面的现行规范性法律文件进行的大规模清理。参见刘莘主编：《立法法》，北京大学出版社 2008 年版，第 285～256 页。

〔73〕 参见汪全胜：《制度设计与立法公正》，山东人民出版社 2005 年版，第 360～362 页。

与，才能保证其质量。[74] 相较于地方性法规的制定主体，其适用主体与地方性法规有更为直接的近距离接触，对其在实践中的利弊优劣有最为直观的感受；因此，实现多方主体在立法清理过程中的协助和参与，是提升清理质量和科学性的有效路径。具体而言，这一协助和参与包含两个方面的内容：其一，应注重行政机关和司法机关对立法清理的协助和参与，从而更加准确地掌握地方性法规在具体适用中的客观情况，使立法清理更具针对性和效率性。其二，应强化立法清理过程中的公众参与，将“关门清理”变为“开门清理”，听取并重视公众对清理的意见，使立法清理更能反映社会公众的真实立法需求。[75]

3. 指标的评分标准

根据上述评估内容，可将本指标的评分标准界定为：

（1）专门规范地方立法的条例对法的清理主体及其权限、情形、程序、时间作明确规定的，得 2 分；仅对法的清理作原则性规定，或具体规定不够全面的，得 1 分；未作相关规定的，得 0 分。

（2）在清理的过程中，准确划定了所需清理的范围并确定了清理案审议标准的，得 2 分；仅准确划定了所需清理的范围，或确定了清理案审议标准的，得 1 分；未准确划定所需清理的范围，也未确定清理案审议标准的，得 0 分。

（3）在三年内，对地方性法规及时、主动地进行定期清理和专项清理的，得 2 分；虽未主动进行清理，但在全国人大及其常委会或国务院要求进行清理后及时进行清理的，得 1 分；从未及时、主动进行清理的，得 0 分。

（4）清理过程中有行政机关、司法机关、社会公众的协助和参与的，得 2 分；仅有行政机关、司法机关的协助和参与，或仅有社会公众的协助和

---

〔74〕 参见王建华、杨树人：《地方立法制度研究》，四川人民出版社 2009 年版，第 113 页。

〔75〕 事实上，公众参与立法清理的理念已经在国家层面的立法清理实践中有所体现。如 2007 年开展的一次法规规章集中清理，就采取了座谈、论证、问卷调查、网上征求意见等开放性姿态。据统计，在此次清理中，原国务院法制办公室共收到各地、各部门和社会各界的清理建议 8752 件，平均每部行政法规为 13.36 件清理建议。而来自公众的清理意见，主要集中于教育、就业拆迁、劳动教养等民生领域。参见阿计：《下位法清理，完善法制从细节做起》，载《人民公安》2009 年第 19 期。

参与的,得 1 分;未实现其他主体协助和参与清理过程的,得 0 分。

(二)法的修改与补充

1. 指标的设置依据

法律作为指引社会主体行为的规范体系,一旦制定并实施以后,就应当具有相对的稳定性,不能轻易地或经常性地作出变动,否则势必会消减公众的守法习性、削弱法律的权威。[76] 但对稳定性的要求并不意味着法应当一成不变,而应是在保证稳定性的前提下实现其适应性。原因在于,法律作为经审慎协商而制定的行为规范,只是代表着立法当时的相对正义,而非永恒不变的绝对正义,这也就意味着任何法律自公布实施之日起,就必然面临着被修改或补充的命运;[77] 加之,以成文形式表达的规范文本不可能精确无遗漏地概括或表达当下千差万别的行为需求以及纷繁复杂的社会问题,这就要求实践中的法律根据立法需求以及社会问题进行修改或补充,实现自身的进一步完善。此外,法律规范功能的发挥必须以适应社会客观情势的变化发展为前提,若时过境迁但法律却一成不变,那么这种法律不但无法起到规范社会生活的应然作用,反而会成为阻滞社会进步发展的障碍。因此,立法者必须根据法律调整对象的发展变化及时、慎重地对法律进行修改与补充,实现法的稳定性与适应性的统一并促进其臻于完善,"法律的修改不只是补漏拾遗,而是给法律注入新的生命,使之适应形势发展的需要,而能继续站得住,行得通"。[78]

本项指标旨在考察地方人大及其常委会开展的法的修改与补充活动是否满足使地方立法进一步臻于完善的要求,督促地方人大及其常委会及时、慎重地对地方性法规进行修改与补充,确保修改与补充活动的规范化和制度化。

2. 指标的评估内容

本指标的评估内容包括以下四点:

---

〔76〕 参见[古希腊]亚里士多德:《政治学》,吴寿彭译,商务印书馆 1965 年版,第 82 页。

〔77〕 参见罗传贤:《立法程序与技术》,台北,五南图书出版股份有限公司 2002 年版,第 367 页。

〔78〕 郭道晖:《法律修改方略述评》,载《中国法学》1989 年第 6 期。

第一,修改(补充)的规范性。法的修改和补充是地方立法实践中频繁且普遍的立法活动,但与此形成鲜明对比的是,关于规范修改和补充的法律条文却少之又少或不成体系,这就造成地方立法的修改和补充缺乏严格的程序和统一的形式,应及时修改或补充的地方立法长时间得不到修改或补充,不能轻易变动的地方立法在事实上却频繁遭到修改等棘手问题。[79] 作为立法这一系统工程的重要组成部分,法的修改与补充应像其他立法活动一样具备法定制度并加以严格遵循,这一制度至少应对修改和补充的主体及权限、程序、必要限定条件、时间作出详细明确的规定,仅在专门规范地方立法的条例中进行原则性规定是远远不够的。因此,地方立法主体应根据《立法法》第59条的规定,[80] 结合自身立法的特点与实际需要,在专门规范地方立法的条例中对法的修改与补充的主体及权限、程序、必要限定条件、时间作出详细明确的规定,改变地方立法在法的修改与补充中存在的程序不清、限定不足、形式混乱等不堪现状。首先,在主体及权限、必要的限定条件方面,必须明确有权对法进行修改和补充的主体;明确地方人大常委会只能对地方人大制定的法规进行部分修改和补充,同时不得同该法规的基本原则相抵触;在作部分修改和补充时,不得改变被修改和补充的法的一般原则或其完整性;在作整体修改和补充时,应注意修改和补充后的规范与体系内其他规范之间的协调。[81] 其次,在程序方面,应对法的修改与补充程序加以详细规定。这一规定应包括提出修改(补充)议案、作出修改(补充)决定、审议修改(补充)案、公布修改(补充)后文本的整个过程。[82] 最后,在时间方面,应确定一个合理的时间限度,保证修改(补充)活动的及时性与规律性。

第二,修改(补充)的及时性。只有及时对地方性法规进行修改与补

---

〔79〕 参见汤唯等:《地方立法的民主化与科学化构想》,北京大学出版社2006年版,第273页。

〔80〕 《立法法》第59条规定:"法律的修改和废止程序,适用本章的有关规定。法律被修改的,应当公布新的法律文本。法律被废止的,除由其他法律规定废止该法律的以外,由国家主席签署主席令予以公布。"

〔81〕 参见周旺生:《立法学》(第2版),法律出版社2009年版,第502~503页。

〔82〕 参见汤唯等:《地方立法的民主化与科学化构想》,北京大学出版社2006年版,第273~274页。

充，才能使其满足社会发展的需要，避免与上位法发生冲突。[83] 前文已述，引起法的修改和补充的原因可分为直接原因和间接原因，而两种原因对地方立法修改和补充的及时性而言有不同意义。相较于直接原因，引起修改与补充的间接原因十分宏观和复杂，这也就意味着当间接原因出现时，立法者必须进行广泛的调研和审慎的思考，只有在充分认识和掌握这些间接原因对立法是否存在影响以及影响的性质、范围、程度等问题的基础上，始得作出是否以及如何对法进行修改和补充的决定，即地方立法的修改和补充在面对间接原因时，对稳定性的追求要优于及时性。而引起修改与补充的直接原因则较为微观和具体，多是由于法自身的不足或与其相关的法发生变化而产生的对其进行修改和补充的需要，立法者可直接根据这些不足和变化，作出是否以及如何对法进行修改和补充的决定，即地方立法的修改和补充在面对直接原因时，对及时性的追求要优于稳定性。因此，笔者认为，当直接原因引起地方立法的修改（补充）时，地方立法主体应在 3 个月内进行修改（补充），若需修改（补充）的情况比较复杂或受地方立法主体自身条件的限制，则可适当予以推迟，但最多不能超过 6 个月。当间接原因引起地方立法的修改（补充）时，由于需要进行广泛的调研和审慎的思考，因而无法对其修改（补充）的时间作出具体规定，但也应在充分认识和掌握这些间接原因对立法是否存在影响以及影响的性质、范围、程度等问题之后，及时作出修改与补充。

第三，修改（补充）方法选择的科学性。是否采用科学的方法对法进行修改和补充，决定了修改和补充能否达到预期效果。在使用删除、取代、合并等方法对法进行修改和补充时，应注意以下两点：在文本名称上，应采取简化、统一的名称；对过去曾修改或补充过的法进行修改或补充时，应注明以前各次的修改和补充，注明再次公布的日期。在文本风格上，应注意保留原有的文体和术语，应使修改或补充后的条文与既有内容

---

[83] 地方性法规之所以与上位法发生冲突，是由于颁布了新的上位法或者上位法发生了变化，而地方性法规却没有及时进行修订。如果上位法发生了立法、修法或者废止法律，而下位法没有及时进行相应的调整，必然会出现下位法与上位法的冲突。参见席涛：《立法评估：评估什么和如何评估（上）——以中国立法评估为例》，载《政法论坛》2012 年第 5 期。

的风格保持一致。[84]

第四,修改(补充)的程序。根据《立法法》第59条的规定,地方立法在修改(补充)地方性法规时,需遵循提出修改(补充)议案、审议修改(补充)案、表决通过修改(补充)案、公布修改(补充)后文本的基本程序。此步骤是对法进行修改(补充)的完整程序,但由于对修改(补充)的重视不足、程序意识不强、程序规则不完善等因素的存在,地方立法实践中的法的修改(补充)通常会对此一程序加以简略甚至忽略其应遵循的基本程序。从客观上讲,法的修改(补充)程序虽可在一定程度上予以简略,但却不能完全忽略;其中,最不能忽略的就是公布修改(补充)后文本这一程序。因为无论以何种方式进行的修改(补充),都是对地方性法规内容作出的实质性变动,若不加以公布,则其被修改(补充)的部分就不能被公众知悉并发生效力,这也是《立法法》第59条第2款对修改后公布这一程序进行专门规定的原因所在,因此"法律不论是部分条文的修改还是全面修改,都应当重新公布新的法律文本,以体现法律的严肃性"。[85]

3. 指标的评分标准

根据上述评估内容,可将本指标的评分标准界定为:

(1)专门规范地方立法的条例对法的修改与补充主体及权限、程序、必要限定条件、时间作出明确规定的,得2分;仅对法的修改与补充作原则性规定,或具体规定不够全面的,得1分;未作出相关规定的,得0分。

(2)当直接原因引起地方立法的修改(补充)时,有权主体在三个月内对相关立法进行修改和补充的,得2分;在三个月至六个月对相关立法进行修改和补充的,得1分;超过六个月未对相关立法进行修改和补充的,得0分。

(3)有权主体选择科学的方法进行修改和补充,使文本的名称明确、风格保持一致的,得2分;仅使文本的名称明确,或仅使文本的风格保持一致的,得1分;未选择科学的方法进行修改和补充的,得0分。

(4)地方立法的修改(补充)遵循了提出修改(补充)议案、审议修改

---

〔84〕 参见周旺生:《立法学》(第2版),法律出版社2009年版,第503页。

〔85〕 乔晓阳主编:《〈中华人民共和国立法法〉导读与释义》,中国民主法制出版社2015年版,第209页。

(补充)案、表决通过修改(补充)案、公布修改(补充)后文本这一完整程序的,得2分;虽未遵循完整的程序,但将修改(补充)后的文本予以公布的,得1分;未遵循法定程序的,得0分。

(三)法的废止

1. 指标的设置依据

法的废止是使立法这一系统工程趋于完整的核心环节。从系统论的角度来看,立法通常是由法的制定、认可、修改、补充、废止和解释等一系列行为方式构成的、良性循环的、开放的系统工程。其中,法的废止是使无继续实施必要的或无法继续实施的法归于无效的专门活动,是立法这一系统工程的"出口"。[86] 此外,及时进行法的废止活动,有利于从一个重要的侧面促进法体系内部的协调一致,实现法的体系与它所调整的社会关系之间的协调发展。法调整的对象是不断发展变化着的社会关系,社会关系的发展变化不仅表现在它必然会提出制定新法的要求,同时还会使一些既有的法失去其原有价值。当变化发展着的社会关系表现出不需要原有的法对其进行调整时,该法就当然地失去继续存在的价值,对其加以及时废止也就成为立法主体的必要任务。对新获立法权的设区市而言,及时对法进行废止有特别重要的意义。原因在于,设区市的立法主体受立法经验和立法能力上的不足、对地方立法缺乏科学认识、搞应景式立法政绩工程和立法数量攀比等因素影响,或多或少地制定了一些质量低(立法抵触、立法重复、立法抄袭、未体现地方立法特色)、不能用(实践中难以执行)、不管用(不能满足地方的实际需求、不能解决地方的实际问题)、不需要(将地方保护主义和部门保护主义法制化、将执法不到位问题作为立法问题来解决)的地方性法规。因此,地方立法主体就应及时对上述地方性法规加以废止,从而为新法的制定腾出空间,提升地方立法的整体质量。

本项指标旨在考察地方人大及其常委会开展的废止活动是否满足使地方立法进一步臻于完善的要求,督促地方人大及其常委会及时对地方

---

〔86〕 参见李林:《立法理论与制度》,中国法制出版社2005年版,第234页。

性法规加以废止,确保废止活动的规范化和制度化。

2. 指标的评估内容

本指标的评估内容包括以下三点:

第一,运行的制度化。作为立法这一系统工程的核心环节,法的废止也应像法的制定、法的修改与补充一样具备法定制度并加以严格遵循,这一制度至少应对废止的主体及权限、程序、时间、废止条款的设置作出详细明确的规定,仅在专门规范地方立法的条例中进行原则性规定是远远不够的。因此,地方立法主体应根据《立法法》第59条的规定,结合自身立法的特点与实际需要,在专门规范地方立法的条例中对废止的主体及权限、程序、时间、废止条款的设置作出详细明确的规定,改变地方立法在法的废止活动中存在的主体不明、程序不清、设置混乱等不堪现状。首先,应明确有权对法进行废止的主体及其权限。一般而言,地方立法的废止应遵循"谁制定,谁废止"原则,同时应明确的是,地方人大可以废止自身以及其常委会制定的地方性法规,但常委会只能废止由其自身制定的地方性法规,而不能废止由地方人大制定的地方性法规。其次,相较于法的制定程序而言,法的废止程序可予以一定程度的简化,[87]但也应对其基本的提案、审议、表决、公布程序加以规定,保证废止活动的合法性和规范性。再次,应对废止条款的设置进行规范并使其保持统一。一般而言,应将新法的生效条款与旧法的废止条款规定在一个条文之中,先对新法的生效条款进行表述,再对旧法的废止条款进行表述。在具体表述方法上,应明确旧法的制定机关、发布日期(生效日期)和名称(全称);若要废止的旧法存在时间上的先后顺序,还应遵循其时间顺序进行表述。[88] 最后,在时间方面,应确定一个合理的时间限度,保证废止活动的及时性与规律性。

---

〔87〕 法的废止程序也是立法程序的一种,因而它同法的制定、修改和补充一样,也需要经历提案、审议、表决和公布等基本程序。不同的是:(1)法的废止的准备阶段,可不必像法的制定、修改和补充那样经历复杂的过程,例如,可以不必十分强调预测、规划等活动;(2)公布法的废止后,也不必像法的制定、修改和补充那样强调完善活动。即便在提案、审议、表决和公布等程序上,法的废止也可以比法的制定、修改和补充简化些。参见周旺生:《立法学》(第2版),法律出版社2009年版,第504页。

〔88〕 参见汪全胜:《法律文本中的"废止条款"设置论析》,载《政治与法律》2013年第7期。

第二,废止的及时性。只有及时对法进行废止,才能实现地方立法体系的统一和协调发展,促进新法的制定与施行以及今后立法工作的展开,减少无继续实施必要的或不能继续实施的地方性法规带来的消极影响,避免地方性法规在实施过程中可能存在的冲突和麻烦。对前述需进行废止的原因加以分析可知,多是由于外在的施行条件或与其相关的法发生变化而产生的对其进行废止的需要,而这些原因对废止是否存在影响以及影响的性质、范围、程度大都较为明显和易于发现,地方立法主体可直接根据这些变化作出是否以及如何对法进行废止的决定。因此,当直接原因引起地方立法的废止时,地方立法主体应在 1 个月内进行废止,若需废止的法规较为复杂或受地方立法主体自身条件的限制,则可适当予以推迟,但最多不能超过 3 个月。

第三,废止方法的科学性。是否采用科学的方法对法进行废止,决定了废止活动能否达到预期效果。首先,应减少对自行废止和默示废止的使用,增加明示废止的使用率。原因在于,虽然有的地方性法规已经失效而自行废止或默示废止,但若未经立法的形式加以明示废止,此一废止的实际状态就很难为多数人所了解,实践中一旦涉及这一已失效地方性法规的法律问题,就很容易造成执行、司法、守法的混乱。其次,在明示废止的使用中,应减少通过发布专门文件(单行决定或决议)进行的集群式废止,注重经常性、及时性废止。原因在于,无继续实施必要的或不能继续实施的地方性法规,大都是不定期地出现,而非集群性地出现;同时,从法理上来看,"所有的法都应有一定的有效适用期限,在其适用有效期限届满之前它还是有效的,不应该被废止的,因此,不同时间、不同主体制定的法不应该在同时间内被废止"。[89]

3. 指标的评分标准

根据上述评估内容,可将本指标的评分标准界定为:

(1)专门规范地方立法的条例中对法的废止主体及权限、程序、时间、废止条款的设置作出明确规定的,得 2 分;仅对法的废止作原则性规定,或具体规定不够全面的,得 1 分;未作出相关规定的,得 0 分。

---

〔89〕 参见汪全胜:《法律文本中的"废止条款"设置论析》,载《政治与法律》2013 年第 7 期。

(2)当直接原因引起地方立法的废止时,有权主体在1个月内对相关立法进行废止的,得2分;在1个月至3个月内对相关立法进行废止的,得1分;超过3个月未对相关立法进行废止的,得0分。

(3)地方立法主体多使用明示废止的方式进行废止的,得2分;多使用自行废止和默示废止的方式进行废止,或集群式废止的,得1分;未选择科学的方式进行废止的,得0分。

结 论

良法乃善治之前提,但“不是什么法都能治国,不是什么法都能治好国;越是强调法治,越是要提高立法质量”。[1] 立法质量的优劣与立法能力的高低直接关联,特别是在我国全面依法治国的时代背景和立法权下放的政治背景下,如何在立法能力的层面上保证所立之法的民主、科学和有效,便成为当下地方立法实践中最棘手也最具有挑战性的任务之一。作为从整体上提升和完善国家立法能力的新需要,地方立法能力建设不能也不应表现为口号式的宣传或沦为停留在纸面上的要求,而应以问题为导向,采用科学方法,通过有针对性的措施加以有效展开。而要保证地方立法能力建设的针对性和实效性,就不得不对地方立法能力进行客观准确的专项评估,从而全面把握地方立法能力的现状,及时发现地方立法能力建设进程中存在的问题和不足。由此,构建一套科学有效且具备可操作性的、能够客观全面地反映和评价地方立法能力现状并作用于地方立法能力建设的评估指标体系,便成为展开地方立法能力专项评估的逻辑起点,以及提升和完善地方立法能力的题中之义和关键所在。需要指出的是,地方立法能力评估指标体系的建构,需从根本上解决以下三个核心问题:一是地方立法能力的指标化,即将地方立法能力转化为可普遍理解和把握的评估指标;二是评估指标的可操作化,即保证指标本身是能够评估和易于评估的;三是评估指标的体系化,即确保指标与指标之间的独立性与关联性。

为解决上述三个核心问题,本书以立法过程中三个不同阶段为评估维度,将不同阶段要求的立法能力具体化、概念化为 8 个一级评估指标;结合不同能力的外在形式和内部结构,将一级指标分解为 23 个二级指标;根据指标项下各类制度、行为、结果的具体表征和要求,将二级指标进一步细化为 60 个三级指标;针对每个三级指标,采用格栅获取法、等比例赋值以及多档次评分加以量化处理,形成区分为三个档次、分值为 2 分的具体评估指标(见附表)。由此,本书立基于地方立法能力的内在逻辑与关联,通过指标的选择和设计完成地方立法能力的指标化以及评估指标的可操作化,并在立法过程的整体框架下实现评估指标的体系化。

---

[1] 中共中央文献研究室编:《习近平关于全面依法治国论述摘编》,中央文献出版社 2015 年版,第 43 页。

地方立法能力评估指标体系的建构,旨在对地方立法能力的现状作出科学判断,一方面,以评促建,通过评估结果检视存在的问题,推动地方立法能力建设朝着良法善治的要求前进;另一方面,量化地方立法能力,寻求可量化的目标追求与不可量化的立法理念间的最佳平衡点,推进立法理论与实践的深入发展。由于影响或反映地方立法能力的因素繁多,本书在选择和设计具体评估指标时主要考虑了其中较为核心和重要的部分,所建构的评估指标体系难免挂一漏万、无法充分反映和评价地方立法能力的全貌。因此,如何结合地方立法能力建设的新发展、新问题、新要求,使评估指标体系进一步全面化和精细化,便成为吾辈研究者需严肃认真对待的问题。

附表

地方立法能力评估指标及评分标准

维度	一级指标	二级指标	三级指标	评分标准
立法的准备阶段	发现事实的能力	立法预测	立法预测的主体是否专业	参与立法预测的主体是由有权的立法机关、学术机构以及行政机关和司法机关的主管部门等专业机构或人员组成的，得2分；参与立法预测的主体仅为有权的立法机关的，得1分；未进行立法预测的，得0分
			立法预测的内容是否全面	立法预测的内容包括对未来一段时间内的规律性事实、需求性事实、制度性事实作出预见和测算的，得2分；立法预测的内容不完整的，得1分；未进行立法预测的，得0分
			立法预测的方法是否科学	立法预测所选择和使用的方法包括基础性方法（调查、解释、比较）和具体方法（时间数列预测法、因果预测法、比拟预测法、先驱预测法等）的，得2分；立法预测所选择和使用的方法仅包括基础性方法的，得1分；未进行立法预测的，得0分

续表

维度	一级指标	二级指标	三级指标	评分标准
立法的准备阶段	发现事实的能力	立法调研	立法调研的内容是否全面	立法调研的内容包括对当下的规律性事实、需求性事实、制度性事实作出调查和研究的,得2分;立法调研的内容不完整的,得1分;未进行立法调研的,得0分
			立法调研的对象是否广泛	立法调研在选择调研对象时,尽可能地将行政机关、社会公众、利益团体等立法所涉及的利益相关主体都包括在内的,得2分;立法调研在选择调研对象时,未将社会公众包括在内的,得1分;未进行立法调研的,得0分
			立法调研的方法是否科学	立法调研在选择调研方法时,根据调研的实际需要而综合采用多种调研方法的,得2分;立法调研在选择调研方法时,未进行实地考察的,得1分;未进行立法调研的,得0分
		立法论证	对需求性立法事实的判断和甄别是否全面	对需求性立法事实的判断和甄别包括真实性论证、必要性论证和价值性论证三个方面内容的,得2分;仅包括真实性论证的,得1分;未对需求性立法事实进行论证的,得0分
			对规律性立法事实的判断和甄别是否全面	对规律性立法事实的判断和甄别包括经验事实是否真实存在的论证以及经验事实之间是否具备客观逻辑关联的论证两个方面内容的,得2分;仅包括经验事实是否真实存在的论证的,得1分;未对规律性立法事实进行论证的,得0分
			对制度性立法事实的判断和甄别是否全面	对制度性立法事实的判断和甄别包括正式的制度性立法事实论证和非正式的制度性立法事实论证两个方面内容的,得2分;仅包括正式的制度性立法事实论证的,得1分;未对制度性立法事实进行论证的,得0分

续表

维度	一级指标	二级指标	三级指标	评分标准
立法的准备阶段	统筹安排的能力	立法规划(计划)编制的制度化	是否对立法规划(计划)的编制进行了专门规定	专门规范地方立法的条例对立法规划(计划)进行专门规定的,得2分;未在专门规范地方立法的条例中对立法规划(计划)进行专门规定,但在其他类似规范中进行专门规定的,得1分;专门规范地方立法的条例以及其他类似规范中都未对立法规划(计划)进行专门规定的,得0分
			对立法规划(计划)编制的专门规定是否完整	专门规范地方立法的条例或其他类似规范中对立法规划(计划)的专门规定包括编制主体、编制程序、编制方法、实施保障的,得2分;仅对立法规划(计划)作原则性规定或部分规定,未对上述四点内容进行完整规定的,得1分;未对立法规划(计划)进行规定的,得0分
		立法规划(计划)自身的科学化	立法规划(计划)的编制是否建立在广泛汇集立法项目之上	立法规划(计划)的编制建立在广泛征集和收集立法项目之基础上的,得2分;仅建立在征集立法项目,或仅建立在收集立法项目之基础上的,得1分;未进行立法项目的征集和收集工作就编制立法规划(计划)的,得0分
			立法规划(计划)中所列明的立法项目是否经过科学地论证评估	立法规划(计划)中所列明的立法项目都经过立项论证的,得2分;仅就对本地方的经济、社会、环境、文化产生较大影响,或存在较大争议的立法项目进行立项论证的,得1分;所列明的立法项目全部未进行立项论证的,得0分
			是否在保持特色的同时做好了与国家立法规划(计划)的衔接	立法规划(计划)中所列明的立法项目既与国家的立法规划(计划)做好了衔接,又保持了地方立法特色的,得2分;仅与国家的立法规划(计划)做好了衔接,或仅保持了地方立法特色的,得1分;未做好衔接,也未保持地方立法特色的,得0分

续表

维度	一级指标	二级指标	三级指标	评分标准
立法的准备阶段	统筹安排的能力	立法规划（计划）自身的科学化	立法规划（计划）的编制是否区分了轻重缓急并坚持立废改相结合	立法规划（计划）中有区分正式项目（提请审议项目）、备选项目（预备审议类项目）和调研项目（调研论证类项目），并包含地方性法规的制定、修改、废止、清理等的，得2分；仅区分了正式项目，或仅包含地方性法规的制定的，得1分；未编制立法规划（计划）的，得0分
		立法规划（计划）编制的实践	是否在既定的时间要求内编制了立法规划（计划）并予以公开	在既定的时间要求内编制了立法规划（计划）并予以公开的，得2分；未在既定的时间要求内编制立法规划（计划），或在既定的时间要求内编制了立法规划（计划）但未予以公开的，得1分；未编制立法规划（计划）的，得0分
			是否对立法规划（计划）予以充分地执行	对立法规划（计划）予以充分执行，或未充分执行存在合理理由的，得2分；仅就部分立法规划（计划）予以执行的，得1分；不执行立法规划（计划）、任意立法的，得0分
	法案起草的能力	起草主体的专业化	法案起草人是否具备相应的条件或资质	法案的起草人具备丰富的立法实践经验、相当的立法技术水平、较高的立法理论修养的，得2分；具备丰富的立法实践经验和相当的立法技术水平，但不具备较高的立法理论修养的，得1分；不具备丰富的立法实践经验和相当的立法技术水平的，得0分
			是否组织了完备的法案起草小组（起草班子）	法案起草小组（起草班子）由人大专门委员会、法制工作委员会、政府有关部门、政府法制办以及社会组织、专家学者等共同组成的，得2分；未包括立法研究专家、学者的，得1分；未组织法案起草小组（法案起草班子）的，得0分

续表

维度	一级指标	二级指标	三级指标	评分标准
立法的准备阶段	法案起草的能力	人大对法案起草的主导	是否实现了人大对政府起草法案的主导	在政府起草法案的过程中,专门委员会以及法制工作委员会全程提前介入的,得2分;专门委员会以及法制工作委员会在法规草案起草框架已基本形成的中后期提前介入的,得1分;专门委员会以及法制工作委员会未提前介入的,得0分
			是否实现了人大对第三方起草法案的主导	在第三方起草法案的启动、实施、完成阶段,人大完全掌握了选择的主动权、监督的主动权以及验收的主动权的,得2分;未完全掌握主动权的,得1分;未掌握任何主动权的,得0分
		起草步骤的科学化	法案起草决策的作出是否科学	法案起草决策有客观的根据,并通过正式的审议程序加以作出的,得2分;法案起草决策有客观的根据,但未经正式的审议程序加以作出的,得1分;法案起草决策没有客观根据的,得0分
			法案起草前是否有明确的立法意图	在法案正式起草之前,由提案者或法案决策者对立法意图加以明确的,得2分;在法案正式起草之前,由提案者或法案决策者与法案的起草人对立法意图共同加以明确的,得1分;未在法案正式起草之前对立法意图加以明确的,得0分
			是否就草案的内容征求了有关方面的意见并进行了协调论证	在正式提交法案正式稿之前,就法案的内容征求有关方面的意见并进行协调论证的,得2分;有征求意见并进行协调论证,但未征求政府有关部门以及立法研究专家学者的意见并进行协调论证的,得1分;未在正式提交法案正式稿之前,就法案的内容征求有关方面的意见并进行协调论证的,得0分

续表

维度	一级指标	二级指标	三级指标	评分标准
由法案到法的阶段	立法前评估的能力	立法前评估的制度化	是否对立法前评估进行了专门规定	有制定专门的立法前评估办法(规定)的,得2分;未制定专门的立法前评估办法(规定),但在专门规范地方立法的条例或其他类似规范中进行专门规定的,得1分;未制定专门的立法前评估办法(规定),也未在专门规范地方立法的条例或其他类似规范中进行专门规定的,得0分
			对立法前评估的规定是否全面	对立法前评估的规定包括评估主体、评估程序、评估方法、评估时间的,得2分;仅对立法前评估作了部分规定,而未对上述四点内容进行完整规定的,得1分;未对立法前评估进行规定的,得0分
		立法前评估指标体系的建构	指标体系的内容选择是否全面	地方立法前评估指标体系的内容包括法案质量评价(如法案的必要性、可行性、合法性、可操作性、协调性、特色性等内容)以及法案实施效果预测(如法案的影响性、成本与效益、可能出现的问题等内容)的,得2分;仅包括法案质量评价,不包括法案实施效果预测的,得1分;未建构地方立法前评估指标体系的,得0分
			指标体系的层级安排是否合理	地方立法前评估指标体系的层级安排实现了各指标在逻辑上相互独立、结构上规齐完整、内容上全面稳定的,得2分;虽未对评估指标体系进行层级安排,但基本保证了各评估指标之间彼此独立、相互关联的,得1分;未对评估指标体系进行层级安排,也未保证各评估指标之间彼此独立、相互关联的,得0分
			指标的构成是否完整	地方立法前评估指标体系中的指标是由可操作的指标名称、全面具体的指标内容、直观准确的指标评估值构成的,得2分;仅包括指标名称和指标内容,未包括指标评估值的,得1分;未具体设定评估指标的,得0分

续表

维度	一级指标	二级指标	三级指标	评分标准
由法案到法的阶段	立法前评估的能力	评估报告的形成与回应	评估报告的内容是否全面	评估报告的内容包括评估活动的整体性概述、法案质量的客观评价、法案实施效果的科学预测的，得2分；虽有制作评估报告，但报告的内容不全面的，得1分；未制作评估报告的，得0分
			评估报告是否得到实质性回应	评估报告得到审议主体的实质性回应，即审议主体将评估报告作为判断法案是否能够被表决通过或是否需要进一步完善的重要参考意见的，得2分；仅得到形式性回应，即审议主体对评估报告给予高度重视并作出肯定或否定答复的，得1分；未得到任何回应的，得0分
	整合分歧的能力	分歧整合的实践情况	是否对一般分歧和重大分歧进行了全面地收集和有针对性地甄别	对是否需要立法这一主张的真实性条件存在的分歧进行了收集和甄别，并对其他主张的客观性、价值性、关联性、可采性等问题中存在的分歧进行了收集和甄别的，得2分；仅对是否需要立法这一主张的真实性条件存在的分歧进行了收集和甄别，或仅对其他主张的客观性、价值性、关联性、可采性等问题中存在的分歧进行了收集和甄别的，得1分；未对分歧进行收集和甄别的，得0分
			是否对合理分歧进行了全面地收集和有针对性地甄别	对合理的分歧进行了全面地收集和甄别，并将其中不合理的主张予以剔除的，得2分；仅就部分合理的分歧进行了收集和甄别，并将其中不合理的主张予以剔除的，得1分；未对分歧进行收集和甄别的，得0分
		分歧整合的具体方法	是否对立法听证进行了专门规定	制定了专门的立法听证条例（办法、规则），或在专门规范地方立法的条例中对听证的范围、程序、规则作出明确规定的，得2分；仅对立法听证作原则性规定，或对立法听证作出的具体规定不够全面的，得1分；未作出相关规定的，得0分

续表

维度	一级指标	二级指标	三级指标	评分标准
由法案到法的阶段	整合分歧的能力	分歧整合的具体方法	立法听证的过程是否允许不同利益主体之间进行相互辩论	地方立法听证的过程允许不同利益主体之间进行相互辩论的，得2分；未进行相互辩论，但保证了各利益主体的意见和利益诉求得以充分论证和说明的，得1分；仅就其意见和利益诉求进行简单陈述的，得0分
			参与立法听政的主体是否全面	参与地方立法听证的主体包括普通公众陈述人、专家陈述人和机关陈述人（含法案起草机关）的，得2分；未包括普通公众陈述人，或未包括法案起草主体的，得1分；普通公众陈述人以及法案起草机关都未包括的，得0分
	凝聚共识的能力	主体结构的安排	是否实现了参与主体的多元化	审慎协商程序中主体结构的安排实现了参与主体的多元化的，得2分；未能实现参与主体的多元化，但实现了主要利益和意志的代表参与到共识的凝聚过程的，得1分；未能实现参与主体的多元化，也未能实现主要利益和意志的代表参与到共识的凝聚过程的，得0分
			是否实现了参与主体的地位平等	审慎协商程序中主体结构的安排保证了参与主体地位平等的，得2分；未能保证参与主体地位平等的，得0分
		议事规则的设置	是否保证了参与主体主张与利益诉求的充分表达	审慎协商程序中议事规则的设置保证了参与主体正当、合理的主张和利益诉求进入程序，并通过审议议程和方法的设置，实现了充分表达的，得2分；仅保证了参与主体的主张和利益诉求进入程序，但未实现充分表达的，得1分；未能保证参与主体的主张和利益诉求进入程序的，得0分

续表

维度	一级指标	二级指标	三级指标	评分标准
由法案到法的阶段	凝聚共识的能力	议事规则的设置	是否实现了参与主体交流与互动的有序进行	审慎协商程序中议事规则的设置促进了参与主体之间就核心分歧进行交流和互动，并制定了相关议事流程（如何提问、如何表达主张、如何辩论等），使这一交流和互动有序进行的，得2分；仅促进了参与主体之间的交流和互动，但未使这一交流和互动有序进行的，得1分；未能促进参与主体之间交流和互动的，得0分
		表决机制的建构	表决的方法是否全面	审慎协商程序中允许多种表决方法共存，并以无记名表决为主、记名表决为辅，充分保证了表决主体的自主性和表决意见的真实性的，得2分；虽然只允许单一表决方法的存在，但基本保证了表决主体的自主性和表决意见的真实性的，得1分；未能保证表决主体的自主性和表决意见的真实性的，得0分
			表决的规则是否科学	审慎协商程序采取整体表决与单独表决相结合的表决规则，保证了表决主体的真实意愿得以全面反映的，得2分；虽然仅采取整体表决的表决规则，但保证了表决主体的真实意愿得以基本反映的，得1分；未能保证表决主体的真实意愿得以反映的，得0分
立法的完善阶段	立法后评估的能力	立法后评估的制度化	有无专门对立法后评估进行规定	有制定专门的立法后评估办法（规定）的，得2分；未制定专门的立法后评估办法（规定），但在专门规范地方立法的条例或其他类似规范中进行专门规定的，得1分；未制定专门的立法后评估办法（规定），也未在专门规范地方立法的条例或其他类似规范中进行专门规定的，得0分

续表

维度	一级指标	二级指标	三级指标	评分标准
立法的完善阶段	立法后评估的能力	立法后评估的制度化	对立法后评估的规定是否全面	对立法后评估的规定包括评估主体、评估程序、评估方法、评估时间的，得2分；仅对立法后评估作了部分规定，而未对上述四点内容进行完整规定的，得1分；未对立法后评估进行规定的，得0分
		立法后评估指标体系的建构	指标体系的内容选择是否全面	地方立法后评估指标体系的内容包括文本质量评估（如合法性、合理性、可操作性、特色性等内容）以及文本实施效益评估（如绩效性、实效性、成本收益等内容）的，得2分；仅包括文本实施效益评估，不包括文本质量评估的，得1分；未建构地方立法后评估指标体系的，得0分
			指标体系的层级安排是否合理	地方立法后评估指标体系的层级安排实现了各指标在逻辑上相互独立、结构上规齐完整、内容上全面稳定的，得2分；虽未对评估指标体系进行层级安排，但基本保证了各评估指标之间彼此独立、相互关联的，得1分；未对评估指标体系进行层级安排，也未保证各评估指标之间彼此独立、相互关联的，得0分
			指标的构成是否完整	地方立法后评估指标体系中的指标是由可操作的指标名称、全面具体的指标内容、直观准确的指标分值构成的，得2分；仅包括指标名称和指标内容，未包括指标分值的，得1分；未具体设定评估指标的，得0分
		评估报告的形成与回应	评估报告的内容是否全面	评估报告的内容包括评估活动的整体性概述、对评估对象的质量和实施效果作出的客观陈述与评价、完善立法和加强法律实施的结论性建议的，得2分；虽有制作评估报告，但报告的内容不全面的，得1分；未制作评估报告的，得0分

续表

维度	一级指标	二级指标	三级指标	评分标准
立法的完善阶段	立法后评估的能力	评估报告的形成与回应	评估报告是否得到实质性回应	评估报告得到相应国家机关的实质性回应,即立法机关、司法机关和执法机关根据评估报告中指出的问题和提出的建议进行针对性完善的,得2分;仅得到形式性回应,即相应国家机关对评估报告给予高度重视并作出肯定或否定答复的,得1分;未得到任何回应的,得0分
	完善立法的能力	法的清理	关于清理的规定是否规范	专门规范地方立法的条例对法的清理主体及其权限、情形、程序、时间作明确规定的,得2分;仅对法的清理作原则性规定,或具体规定不够全面的,得1分;未作相关规定的,得0分
			清理的过程是否科学	在清理的过程中,准确划定了所需清理的范围并确定了清理案审议标准的,得2分;仅准确划定了所需清理的范围,或确定了清理案审议标准的,得1分;未准确划定所需清理的范围,也未确定清理案审议标准的,得0分
			清理的开展是否及时主动	在三年内,对地方性法规及时、主动地进行定期清理和专项清理的,得2分;虽未主动进行清理,但在全国人大及其常委会或国务院要求进行清理后及时进行清理的,得1分;从未及时、主动地进行清理的,得0分
			清理的过程是否实现普遍的协助和参与	清理过程中有行政机关、司法机关、社会公众的协助和参与的,得2分;仅有行政机关、司法机关的协助和参与,或仅有社会公众的协助和参与的,得1分;未实现其他主体协助和参与清理过程的,得0分

续表

维度	一级指标	二级指标	三级指标	评分标准
立法的完善阶段	完善立法的能力	法的修改(补充)	关于修改(补充)的规定是否规范	专门规范地方立法的条例对法的修改与补充主体及权限、程序、必要限定条件、时间作出明确规定的,得2分;仅对法的修改与补充作原则性规定,或具体规定不够全面的,得1分;未作出相关规定的,得0分
			修改(补充)的是否及时	当直接原因引起地方立法的修改(补充)时,有权主体在三个月内对相关立法进行修改和补充的,得2分;在三个月至六个月对相关立法进行修改和补充的,得1分;超过六个月未对相关立法进行修改和补充的,得0分
			修改(补充)的方法是否科学	有权主体选择科学的方法进行修改和补充,使文本的名称明确、风格保持一致的,得2分;仅使文本的名称明确,或仅使文本的风格保持一致的,得1分;未选择科学的方法进行修改和补充的,得0分
			修改(补充)是否遵循了法定的程序	地方立法的修改(补充)遵循了提出修改(补充)议案、审议修改(补充)案、表决通过修改(补充)案、公布修改(补充)后文本这一完整程序的,得2分;虽未遵循完整的程序,但将修改(补充)后的文本予以公布的,得1分;未遵循法定程序的,得0分
		法的废止	关于废止的规定是否规范	专门规范地方立法的条例中对法的废止主体及权限、程序、时间、废止条款的设置作出明确规定的,得2分;仅对法的废止作原则性规定,或具体规定不够全面的,得1分;未作出相关规定的,得0分

续表

维度	一级指标	二级指标	三级指标	评分标准
立法的完善阶段	完善立法的能力	法的废止	废止的是否及时	当直接原因引起地方立法的废止时,有权主体在一个月内对相关立法进行废止的,得2分;在一个月至三个月对相关立法进行废止的,得1分;超过三个月未对相关立法进行废止的,得0分
			废止的方法是否科学	地方立法主体多使用明示废止的方式进行废止的,得2分;多使用自行废止和默示废止的方式进行废止,或集群式废止的,得1分;未选择科学的方式进行废止的,得0分

后 记

本书的研究附属于“地方立法能力建设”这一宏大命题。地方立法能力建设是一项复杂的系统性工程，哪些因素能够影响其建设以及不同因素所能影响的方向和程度，都需要进行认真分析。因此，如何运用评价工具实现地方立法能力的量化且使专项评估的结果符合评估对象的客观情况以及地方立法能力建设的需要，既是地方立法能力的重点，也是其难点。

本书是在我的博士论文基础上增益而成的，能够最终成稿，要感谢诸多师友的教诲和帮助！

感谢我的恩师宋方青老师，您的言传身教让我领悟了作为法学教师和立法研究者应具备的学术品格以及需要承担的社会责任。在宋老师身边学习和生活的四年时光，是我此后为学、为人用之不竭的宝贵财富。师恩似海，难以言尽。谨以本书向宋老师致以诚挚的敬意与感谢。

感谢郭春镇教授、刘连泰教授、周赟教授等诸位老师提出的学术建议，这些建议让我在写作的过程中有了更多的助力。

感谢郑金雄、姜孝贤、王云清、程庆栋、王翔、李佳飞、周宇骏等师兄对我学习与研究的提点和鞭策，本书的完成离不开他们的帮助；感谢周林、邱子键、李书静、李炳辰、张可、龚李玲、张向宇、向浩源、刘妍、郝姗姗、王和刚、丁思绮、王晓颖、陈禹竹等师弟师妹，他们的批评与建议促进了书中观点的完善。感谢龙稳泉、陈冽风、黄波、石春雷、马磊、周平奇、褚睿刚、余鹏峰、董利民、蒋耀伟、李皓兰、郭壬癸、任佳鑫、王新静、王俊杰等好友，是他们的守望相助，让成书的过程多了些乐趣、少了些烦闷。

感谢法律出版社的陈慧女士，本书能够顺利出版，离不开她的支持与帮助。感谢烟台大学及法学院的诸位领导和同事对于本书出版的支持。

过往皆序章,未来皆可盼。愿所有我爱的人和爱我的人平安喜乐。

苗 壮

2022 年 10 月 15 日